빠르게
S

531
PROJECT

효과 빠른 약점 처방전

국어 **현대시 감상S**

STAFF

발행인 정선욱

퍼블리싱 총괄 남형주

개발 김태원 김한길 신영한 김성준 육인선

기획·디자인·마케팅 조비호 김정인

유통·제작 서준성 신성철

531 PROJECT 현대시 감상 빠르게 S 202005 제1판 1쇄 202308 제1판 4쇄

펴낸곳 이투스에듀(주) 서울시 서초구 남부순환로 2547

고객센터 1599-3225

등록번호 제2007-000035호

ISBN 979-11-6442-889-2 [53700]

531 효과 빠른 약점 처방전 PROJECT

531 프로젝트는
쉽게 익히고, 빠르게 다지고, 확실히 성적을 올릴 수 있는
영역별 단기 특강 교재입니다.

E 쉽게

531 PROJECT는
단기 특강 교재 중 가장 '쉽게' 개념을 익힐 수 있는 교재입니다.

01 영역별 꼭 알아야 하는 핵심 개념만을 선별하여 충실하게 기술한 교재입니다.

02 개념을 학습하고 이해한 내용을 확인해 보도록 문제를 명징하게 제시한 교재입니다.

03 문제 풀이를 통해 학습한 내용을 제대로 습득하도록 친절하고 상세한 해설과 첨삭을 덧붙인 교재입니다.

S 빠르게

531 PROJECT는
단기 특강 교재 중 가장 '빠르게' 공부할 수 있는 교재입니다.

01 대충 훑어서 빠르게 공부하는 게 아니라 꼭 필요한 내용만을 효과적으로 담아 빠르게 실력을 향상시킬 수 있는 교재입니다.

02 국어 각 영역의 개념 학습과 확인 문제, 신규 개발 문제와 기출문제 등 다양한 형태의 문제로 12강을 구성하여 빠르게 국어 공부를 완성할 수 있는 교재입니다.

03 효율적인 학습을 위한 단계별 학습 과정을 제시하여 눈에 띄게 빠른 실력 향상을 가능하게 해 주는 교재입니다.

H 우월하게

531 PROJECT는
단기 특강 교재 중 가장 '우월하게' 실력을 향상시킬 수 있는 교재입니다.

01 엄선된 문제와 차별화된 구성으로 고난도 수능을 효과적으로 대비할 수 있는 교재입니다.

02 1등급이 되기 위해 필수적으로 학습해야 할 내용을 충실히 담은 교재입니다.

이 책의

구성과 특징

I 수능 잡는 현대시 필수 개념 I

수능에 출제되는 현대시에 완벽하게 대비하기 위해
꼭 알아 둬야 할 현대시의 필수 개념을 예시 작품과
함께 정리하였습니다.

I 수능 잡는 현대시 경향별 특징 I

현대시의 시작인 개화기 시가부터 오늘에 이르기까지
시대별 현대시의 경향에 대해 특징과 대표 작가 및
작품으로 정리하였습니다.

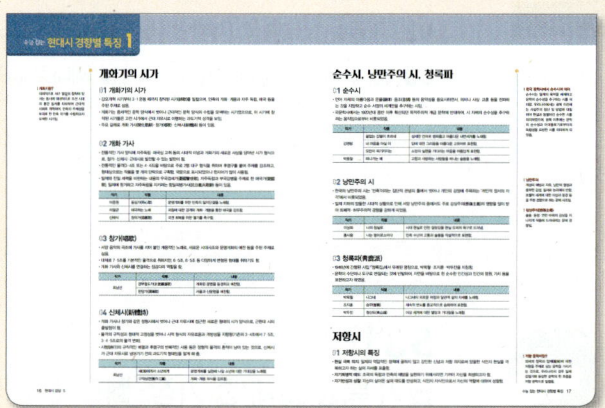

STEP 1   시대적 배경과 시의 경향 알기

시대별 특징과 흐름을 한눈에 볼 수 있도록 구조화하고, 시대적 배경과 시의 경향을 쉽고 간단하게 정리하였습니다.

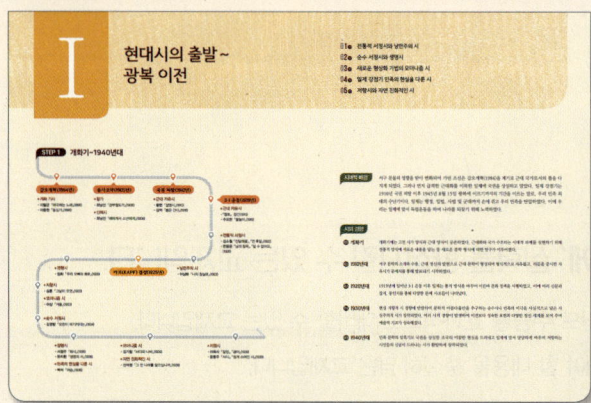

1 연표 | 시대별 역사적 주요 사건과 창작된 작품을 배열하
여 현대시의 발전 흐름을 볼 수 있도록 하였습니다.

2 시대적 배경 | 시대별 역사적·사회적 상황을 제시하여 작
품과 관련된 배경지식을 익힐 수 있도록 하였습니다.

3 시의 경향 | 시대별 주요한 시의 특징을 몇 가지로 나누어
안내하였습니다.

STEP 2 대표 작품과 수능형 개발 문제

현대시의 시대별·주제별 대표 작품을 수능형 문제로 풀며
익힐 수 있도록 하였습니다.

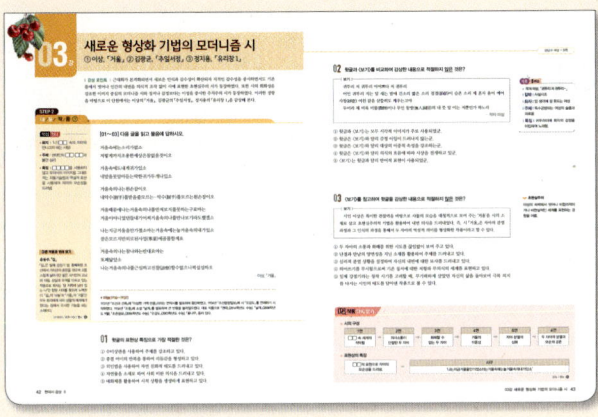

1 감상 포인트 ｜ 각 강의 대표 작품을 감상하면서 중점적으로
살펴야 하는 사항들을 정리하였습니다.

2 핵심 정리 ｜ 시의 화자, 주제, 특징 등 작품의 핵심 내용을
빈칸 채우기 문제로 제시하였습니다.

3 다른 작품과 엮어 읽기 ｜ 각 대표 작품과 유사한 주제의
다른 작품을 소개하여 함께 감상해 볼 수 있도록 하였습니다.

4 작가 소개 ｜ 작가의 출생 연도와 작품 경향, 대표 작품, 작
품별 기출 사례를 소개하였습니다.

5 작품 플러스 ｜ 〈보기〉에 소개된 작품의 핵심 내용을 정리
하였습니다.

6 관련 개념 ｜ 문제 풀이에 도움이 되는 개념을 덧붙여 설명
하였습니다.

7 작품 다시 보기 ｜ 작품의 전체 구성과 대표적인 특징을 정
리하여 빈칸 채우기 문제로 제시하였습니다.

STEP 3 실전 기출문제

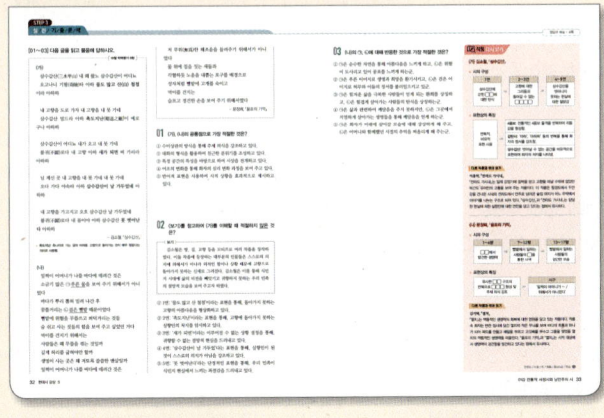

실제 수능, 모의평가, 학력평가 기출문제를 풀어
봄으로써 수능 현대시 출제 경향을 파악하고 실전
문제 접근 방법을 터득할 수 있도록 하였습니다.

｜ 정답과 해설 ｜

상세하고 정확한 해설을 통해 작품 이해와 문제 풀이를
더욱 쉽게 할 수 있도록 하였습니다.

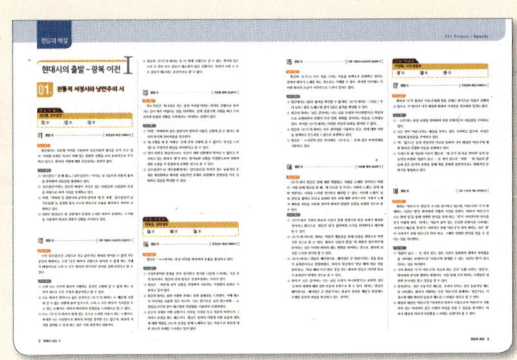

이 책의 차례

화자, 어조, 상황, 정서·태도

01 화자

| 화자 | 시 속에서 화자를 대리하여 이야기하는 사람 |

- 시인은 시 속에서 화자의 입을 빌려 자신의 정서나 관념, 생각 등을 전달함.
- 화자는 시인과 일치할 수도 있고 일치하지 않을 수도 있음.
- **표면적 화자**: 작품에서 '나', '우리'와 같은 시어를 통해 자신을 지칭하고 있는 화자
- **이면적 화자**: 화자를 지칭하는 시어가 작품 속에 제시되어 있지 않은 상태의 화자

예시 작품

> 내 마음을 아실 이 / 내 혼자 마음 날같이 아실 이
> 그래도 어디나 계실 것이면,
>
> 내 마음에 때때로 어리우는 티끌과 / 속임 없는 눈물의 간곡한 방울방울,
> 푸른 밤 고이 맺는 이슬 같은 보람을 / 보밴 듯 감추었다 내어 드리지.
>
> — 김영랑, 「내 마음을 아실 이」 중

이 시에서는 화자가 '내(나 + ㅣ)'라는 말을 통해 자신을 드러내고 있다. 따라서 이 시의 화자는 표면적 화자이다.

| 화자
= 시적 화자
= 시적 자아
= 서정적 자아
= 말하는 이
= 노래하는 이
= 시인의 허구적 대리인

02 어조

| 어조 | 대상이나 독자에 대한 화자 특유의 말투 또는 목소리 |

- **여성적 어조**: 섬세한 시어, 부드럽고 매끄러운 표현이 두드러지는 어조
- **남성적 어조**: 강하고 단정적인 시어, 명령형의 표현이 두드러지는 어조
- **단호한 어조**: 엄격하게 딱 잘라서 결정하는 듯한 어조
- **유장한 어조**: 급하지 않고 느리고 길게 뽑는 가락을 띤 어조
- **애상적 어조**: 슬퍼하거나 가슴 아파하는 감정이 드러나는 어조
- **냉소적 어조**: 시적 대상에 대해 쌀쌀한 태도로 비웃는 듯한 어조
- **비판적 어조**: 시적 대상이나 상황에 대해 못마땅하게 여기는 어조
- **영탄적 어조**: 슬픔이나 기쁨 등의 감정을 강조하여 드러내는 어조

예시 작품

> 산산이 부서진 이름이여! / 허공 중에 헤어진 이름이여!
> 불러도 주인 없는 이름이여! / 부르다가 내가 죽을 이름이여!
> 심중에 남아 있는 말 한마디는 / 끝끝내 마저 하지 못하였구나.
> 사랑하던 그 사람이여! / 사랑하던 그 사람이여!
>
> — 김소월, 「초혼(招魂)」 중

이 시에서 화자는 임의 죽음에서 오는 슬픔과 충격, 좌절을 강하게 드러내고 있다. '이름이여!', '사람이여!'가 반복되고 있다는 점, '-구나'라는 감탄형 종결 어미가 쓰이고 있다는 점에서 확인할 수 있다.

| 독백
화자가 혼자 이야기하고 있는 것
| 대화
화자가 청자를 향해 이야기하거나, 청자와 이야기를 주고받는 것
| 청자
화자와 대응되는 개념으로, 시 속에서 화자의 이야기를 들어주는 대상
| 시적 대상
시인이 경험한 것 중, 시인의 미의식에 의해 선택되어 시에 녹아든 대상

03 시적 상황

> **상황** 화자 또는 시적 대상이 처한 시간적 · 공간적 · 심리적 상황, 처지 등

- **이별의 상황**: 화자 또는 대상이 다른 대상과 서로 떨어져 있는 상황
- **고뇌의 상황**: 삶이 힘들고 어려울 때, 이상과 현실 사이에서 갈등할 때의 괴로운 상황
- **고향을 떠난 상황**: 고향을 떠나 타향에서 고향을 그리워하거나 슬퍼하는 상황
- **가난한 상황**: 경제적으로 넉넉하지 못하여 어려움을 겪는 상황
- **암울한 상황**: 개인의 힘으로는 해결하기 어려운 암담하고 답답한 현실이 드러나는 상황

예시 작품

지금은 남의 땅 — 빼앗긴 들에도 봄은 오는가? //
나는 온몸에 햇살을 받고 / 푸른 하늘 푸른 들이 맞붙은 곳으로
가르마 같은 논길을 따라 꿈속을 가듯 걸어만 간다. //
입술을 다문 하늘아 들아 / 내 맘에는 나 혼자 온 것 같지를 않구나!

– 이상화, 「빼앗긴 들에도 봄은 오는가」 중

이 시는 아름다운 봄의 정경 속에서 조국을 빼앗긴 설움을 느끼면서 국권 회복에 대한 염원을 드러내고 있다. '남의 땅', '빼앗긴 들', '입술을 다문 하늘'에 암울한 시대적 상황이 드러나 있다.

04 정서 · 태도

> **정서** 시적 상황을 매개로 하여 형성되는 감정, 분위기, 기분

- **긍정적 정서**: 기쁨, 즐거움, 희망, 소망, 사랑, 깨달음 등
- **부정적 정서**: 슬픔, 미움, 절망, 한(恨), 분노, 고독감, 상실감 등

> **태도** 화자가 자신이 처해 있는 상황을 대하는 마음가짐이나 대응 방식

- **의지적 태도**: 확고한 뜻이나 목표를 이루어 내려는 태도
- **냉소적 태도**: 대상을 쌀쌀한 태도로 업신여기어 비웃는 태도
- **반성적 태도**: 자신이 한 일을 스스로 돌이켜 보며 성찰하는 태도
- **달관적 태도**: 세상의 근심, 걱정 등의 일에서 벗어난 초월적인 태도
- **회의적 태도**: 믿고 따르려는 태도가 아니라 의심하면서 믿지 않는 태도
- **저항적 태도**: 어떠한 힘이나 압력에도 굴하지 않고 부정적 현실에 맞서는 태도
- **예찬적 태도**: 대상의 훌륭한 것, 좋은 것, 아름다운 것을 존경하고 찬양하는 태도
- **비판적 태도**: 현실 상황이나 시대 및 사람의 행위에 대해 옳고 그름을 판단하는 태도

예시 작품

파란 녹이 낀 구리 거울 속에 / 내 얼굴이 남아 있는 것은
어느 왕조(王朝)의 유물(遺物)이기에 / 이다지도 욕될까.
나는 나의 참회(懺悔)의 글을 한 줄에 줄이자.
— 만 이십사 년 일 개월을 / 무슨 기쁨을 바라 살아왔던가.

– 윤동주, 「참회록(懺悔錄)」 중

이 시에는 일제 강점기의 현실에서 욕된 삶을 살아가는 자신을 성찰하고 참회하는 화자의 반성적 태도가 나타나 있다.

| **시적 분위기**
작품에서 또는 시적 대상에서 풍겨 나오는 독특한 분위기 = 시적 정조
예 정적인 분위기, 애상적 분위기, 향토적 분위기 등

시의 이미지(심상)

01 이미지

> **이미지** 시를 읽을 때 떠오르는 구체적인 모습과 움직임, 상태 등

- 이미지를 통해 시인의 생각, 감정 등의 추상적인 의미를 구체적으로 전달할 수 있음.
- 이미지를 통해 시의 정서와 분위기, 시적 대상의 인상 등을 선명하게 표현할 수 있음.

이미지의 기능
- 시어나 시구의 함축적 의미를 전달함.
- 특정한 의미를 상징화하여 나타냄.
- 시적 대상을 구체적이고도 생생하게 표현함.

> **예시 작품**
>
> 감나무쯤 되랴
> 서러운 노을빛으로 익어가는
> 내 마음 사랑의 열매가 달린 나무는
> 이것이 제대로 벋을 데는 저승밖에 없는 것 같고
> 그것도 생각하던 사람의 등 뒤로 벋어가서
> 그 사람의 머리 위에서나 마지막으로 휘드려질까 본데
>
> — 박재삼, 「한(恨)」 중
>
> 이 시에서는 '감나무'의 이미지를 활용하여 임을 향한 화자의 사랑을 구체적으로 표현하고 있다.

02 감각적 이미지

> **감각적 이미지** 대상이나 독자에 대한 화자 특유의 말투 또는 목소리

- **시각적 이미지**: 모양이나 색채, 빛과 같이 눈을 통해 느낄 수 있는 이미지
- **청각적 이미지**: 소리와 같이 귀를 통해 느낄 수 있는 이미지
- **후각적 이미지**: 냄새와 같이 코를 통해 느낄 수 있는 이미지
- **미각적 이미지**: 맛과 같이 혀를 통해 느낄 수 있는 이미지
- **촉각적 이미지**: 감촉과 같이 피부를 통해 느낄 수 있는 이미지
- **공감각적 이미지**: 두 가지 이상의 감각이 결합되어 하나의 감각이 다른 감각으로 전이되어 나타나는 이미지
  예 시각의 청각화, 후각의 촉각화 등

> **예시 작품**
>
> 어둠은 새를 낳고, 돌을 / 낳고, 꽃을 낳는다.
> 아침이면, / 어둠은 온갖 물상(物象)을 돌려 주지만
> 스스로는 땅 위에 굴복(屈服)한다.
> 무거운 어깨를 털고 / 물상들은 몸을 움직이어
> 노동의 시간을 즐기고 있다.
> 즐거운 지상(地上)의 잔치에 / 금(金)으로 타는 태양(太陽)의 즐거운 울림.
> 아침이면, / 세상은 개벽(開闢)을 한다.
>
> — 박남수, 「아침 이미지」
>
> 이 시에서는 '어둠'의 시각적 이미지와 '금(金)으로 타는 태양(太陽)의 즐거운 울림'의 공감각적 이미지(시각의 청각화)를 통해 생동감 넘치는 아침의 이미지를 형상화하고 있다.

03 상징적 이미지

| 상징적 이미지 | 대상의 속성과 관련하여 연상되는 여러 가지 관념적 이미지 |

- **상승 이미지**: 낮은 데서 높은 데로 올라가는 느낌을 주는 이미지
- **하강 이미지**: 높은 데서 낮은 데로 떨어지는 느낌을 주는 이미지
- **생성 이미지**: 새로운 대상이 생겨나거나 소망이 이루어지는 느낌을 주는 이미지
- **소멸 이미지**: 기존의 대상이 사라지거나 소망이 좌절되는 느낌을 주는 이미지
- **밝음의 이미지**: 탄생, 소망 등 경쾌하고 희망적인 느낌을 주는 이미지
- **어둠의 이미지**: 죽음, 방황, 좌절 등 암울하고 절망적인 느낌을 주는 이미지
- **역동적 이미지**: 힘차게 움직이는 느낌을 주는 이미지

예시 작품

> 관(棺)이 내렸다.
> 깊은 가슴 안에 밧줄로 달아 내리듯.
> 주여 / 용납하옵소서. / 머리맡에 성경(聖經)을 얹어 주고
> 나는 옷자락에 흙을 받아 / 좌르르 하직(下直)했다. // (중략)
> 너는 / 어디로 갔느냐
> 그 어질고 안스럽고 다정한 눈짓을 하고.
> 형님! / 부르는 목소리는 들리는데
> 내 목소리는 미치지 못하는. / 다만 여기는
> 열매가 떨어지면 / 툭 하는 소리가 들리는 세상.
>
> — 박목월, 「하관(下棺)」

이 시에서는 '관이 내렸다.', '밧줄로 달아 내리듯', '좌르르 하직했다.', '열매가 떨어지면' 등 하강적 이미지를 지닌 시어들을 사용하여 동생의 죽음과 그로 인해 느끼는 인생의 허무감을 표현하고 있다.

04 이미지의 제시 방법

| 이미지의 제시 방법 | 묘사, 비유, 원형(原型) |

- **묘사에 의한 이미지 제시**: 마치 그림을 그려 내듯이 표현하는 묘사의 방식으로 이미지를 제시함.
- **비유에 의한 이미지 제시**: 직유나 은유와 같이 어떤 대상을 그와 유사한 다른 대상에 빗대어 표현하는 비유의 방식으로 이미지를 제시함.
- **원형(原型)에 의한 이미지 제시**: 고대로부터 현대까지 이어지며 되풀이되는 인류의 보편적 상징인 원형(原型)을 통해 이미지를 제시함. 예 '물' – 죽음, 재생, 생명의 의미

예시 작품

> 산이 날 에워싸고 / 씨나 뿌리며 살아라 한다. / 밭이나 갈며 살아라 한다.
>
> 어느 짧은 산자락에 집을 모아 / 아들 낳고 딸을 낳고 / 흙담 안팎에 호박 심고
> 들찔레처럼 살아라 한다. / 쑥대밭처럼 살아라 한다.
>
> — 박목월, 「산이 날 에워싸고」 중

이 시에서는 직유에 의해 만들어진 '들찔레'와 '쑥대밭'의 이미지를 활용하여 소박한 삶의 태도를 표현하고 있다.

| 복합적 이미지
공감각적 이미지와 같이 감각이 전이되어 나타나는 것이 아니라 나열되어 나타나는 이미지
예 '술 익는 마을마다 / 타는 저녁놀' – 후각적 이미지와 시각적 이미지의 복합

시상 전개 방식

01 기승전결(起承轉結)

> **기승전결** '시상 제기 – 시상 심화 – 시상 전환 – 시상의 마무리'로 이어지는 시상 전개 방식

• 기승전결은 원래 한시를 잘 짓기 위해 고안된 틀이지만, 의미상 네 개의 연으로 구분되는 현대시에서도 확인할 수 있음.

> **예시 작품**
>
> 매운 계절(季節)의 채찍에 갈겨 / 마침내 북방(北方)으로 휩쓸려 오다. //
> 하늘도 그만 지쳐 끝난 고원(高原) / 서릿발 칼날진 그 위에 서다. //
> 어데다 무릎을 꿇어야 하나 / 한 발 재겨 디딜 곳조차 없다. //
> 이러매 눈 감아 생각해 볼밖에 / 겨울은 강철로 된 무지갠가 보다
>   – 이육사, 「절정」
>
> 이 시의 1연은 '기'로 수평적 극한 상황을, 2연은 '승'으로 수직적 극한 상황을, 3연은 '전'으로 극한 상황의 인식을, 4연은 '결'로 절망 속의 의지와 결단을 노래하고 있다.

02 선경 후정(先景後情)

> **선경 후정** 전반부에서는 풍경을 묘사하고, 후반부에서는 화자의 정서를 드러내는 시상 전개 방식

> **예시 작품**
>
> 벌레 먹은 두리기둥, 빛 낡은 단청(丹靑), 풍경 소리 날아간 추녀 끝에는 산새도 비둘기도 둥주리를 마구 쳤다. 큰 나라 섬기다 거미줄 친 옥좌(玉座) 위엔 여의주 희롱하는 쌍룡 대신에 두 마리 봉황새를 틀어 올렸다. (중략) 품석(品石) 옆에서 정일품(正一品), 종구품(從九品) 어느 줄에도 나의 몸 둘 곳은 바이 없었다. 눈물이 속된 줄을 모를 양이면 봉황새야 구천(九天)에 호곡 (號哭)하리라.   – 조지훈, 「봉황수(鳳凰愁)」
>
> 이 시의 처음 부분에서 '~ 봉황새를 틀어 올렸다.'까지는 황폐한 고궁의 모습을 묘사하고, 그 이후부터는 망국의 한(恨)과 비애라는 화자의 감정을 봉황새에 이입하여 표현하고 있다.

03 수미상관(首尾相關)

> **수미상관** 시의 처음과 끝을 동일하거나 유사한 시구나 연으로 구성하는 시상 전개 방식

• 시의 첫 구나 첫 연을 마지막 부분에서 다시 반복하거나 일부 변형하여 유사하게 제시하는 것으로, 시적 의미를 강조하고 안정감과 균형미를 얻을 수 있음.

> **예시 작품**
>
> 깨진 그릇은 / 칼날이 된다. / (중략) / 깨진 그릇은 / 칼날이 된다. / 무엇이나 깨진 것은 / 칼이 된다 .
>   – 오세영, 「그릇 1」
>
> 이 시에서는 첫 연의 내용이 마지막 연에도 제시되는데, 동일하게 반복되는 것이 아니라 일부 내용이 추가되어 '변형된 수미상관'을 보여 주고 있다.

| 시상(詩想)
시를 짓기 위한 착상이나 구상, 시에 담긴 시인의 사상이나 감정

| 시상 전개 방식
시상을 효과적으로 표현하기 위해 소재나 시구 등을 일정한 질서와 규칙에 따라 배열하는 방식

| 수미상관
= 수미쌍관
= 수미상응

04 시간이 흐름

시간이 흐름 하루 중의 시간 변화, 계절, 시대, 역사의 흐름에 따른 시상 전개 방식

• '아침 – 낮 – 저녁 – 밤', '봄 – 여름 – 가을 – 겨울', '과거 – 현재 – 미래'와 같은 자연적인 시간의 흐름에 따라 시상을 전개함.

예시 작품

산새도 날아와 / 우짖지 않고, // 구름도 떠 가곤 / 오지 않는다. //
인적(人跡) 끊인 곳 / 홀로 앉은 / 가을 산의 어스름. // (중략)
그대 위하여 나는 이제도, 이 / 긴 밤과 슬픔을 갖거니와. //
이 밤을 그대는, 나도 모르는 / 어느 마을에서 쉬느뇨.   – 박두진, 「도봉(道峰)」

이 시에서는 해 질 무렵(3연의 '어스름')부터 밤까지 시간의 흐름에 따라 화자의 고독이 심화되고 있다.

05 시간과 공간의 이동

시간과 공간의 이동 화자의 시선과 장소의 바뀜에 따른 시상 전개 방식

• 화자의 시선이 '아래 → 위', '먼 곳(원경) → 가까운 곳(근경)' 등으로 움직임에 따라 시상을 전개함.
• 화자나 시적 대상의 이동, 시적 공간이나 장면의 변화에 따라 시상을 전개함.

예시 작품

파르란 구슬빛 바탕에 / 자주빛 호장을 받친 호장저고리
호장저고리 하얀 동정이 환하니 밝도소이다.
살살이 퍼져 내린 곧은 선이 / 스스로 돌아 곡선을 이루는 곳
열두 폭 기인 치마가 사르르 물결을 친다. / 치마 끝에 곱게 감춘 운혜(雲鞋) 당혜(唐鞋)
                                        – 조지훈, 「고풍 의상(古風衣裳)」 중

이 시에서는 '호장저고리 → 치마 → 신(운혜, 당혜)'의 순서, 즉 위에서 아래로 향하는 시선의 이동에 따라 전통 의상의 맵시를 표현하고 있다.

06 이미지의 대조

이미지의 대조 상반되는 이미지를 지닌 소재들을 배치하는 시상 전개 방식

• 긍정적 이미지와 부정적 이미지의 대조, 색채 이미지의 대조, 계절적 배경의 대조, 자연과 인간의 대조 등을 통해 시적 의미나 분위기를 선명하게 표현함.

예시 작품

날이 흐리고 풀이 눕는다. / 발목까지 / 발밑까지 눕는다.
바람보다 늦게 누워도 / 바람보다 먼저 일어나고 / 바람보다 늦게 울어도
바람보다 먼저 웃는다. / 날이 흐리고 풀뿌리가 눕는다.   – 김수영, 「풀」 중

이 시에서는 '풀 ↔ 바람', '눕다 ↔ 일어나다', '울다 ↔ 웃다'의 대조적 관계를 중심으로 시상을 전개하고 있다.

| 연상 작용에 의한 시상 전개
시어의 의미와 이미지를 통해 다른 관념이나 사물을 연상시키면서 시상을 전개함.
예 '피아노 선율'에서 '물고기 → 바다 → 파도 → 칼날'을 연상함.

시의 표현

01 비유법

> **비유법** 표현하고자 하는 것(원관념)을 이와 유사한 다른 것(보조 관념)에 빗대어 표현하는 방법

- **직유법**: '같이', '처럼', '듯이' 등과 같은 연결어를 사용하여 원관념과 보조 관념을 직접 연결함.
- **은유법**: 특별한 연결어 없이 'A(원관념)는 B(보조 관념)'라는 식으로 두 관념을 연결함.
- **의인법**: 사람이 아닌 대상에 인격이나 사람의 감정 등을 넣어 주고 사람처럼 표현함.
- **활유법**: 무생물을 생물처럼, 감정이 없는 것을 감정이 있는 것처럼 표현함.

예시 작품

이것은 소리 없는 아우성
저 푸른 해원(海原)을 향하여 흔드는
영원한 노스탤지어의 손수건
순정(純情)은 물결같이 바람에 나부끼고
오로지 맑고 곧은 이념의 푯대 끝에
애수(哀愁)는 백로처럼 날개를 펴다.
아, 누구던가
이렇게 슬프고도 애달픈 마음을
맨 처음 공중에 달 줄을 안 그는.

– 유치환, 「깃발」

이 시에서는 '깃발'이라는 원관념을 '아우성', '손수건', '순정', '애수', '마음'이라는 보조 관념에 빗대는 은유법을 사용하고, '물결같이', '백로처럼'에는 직유법을 사용하고 있다.

02 강조법

> **강조법** 어떤 부분을 특별히 두드러지게 나타냄으로써 생각이나 감정을 인상적으로 표현하는 방법

- **대조법**: 상대되는 어구나 사물 또는 현상을 맞세워 그 둘의 차이점을 표현함.
- **대구법**: 유사한 문장 구조를 반복하거나 가락이 비슷한 말을 나란히 배열하여 표현함.
- **반복법**: 같거나 비슷한 낱말, 구절, 문장 등을 되풀이하여 표현함.
- **점층법**: 의미나 정도가 점차 강해지거나 커지거나 높아지도록 언어를 배열하여 표현함.
- **영탄법**: 감탄사나 감탄 조사를 사용하여 화자의 감정을 표현함.

예시 작품

그리운 그의 얼굴 다시 찾을 수 없어도
화사한 그의 꽃 / 산(山)에 언덕에 피어날지어이.

그리운 그의 노래 다시 들을 수 없어도
맑은 그 숨결 / 들에 숲속에 살아갈지어이.

– 신동엽, 「산에 언덕에」 중

이 시에서는 '그리운 그의 ~ 다시 ~ 수 없어도 / ~에 ~에 ~ㄹ지어이.'라는 유사한 문장 구조를 반복하고, '얼굴'과 '노래', '산'과 '들', '언덕'과 '숲속'과 같이 가락이 비슷한 시어가 1:1로 짝을 이루고 있다.

| 비유
- 원관념과 보조 관념 사이에 유사성이 존재함.
- 원관념과 보조 관념이 1 : 1의 대응 관계를 이룸.
- 일반적으로 작품 속에 원관념과 보조 관념이 함께 드러남.

| 상징
- 원관념과 보조 관념 사이에 유사성이 존재하지 않음.
- 원관념과 보조 관념이 1 : 多의 대응 관계를 이룸.
- 일반적으로 작품 속에서 원관념은 생략되고 보조 관념만 드러남.

| 상징의 종류
- 관습적 상징: 특정한 문화적 전통이나 사회적 관습 속에서 의미가 이미 고정되어 있는 상징 ⑩ 대나무 – 절개
- 개인적 상징: 작가가 자신의 작품 속에서 창조적으로 만들어 사용하는 상징
- 원형적 상징: 역사, 종교, 신화 등에 되풀이되어 나타나 인간의 잠재의식에 담긴 원초적 이미지로, 인류 공통의 보편성을 지닌 상징 ⑩ 해 – 광명, 생명력, 희망

03 변화법

> **변화법** 문장의 구조에 변화를 주어 생각이나 감정을 표현하는 방법

• **설의법**: 의문문의 형식을 의도적으로 사용하여 의미나 정서를 표현함.
• **도치법**: 문장의 어순을 비정상적으로 바꾸어 표현함.
• **역설법**: 모순되는 표현에 내적 진실이나 진리를 담음.
• **반어법**: 말하고자 하는 본래의 의미나 정서와 의도적으로 반대로 표현함.

예시 작품

우리들의 사랑을 위하여서는 / 이별이, 이별이 있어야 하네. //
높았다, 낮았다, 출렁이는 물살과
물살 몰아갔다 오는 바람만이 있어야 하네.

– 서정주, 「견우(牽牛)의 노래」 중

이 시에서는 사랑을 위해 이별이 있어야 한다는 모순된 표현을 통해 이별이라는 시련을 거칠 때 사랑이 더욱 아름답게 빛을 밝힐 수 있다는 것을 역설적으로 말하고 있다.

04 관념의 구체화

> **관념의 구체화** 추상적인 생각(관념)을 자연, 사물 등의 구체적인 대상으로 바꾸어 표현하는 방법

• **객관적 상관물**: 화자의 생각이나 정서를 구체적으로 드러내는 데 사용된 사물
• **감정 이입**: 화자의 생각이나 감정을 대상 속에 이입시켜 대상이 그렇게 생각하고 느끼는 것처럼 표현함(화자와 대상의 동일시).

예시 작품

지는 저녁 해를 바라보며 / 오늘도 그대를 사랑하였습니다.
날 저문 하늘에 별들은 보이지 않고 / 잠든 세상 밖으로 새벽달 빈 길에 뜨면
사랑과 어둠의 바닷가에 나가 / 저무는 섬 하나 떠올리며 울었습니다.

– 정호승, 「또 기다리는 편지」 중

이 시에서 '빈 길'은 '그대'가 떠나 슬프고 외로운 화자의 정서를 드러내는 객관적 상관물이고, '저무는 섬'은 쓸쓸함과 고독감을 자아내게 하여 화자의 외로움을 극대화하는 객관적 상관물이다.

예시 작품

언제나 내 더럽히지 않을 / 티 없는 꽃잎으로 살어 여러 했건만
내 가슴의 그윽한 수풀 속에 / 솟아오르는 구슬픈 샘물을 어이할까나. //
청산 깊은 절에 울어 끊긴 / 종소리는 아마 이슷하여이다.
경경히 밝은 달은 / 빈 절을 덧없이 비초이고
뒤안 으슥한 꽃가지에 / 잠 못 이루는 두견조차 / 저리 슬피 우는다.

– 신석초, 「바라춤」 중

이 시의 1연에서 화자는 이상과 현실 사이에서 갈등하는 모습을 보인다. 그로 인한 화자의 슬픈 감정은 2연에서 '두견'에 이입되어 '잠 못 이루는 두견조차 / 저리 슬피 우는다.'라고 표현되고 있다.

| 시적 허용
미묘한 의미 차이를 드러내거나 시의 음악성을 살리기 위해 의도적으로 문법에 맞지 않게 쓰는 표현
📝 갈(가을) 봄 여름 없이 꽃이 피네.

| 음성 상징어
의성어와 의태어를 사용하여 대상의 소리나 모양을 흉내 낸 시어
📝 너는 닐닐닐 가락 맞춰 풀피리나 불고

개화기의 시가

01 개화기의 시가

• 갑오개혁 시기부터 3·1 운동 때까지 창작된 시가(詩歌)를 일컬으며, 민족의 개화·계몽과 자주 독립, 애국 등을 주된 주제로 삼음.
• 개화기는 중세적인 문학 양식에서 벗어나 근대적인 문학 양식의 수립을 모색하는 시기였으므로, 이 시기에 창작된 시가들은 고전 시가에서 근대 자유시로 이행하는 과도기적 성격을 보임.
• 주요 갈래로 개화 가사(開化歌辭)·창가(唱歌)·신체시(新體詩) 등이 있음.

02 개화 가사

• 전통적인 가사 양식에 자주독립·애국심 고취 등의 시대적 이념과 개화기의 새로운 사상을 담아낸 시가 형식으로, 창가·신체시·근대시로 발전할 수 있는 발판이 됨.
• 전통적인 율격(3·4조 또는 4·4조)을 바탕으로 주로 2행 대구 형식을 취하며 후렴구를 붙여 주제를 강조하고, 형태상으로는 작품을 몇 개의 단락으로 구획함. 국문으로 표시되었으나 한자어가 많이 사용됨.
• 일제와 친일 세력을 비판하는 내용의 우국경세가(憂國警世歌), 자주독립과 부국강병을 주제로 한 애국가(愛國歌), 일제에 항거하고 자주독립을 지키려는 항일의병가사(抗日義兵歌辭) 등이 있음.

작가	작품	내용
이중원	동심가(同心歌)	문명개화를 위한 민족의 일치단결을 노래함.
이필균	애국하는 노래	외침에 대한 경계와 개화·계몽을 통한 애국을 강조함.
신태식	창의가(倡義歌)	국권 회복을 위한 궐기를 촉구함.

03 창가(唱歌)

• 서양 음악의 곡조에 가사를 지어 붙인 계몽적인 노래로, 새로운 시대사조와 문명개화의 예찬 등을 주된 주제로 삼음.
• 대체로 7·5조를 기본적인 율격으로 취하지만, 6·5조, 8·5조 등 다양하게 변형된 형태를 취하기도 함.
• 개화 가사와 신체시를 연결하는 징검다리 역할을 함.

작가	작품	내용
최남선	경부철도가(京釜鐵道歌)	개화된 문명을 동경하고 예찬함.
	한양가(漢陽歌)	서울과 신문명을 예찬함.

04 신체시(新體詩)

• 개화 가사나 창가와 같은 정형시에서 벗어나 근대 자유시에 접근한 새로운 형태의 시가 양식으로, 근현대 시의 출발점이 됨.
• 율격의 규칙성과 형태적 고정성을 벗어나 시적 형식의 자유로움과 개방성을 지향함(기존의 3·4조에서 7·5조, 3·4·5조로의 율격 변화).
• 시행(詩行)의 규칙적인 배열과 후렴구의 반복적인 사용 등은 정형적 율격의 흔적이 남아 있는 것으로, 신체시가 근대 자유시로 넘어가기 전의 과도기적 형태임을 알게 해 줌.

작가	작품	내용
최남선	해(海)에게서 소년에게	문명개화를 실현해 나갈 소년에 대한 기대감을 노래함.
	구작삼편(舊作三篇)	개화·계몽 의식을 강조함.

순수시, 낭만주의 시, 청록파

01 순수시

- 언어 자체의 아름다움과 운율(韻律)·음조(音調) 등의 음악성을 중요시하면서, 의미나 사상·교훈 등을 전파하는 것을 지양하고 순수 서정의 세계만을 추구하는 시임.
- 국문학사에서는 1920년대 중반 이후 확산되던 목적주의적 계급 문학에 반대하여, 시 자체의 순수성을 추구하려는 움직임으로부터 비롯되었음.

작가	작품	내용
김영랑	끝없는 강물이 흐르네	섬세한 언어로 평화롭고 아름다운 내면세계를 노래함.
	내 마음을 아실 이	임에 대한 그리움을 아름다운 고유어로 표현함.
	모란이 피기까지는	소망의 실현을 기다리는 마음을 아름답게 표현함.
박용철	떠나가는 배	고향과 사랑하는 사람들을 떠나는 슬픔을 노래함.

02 낭만주의 시

- 한국의 낭만주의 시는 '민족'이라는 집단적 관념의 틀에서 벗어나 개인의 감정에 주목하는 '개인적 정서의 자각'에서 비롯되었음.
- 일제 치하의 암울한 시대적 상황으로 인해 서양 낭만주의 중에서도 주로 감상주의(感傷主義)의 영향을 많이 받아 퇴폐적·허무주의적 경향을 강하게 띠었음.

작가	작품	내용
이상화	나의 침실로	시대 현실로 인한 절망감을 현실 도피의 욕구로 드러냄.
홍사용	나는 왕이로소이다	민족 수난의 고통과 슬픔을 직설적으로 표현함.

03 청록파(靑鹿派)

- 1946년에 간행된 시집 『청록집』에서 유래된 명칭으로, 박목월·조지훈·박두진을 지칭함.
- 문학이 수단이나 도구로 변질되는 것에 반발하여, 자연을 바탕으로 한 순수한 인간성과 인간의 염원, 가치 등을 표현하고자 하였음.

작가	작품	내용
박목월	나그네	나그네의 외로운 여정과 달관적 삶의 자세를 노래함.
조지훈	승무(僧舞)	세속적 번뇌를 종교적으로 승화하여 표현함.
박두진	청산도(靑山道)	이상 세계에 대한 열망과 기다림을 노래함.

저항시

01 저항시의 특징

- **현실 극복 의지**: 일제의 억압적인 정책에 굴하지 않고 강인한 신념과 저항 의지로써 암울한 식민지 현실을 극복하고자 하는 삶의 자세를 표출함.
- **자기희생적 태도**: 조국의 독립과 민족의 해방을 실현하기 위해서라면 기꺼이 자신을 희생하고자 함.
- **자기반성과 성찰**: 자신이 살아온 삶의 태도를 반성하고, 식민지 지식인으로서 자신의 역할에 대하여 성찰함.

| 한국 문학사에서 순수시의 의미
순수시는 일체의 목적을 배제하고 문학의 순수성을 추구하는 시를 의미함. 우리나라에서는 광복 이전에는 사실주의 정신 및 방법에 대립하여 현실과 동떨어진 순수한 시를 의미하였으며, 광복 이후에는 문학의 순수성과 이데올로기로부터의 독립성을 표방한 시를 의미하게 되었음.

| 낭만주의
개성의 해방과 자유, 낭만적 열정과 풍부한 감성, 질서와 논리에의 반항, 초월적 세계에 대한 이상과 동경 등을 주된 경향으로 하는 문예 사조임.

| 감상주의(感傷主義)
슬픔·동정·연민 따위의 감상을 지나치게 작품에 드러내려는 문예 경향임.

| 저항 문학이란?
외세의 침략과 압제(壓制)에 대한 저항을 주제로 삼는 문학을 가리키는 것으로, 우리나라의 경우 일제 강점기에 등장한 문학의 한 흐름을 저항 문학으로 일컬음.

| 1930년대 일제의 전시 수탈 체제 및 민족 말살 정책

1930년대에 이르러 일제는 군국주의적 침탈 야욕을 노골적으로 드러내기 시작하여, 한층 더 포악해진 '전시 수탈 체제 및 민족 말살 정책'을 내세웠음. 1930년대 일제의 이러한 식민지 지배 정책은 우리 민족을 무참히 짓밟고 착취하며, 나아가 민족의 전통과 문화의 뿌리를 말살하려는 정책이었음.

02 저항시의 대표 작가와 작품

작가	작품	내용
이육사	광야(曠野)	조국 광복에 대한 확신과 현실 극복 의지를 표현함.
	청포도	풍요롭고 평화로운 세계에 대한 소망을 노래함.
윤동주	십자가	조국 광복을 위한 자기희생의 의지를 표현함.
	참회록(懺悔錄)	자아 성찰을 위한 노력과 자기희생 의지를 노래함.
이상화	빼앗긴 들에도 봄은 오는가	국권을 상실한 민족의 비통한 현실을 그림.

모더니즘 시

01 모더니즘 시의 특징

- **이미지의 강조**: 회화적·감각적·현대적 이미지를 강조함(이미지즘).
- **현대 문명 비판**: 도시적 소재를 바탕으로 현대 문명에 대한 비판적 인식을 드러냄.
- **지성과 표현 기교 강조**: 과거의 전통적인 사상·형식·문체에서 벗어나, 감정보다는 지성과 논리를 중시하고(주지주의) 형식이나 언어의 기교를 강조함.
- **언어 파괴와 내면의 형상화**: 언어의 정상적 사용을 거부하고, 인간의 내면 심리나 자의식을 형상화하는 데 몰두함(초현실주의).
- **전원적·향토적 정서의 형상화**: 감각적 이미지를 강조하되 도시 문명이 아닌 자연적 소재나 전원적 세계, 향토적 정서 등을 주로 형상화하는 데 치중하기도 함.

| 모더니즘 시의 등장 배경

- 1930년대에 접어들며 식민지적 근대화에 따른 새로운 인식과 감수성이 확산됨.
- 근대적 문학 사상에 영향을 받은 동경 유학생들이 문학 창작 활동에 참여함.
- 서구 문예 이론의 영향을 받은 시 비평 전문가들이 심도 깊은 비평을 전개함.

02 모더니즘 시의 대표 작가와 작품

작가	작품	내용
김기림	바다와 나비	새로운 세계에 대한 동경과 좌절을 대조적인 이미지를 사용하여 표현함.
	유리창	조그만 외부의 자극에도 쉽게 흔들리는 마음을 '유리창'에 빗대어 형상화함.
김광균	와사등(瓦斯燈)	현대인의 고독과 비애를 통해 도시 문명을 비판함.
	추일서정(秋日抒情)	가을날의 쓸쓸함과 도시의 이국적 풍경을 감각적으로 표현함.
	데생	황혼 무렵의 풍경과 외로움을 수채화처럼 묘사함.
이상	오감도(烏瞰圖)	띄어쓰기의 무시 등을 통해 현대인의 불안 의식을 드러냄.
	가정	가장으로서의 소망을 의식의 흐름에 따라 형상화함.
정지용	바다 1	바다의 역동적인 모습을 감각적 이미지를 통해 표현함.
	춘설(春雪)	봄의 생명력을 감각적으로 형상화함.
	유리창 1	아이를 잃은 슬픔을 절제된 언어와 선명한 이미지로 표현함.
장만영	달·포도·잎사귀	가을 달밤의 정경을 감각적으로 묘사함.

생명시

01 생명시의 특징

- **인간과 생명의 본질 추구**: 인간과 생명의 본질에 관한 의지와 사유에 관심을 두고 삶의 고통과 유한성, 그로부터 비롯된 허무를 초탈하려는 의지를 노래함.
- **인간의 욕망 탐구**: 삶의 본질을 욕망의 차원에서 형상화하고, 그 욕망에서 비롯된 갈등을 표현함. 인간 삶의 본질적 문제를 탐구함으로써 존재의 영원성을 지향하고자 함.
- **존재에 대한 현실적 고찰**: 인간 존재에 대한 근원적인 물음을 시대 현실 속에서 고찰하고, 인간다운 삶과 생명 본연의 순수성을 중시하여 그것을 억압하는 조건이나 현실을 비판적으로 드러냄.

02 생명시의 대표 작가와 작품

작가	작품	내용
유치환	깃발	이상향에 대한 동경과 좌절을 표현함.
	바위	현실을 초극하려는 굳은 의지를 노래함.
	생명의 서(書)·일장(一章)	생명의 본질을 추구하고자 하는 의지를 노래함.
서정주	자화상(自畫像)	과거 성찰을 통해 삶의 진실을 추구함.
	꽃밭의 독백 – 사소(娑蘇) 단장	초월적 세계에 대한 열망을 노래함.
오장환	소야(小夜)의 노래	억압적 현실을 살아가는 도형수의 슬픔과 분노를 표현함.

│ 생명파
1930년대 『시인부락(詩人部落)』이라는 시 동인지를 중심으로, 생명적 진실성과 인간 생명의 궁극적 경지까지 탐구하고자 한 시인들(서정주, 유치환 등)을 일컬으며, '인생파'라고도 함. 시문학파의 기교주의적이며 감각주의적인 경향에 반대하여, 인간의 정신적·생명적 요소를 중시하는 경향을 추구함.

민족적 시

01 민족적 시의 특징

- **'임'으로 형상화된 조국**: '임'과의 이별과 만남이라는 모티프를 통해 국권 회복의 의지와 열망을 서정적으로 형상화함으로써 시의 예술성과 시대 의식을 동시에 획득함.
- **전통적 율격과 서정**: 민요적 율격을 바탕으로 사랑하는 사람과의 이별로 인한 슬픔과 한(恨)이라는 민족 고유의 서정을 담거나 고향을 떠나온 자의 고독과 비애 등을 노래함.
- **민족의 삶과 토속적 정감**: 일제 강점기라는 시대적 상황으로 인해 사라져 가는 고향의 평화로움과 정겨움에 대한 그리움을 토속적인 시어로 표현하거나, 우리 민족의 고단하고 궁핍한 삶의 모습을 사실적으로 드러냄.

02 민족적 시의 대표 작가와 작품

작가	작품	내용
한용운	나룻배와 행인	인내와 희생을 통한 사랑의 실천을 노래함.
	복종	자발적인 복종을 통한 사랑의 완성을 표현함.
	알 수 없어요	절대자에 대한 동경과 구도 정신을 표현함.
김소월	가는 길	이별에 대한 아쉬움과 망설임을 표현함.
	산유화(山有花)	존재의 근원적인 고독감을 표현함.
백석	고향	고향과 혈육에 대한 그리움을 표현함.
	여승(女僧)	한 여인의 삶을 통해 민족의 비극적 삶을 형상화함.
이용악	낡은 집	일제 강점기 유랑민의 비극적인 삶을 표현함.
	풀벌레 소리 가득 차 있었다	아버지의 비참한 죽음과 유랑민의 비애를 표현함.

│ 민족적 시의 등장 배경
서양 문물의 무분별한 유입과 일제의 탄압의 상황 속에서 전통적 정서와 율격, 토속어와 민족 문화에 대한 애착, 시대적 혼란에서 비롯된 민족의 아픔 등을 시적으로 형상화한 민족적 시가 등장하게 됨.

│ 민요적 율격
대개 3음보로 이루어진 정형적 율격을 이르는 말로, 김소월의 시에서는 주로 7·5조의 음수율과 함께 확인할 수 있음.

전쟁과 분단을 다룬 시

01 전쟁과 분단을 다룬 시

· **전쟁의 폭력성과 허무함 고발**: 작가의 종군(從軍) 체험을 바탕으로 전쟁의 참상과 폭력성을 비판하고 전후의 허무함을 신랄하게 고발함.
· **사회적 불안 의식과 개인적 슬픔**: 전후의 비극적인 현실을 통해 사회적으로 팽배해진 불안 의식과 그로 인한 개인의 슬픔을 다룸.
· **인간적 가치 회복의 의지**: 전쟁으로 인한 절망적인 현실을 극복하고 인간적이고 순수한 가치를 회복하고자 하는 의지를 표명함.
· **통일의 염원**: 분단을 극복하고 통일을 염원하는 적극적 의지와 확신을 드러냄.

02 전쟁과 분단을 다룬 대표 작가와 작품

작가	작품	내용
박봉우	나비와 철조망	상처 입은 나비가 벽을 넘어 '꽃밭'으로 날아가는 것을 통해 분단의 아픔과 통일에 대한 열망을 노래함.
김규동	북에서 온 어머님 편지	꿈에서 남한에 있는 아들을 만난 늙은 어머니가 아들에게 보내는 편지를 통해 분단의 아픔을 노래함.
김수영	가다오 나가다오	미국과 소련 등 분단의 원인이기도 한 외부 세력에게 물러가기를 요구함.

도시화·산업화를 다룬 시

01 도시화·산업화를 다룬 시의 특징

· **환경의 파괴와 가치관의 붕괴**: 무분별한 개발로 인한 자연환경의 파괴와, 전통적으로 이어져 내려온 공동체적 유대·문화·가치관 등의 붕괴를 다룸.
· **소외된 계층에 대한 연민**: 경제 성장의 혜택에서 소외된 노동자·농민·도시 하층민 등의 삶의 애환을 사실적으로 형상화하거나 그들에 대한 연민의 정서를 표현함.
· **정치·사회적 문제의 투영**: 사회적 약자에 대한 관심과 부조리한 현실에 대한 비판 등 정치적이고 사회적인 문제들을 담아냄.
· **소시민의 허위성 고발**: 사회적 약자나 시대 현실을 외면한 채 물질적 가치만을 추구하는 소시민적 삶을 택한 사람들의 허위성을 고발함.

02 도시화·산업화를 다룬 대표 작가와 작품

작가	작품	내용
신동엽	종로 5가	농촌에서 올라와 도시의 하층 노동자가 될 소년을 통해 산업화로 인한 폐해를 고발함.
박노해	노동의 새벽	야근을 마친 노동자들이 술자리에서 노동 현실을 비판하고 그 극복 의지를 드러냄.
정현종	들판이 적막하다	아름다운 가을 들판에 메뚜기가 없음을 발견하고, 인간에 의한 생태계 파괴를 비판함.
홍윤숙	꿈을 찍는 소녀들 – 구로 공단에서	떠나온 고향을 그리워하는 구로 공단 소녀의 애환을 노래함.
신경림	파장(罷場)	장터에서 농촌의 어려운 현실과 서울에 대한 동경을 이야기하다가 쓸쓸히 귀가함.
정진규	감자 먹는 사람들 – 삽질 소리	그림 '감자 먹는 사람들'을 보며 노동자로서 고단한 삶을 살아야만 했던 가족을 떠올림.

| 산업화 시대의 민중
이성부의 「벼」, 신경림의 「나무를 위하여」, 김수영의 「풀」 등 산업화를 직접적으로 다루지는 않지만, 민중의 고통스러운 삶과 현실 극복 의지를 드러내는 작품들도 있음.

인간 소외를 다룬 시

01 인간 소외를 다룬 시의 특징

• 소외된 사람들의 모습을 객관적인 대상으로 구체화하기보다는 그들에게 연민을 느끼고 공감하는 작품이 많음.
• 소외된 사람들의 고달픈 삶의 원인이 개인의 부정적 면모 때문이 아니라, 사회 구조적 모순 때문이라고 인식하고, 인간의 존엄성 훼손과 개성의 상실 측면에서 문제를 제기하고 비판함.

02 인간 소외를 다룬 시의 유형

• **외적 발견**: 소외된 사람들의 모습 자체에 중점을 둔 유형으로, 인간 소외가 어떤 모습으로 형상화되어 있는지를 파악하며 감상해야 함. 겉으로는 대상에 대해 관조적인 태도를 보이는 듯하나, 소외된 존재를 객관적인 입장에서 제시함으로써 보다 깊은 연민과 공감을 불러일으키는 경향이 강함.
• **내적 성찰**: 소외된 사람들을 외면했던 자신을 성찰하는 유형으로, 소외된 사람들의 고달픈 모습이 화자 자신의 삶과 연결되어 있음을 깨닫고 자신의 무관심을 고백함. 화자가 부끄러움을 느끼는 내용이 주를 이룸.
• **해결 지향**: 인간 소외 문제를 해결하기 위해 노력해야 한다는 인식이 담긴 유형으로, 타인의 정서 및 행동의 긍정적인 변화를 유도하는 경향이 있음.

03 인간 소외를 다룬 대표 작가와 작품

작가	작품	내용
곽재구	사평역에서	막차를 기다리는 대합실 사람들에 대한 연민과 공감을 표현함.
정호승	슬픔이 기쁨에게	기쁨만 아는 '너'에게 슬픔의 가치를 일깨움.
	맹인 부부 가수	맹인 부부 가수를 통해 고통 속에서도 희망을 잃지 않는 삶을 노래함.
최두석	성에꽃	버스 안 사람들의 고단한 삶에 대한 애정을 노래함.
	고재국	고종사촌 고재국의 고달픈 삶을 들려줌.
하종오	동승	함께 전철에 탄 이주 노동자에게 편견을 가지고 있던 자신을 반성함.
함민복	그림자	소외된 자의 그림자만이라도 행복하기를 바람.

| 인간 소외를 다룬 작품의 의의
• 인간으로서의 존엄성과 개성을 옹호함.
• 일상에 숨겨진 사회 구조적 모순을 밝힘.
• 개개인의 삶이 서로 유기적으로 연결되어 있음을 발견함.

| 참여 문학
• 문학이 사회 현실에 대해 관심을 갖고, 사회 문제 해결에 참여해야 한다는 입장을 취함.
• 순수 문학에 반대되는 개념으로, 문학의 효용성을 강조함.

인생과 존재의 본질을 다룬 시

01 인생과 존재의 본질을 다룬 시의 특징

· **인생과 존재에 대한 긍정적 인식:** 인생과 존재에 대한 긍정적 인식을 바탕으로 부정적 현실을 극복할 수 있다는 의지와 믿음을 표명함.
· **인생과 존재에 대한 종교적 깨달음:** 존재의 불안이나 삶의 비애를 종교적으로 극복하여 새로운 깨달음을 얻음.
· **존재의 의미와 가치에 대한 고찰:** 존재의 본질적 의미나 가치, 그에 대한 올바른 인식 방법 등에 대해 고찰함.
· **존재의 허무나 고독에 대한 성찰:** 인생의 유한성, 허무함, 인간 존재의 근원적 고독 등에 대한 깊이 있는 성찰을 바탕으로 지향하는 삶의 자세나 가치를 제시함.

02 인생과 존재의 본질을 다룬 대표 작가와 작품

작가	작품	내용
박재삼	흥부 부부상	가난한 삶 속에서도 웃음을 잃지 않고 사랑으로써 슬픔을 극복하는 서민들의 애환을 노래함.
신동집	오렌지	'오렌지'를 대상으로 존재의 본질 파악에 대한 소망을 노래함.
박인환	세월이 가면	전쟁 후의 상실감으로 인한 허무와 잊혀져 가는 것들에 대한 그리움과 슬픔을 노래함.
신경림	갈대	'갈대'를 매개로 하여 존재의 근원적인 고독과 비애를 노래함.
김광규	나뭇잎 하나	하나씩 돋아난 나뭇잎이 모여 살고, 다시 한 개씩 떨어지는 모습을 통해 존재가 지닌 본질적 고독을 깨달음.

현실 비판을 다룬 시

01 현실 비판을 다룬 시의 특징

· 비판의 대상이 되는 현실을 형상화하는 상징적 시어가 많이 등장함.
· 화자가 부정적 현실에 놓여 있음을 자각하거나, 시적 대상이 부당한 권력에 억압받는 상황을 고발하는 구조임.
· 부정적 현실에 익숙해졌음을 비판하기 위해 일상적인 소재를 주로 활용함.

02 현실 비판을 다룬 시의 유형

· **현대 문명에 대한 비판:** 일상 속에서 사용되는 구체적인 소재를 통해 시상을 전개하므로 소재가 지닌 기본적 속성과 시에서의 함축적 의미를 연결해 보아야 함.
· **부당한 권력에 대한 비판:** 권력에 의해 자유가 침해되는 것은 생명이 위협받는 것과 동일하다는 인식을 기반으로, 생명력을 가진 존재가 활력을 잃어 가거나 이미 잃어버린 부정적인 모습을 통해 부당한 권력의 폭력성과 강압성을 형상화함.

03 현실 비판을 다룬 대표 작가와 작품

작가	작품	내용
김광규	대장간의 유혹	사라진 털보네 대장간에 찾아가 개성 있고 참된 삶을 찾고 싶어 함.
	상행(上行)	상행 열차처럼 빠르게 현대화된 일상이 강요하는 침묵에 대해 반어적으로 비판함.
오규원	물증(物證)	인간의 삶이 병들어 있음을 '폐어'라는 물증을 통하여 비판함.
최승호	대설주의보	군부 독재를 매서운 눈보라로 표현하여 억압적인 현실을 비판함.
	북어	생명력을 잃고 말라 있는 북어의 모습을 통해 부정적 현실과 현대인을 비판함.
황지우	새들도 세상을 뜨는구나	애국가 영상 속의 새들이 세상 밖으로 떠나는 모습과 무기력한 자신을 대조하며 강압적인 현실에 대해 절망함.
	한국생명보험회사 송일환 씨의 어느 날	송일환 씨가 대강대강 읽고 있는 신문의 내용을 통해 불의가 만연한 현실을 풍자함.

여성 시인들의 시

01 여성 시인들의 시의 특징
• 여성이 지닌 특유의 섬세함을 바탕으로 대상을 감각적으로 포착함.
• 남성과 달리 주류로 인정받지 못한 주체로서의 여성의 처지와 정서를 대상으로 함.

02 여성 시인들의 시의 유형
• **모성을 기반으로 한 생태주의적 사고의 지향**: 모성이 지닌 무조건적인 사랑의 측면을 부각하여, 고통을 감내하는 삶의 자세를 긍정하고 인간과 자연이 연결되어 있다는 생태주의적 사고를 지향함.
• **주체적 여성상에 대한 고뇌와 성찰**: 가부장적인 사회 구조에 대한 비판적 인식을 바탕으로, 주체적 자아를 지닌 여성의 능동적인 삶에 대해 고민함.

03 여성 시인들의 대표 작품

작가	작품	내용
고정희	상한 영혼을 위하여	상한 갈대와 뿌리 없는 부평초를 소재로 고통을 수용하는 삶의 가치를 형상화함.
	우리 동네 구자명 씨	가사와 직장 때문에 힘들게 살아가는 구자명 씨를 통해 현대 여성들의 부당한 삶을 비판함.
김선우	낙화, 첫사랑	떨어지는 꽃잎에 떠나가는 임을 빗대어 보며 '나'와 '그대'의 동일성을 인식함.
	단단한 고요	도토리가 단단한 묵이 되는 과정에서의 다양한 소리를 간직한 도토리의 고요함을 명상함.
김혜순	별을 굽다	지하철 역사 안에서 본 수많은 얼굴들에 숨겨진 뜨거운 심장이 지닌 생명력을 깨달음.
	납작납작 – 박수근 화법을 위하여	박수근의 그림을 시로 풀어 내며 서민들의 애환을 담아냄.
나희덕	그 복숭아나무 곁으로	거리감을 느꼈던 복숭아나무를 이해하는 과정을 통해 타인을 수용하는 삶을 형상화함.
	뿌리에게	흙과 뿌리의 관계에 주목하며 헌신적인 사랑의 가치를 드러냄.
문정희	작은 부엌 노래	전통적으로 여성의 공간으로 규정된 부엌을 배경으로 주체적인 여성의 삶을 역설함.
	퇴근 시간	여성의 희생에 따른 부당한 가정의 평화를 반어적으로 풍자함.
	찬밥	찬밥을 먹으며 여성의 삶을 비판적으로 이해함.

여성 시인들이 쓴 시의 의의
남성 시인이 다루는 여성의 모습은 '고향에 계신 어머니', '죽은 누이', '고생하는 아내' 등에 국한되어 있으므로 여성의 일상과 삶의 문제를 여성의 입장에서 제기하고, 모성의 의미를 심화하는 데 의의가 있음.

여성 문학
여성이 창작 주체로서 쓴 문학 일반, 또는 여성주의 시각을 담은 문학.

I

현대시의 출발 ~ 광복 이전

STEP 1 개화기~1940년대

갑오개혁 (1894년)

*개화 가사
- 이필균 「애국하는 노래」(1896)
- 이중원 「동심가」(1896)

을사조약 (1905년)

*창가
- 최남선 「경부철도가」(1908)

*신체시
- 최남선 「해에게서 소년에게」(1908)

국권 피탈 (1910년)

*근대 자유시
- 황현 「절명시」(1910)
- 김억 「봄은 간다」(1918)

3·1 운동 (1919년)

*근대 자유시
- 『창조』 창간(1919)
- 주요한 「불놀이」(1919)

*전통적 서정시
- 김소월 「진달래꽃」, 「먼 후일」(1922)
- 한용운 「님의 침묵」, 「알 수 없어요」(1926)

*경향시
- 임화 「우리 오빠와 화로」(1929)

카프(KAPF) 결성 (1925년)

*낭만주의 시
- 이상화 「나의 침실로」(1923)

*저항시
- 심훈 「그날이 오면」(1933)

*모더니즘 시
- 이상 「거울」(1933)

*순수 서정시
- 김영랑 「모란이 피기까지는」(1934)

*생명시
- 서정주 「화사」(1936)
- 유치환 「생명의 서」(1936)

*민족의 현실을 다룬 시
- 백석 「여승」(1936)

*모더니즘 시
- 김기림 「바다와 나비」(1939)

*자연 친화적인 시
- 신석정 「그 먼 나라를 알으십니까」(1939)

*저항시
- 이육사 「절정」, 「광야」(1939)
- 윤동주 「서시」, 「쉽게 쓰여진 시」(1939)

시대적 배경

서구 문물의 영향을 받아 변화되어 가던 조선은 갑오개혁(1984)을 계기로 근대 국가로서의 틀을 다지게 되었다. 그러나 먼저 급격한 근대화를 이룩한 일제에 국권을 상실하고 말았다. 일제 강점기는 1910년 국권 피탈 이후 1945년 8월 15일 광복에 이르기까지의 기간을 이르는 말로, 우리 민족 최대의 수난기이다. 일제는 행정, 입법, 사법 및 군대까지 손에 쥐고 우리 민족을 탄압하였다. 이에 우리는 일제에 맞서 독립운동을 하며 나라를 되찾기 위해 노력하였다.

시의 경향

01 개화기

개화기에는 고전 시가 양식과 근대 양식이 공존하였다. 근대화와 국가 수호라는 시대적 과제를 실현하기 위해 전통적 양식에 새로운 내용을 담는 등 새로운 문학 형식에 대한 탐구가 이루어졌다.

02 1910년대

서구 문학의 소개와 수용, 근대 정신의 발현으로 근대 문학이 형성되며 형식적으로 자유롭고, 리듬을 중시한 자유시가 문예지를 통해 발표되기 시작하였다.

03 1920년대

1919년에 일어난 3·1 운동 이후 일제는 통치 방식을 바꾸어 이른바 문화 정책을 시행하였고, 이에 여러 신문과 잡지, 동인지를 통해 다양한 문예 사조들이 나타났다.

04 1930년대

현실 지향적 시 경향에 반발하여 문학적 아름다움만을 추구하는 순수시나 민족의 비극을 사실적으로 담은 사실주의적 시가 창작되었다. 여러 시적 경향이 발생하여 이전보다 성숙한 표현과 다양한 정신 세계를 보여 주며 예술적 기교가 성숙해졌다.

05 1940년대

민족 문학의 암흑기로 국권을 상실한 조국의 비참한 현실을 드러내고 일제에 맞서 당당하게 싸우며 저항하는 시인들의 신념이 드러나는 시가 활발하게 창작되었다.

전통적 서정시와 낭만주의 시
① 김소월, 「삼수갑산」 ② 한용운, 「님의 침묵」 ③ 이상화, 「나의 침실로」

| **감상 포인트** | 1919년에 일어난 3·1 운동의 실패로 지식인들은 큰 좌절감을 경험하였고 이에 따라 퇴폐적이고 허무주의적인 경향이 강한 감상적 낭만주의 시가 등장하였다. 한편으로는 일제 강점기라는 시대 현실에 맞서 전통적 양식인 시조를 계승한 전통적 서정시가 등장하기도 하였다. 이러한 경향을 바탕으로 이 단원에서는 김소월의 「삼수갑산」, 한용운의 「님의 침묵」, 이상화의 「나의 침실로」를 감상해 본다.

STEP 2
대/표/작/품 ①

핵심 정리

- **화자** | '나'(□□을 떠난 사람)
- **주제** | 고향으로 가고 싶은 마음
- **특징** | 화자는 고향에 갈 수 없는 상황을 '□□□□'에 갇혀 있는 것에 비유하여 현실에 대한 절망감과 안타까움을 나타냄. '아하', '아하하'의 규칙적 반복으로 화자의 정서를 강조하고 □□을 형성함.

다른 작품과 엮어 읽기

이용악, 「낡은 집」

「낡은 집」은 일제 강점기에 고향을 떠난 유랑민들의 삶의 애환과 고향에 대한 그리움을 노래한 작품이다. 화자는 '털보네' 이야기를 통해 일본의 수탈로 고향을 등지고 유랑을 떠나야 했던 우리 민족의 비극적 상황을 형상화하고 있다. 「삼수갑산」과 「낡은 집」은 일제 강점기 고향을 잃은 우리 민족의 아픔을 보여 준다는 점에서 유사하다.

룡공 / 슈슬수눔 / 율뇬 (답)

[01~03] 다음 글을 읽고 물음에 답하시오.

ⓐ삼수갑산(三水甲山) 내 왜 왔노 삼수갑산이 어디뇨
오고나니 기험(奇險)타 **아하** 물도 많고 산(山) 첩첩이라 **아하하**

내 고향을 도로 가자 **내 고향을 내 못 가네**
삼수갑산 멀드라 아하 **촉도지난(蜀道之難)**이 예로구나 아하하

삼수갑산이 어디뇨 내가 오고 내 못 가네
불귀(不歸)로다 내 고향 아하 **새가 되면** 떠 가리라 아하하

님 계신 곳 내 고향을 내 못 가네 내 못 가네
오다 가다 야속타 아하 **삼수갑산이 날 가두었네** 아하하

내 고향을 가고지고 오호 삼수갑산 날 가두었네
불귀(不歸)로다 내 몸이야 아하 삼수갑산 못 벗어난다 아하하

— 김소월, 「삼수갑산」

- **기험(奇險):** 기이하고 험함.
- **촉도지난(蜀道之難):** 촉나라로 가는 길의 어려움. 고향으로 돌아가는 것이 매우 힘들다는 것을 의미함.

♦ 김소월(1902~1934)

1902년 『창조』에 「낭인의 봄」, 「그리워」 등을 발표하며 등단하였다. 한과 슬픔의 정서를 민요적 율격으로 담아낸 서정시뿐만 아니라, 식민지 현실에 대한 냉철한 인식을 바탕으로 한 작품을 남겼다. 대표 작품으로 「진달래꽃」(1999학년도 수능), 「접동새」, 「삭주구성」, 「나의 집」, 「가는 길」, 「님의 노래」 등이 있다.

---

01 윗글의 표현상 특징으로 적절하지 않은 것은?

① 4음보의 전통적 율격을 반복하여 리듬감을 형성하고 있다.
② 공간적 배경의 특성을 바탕으로 하여 시상을 전개하고 있다.
③ 의문형 어미를 사용하여 화자가 지향하는 곳에 대한 궁금증을 나타내고 있다.
④ 감탄사의 규칙적 반복과 일정한 통사 구조의 반복으로 운율을 형성하고 있다.
⑤ 말의 순서를 바꾸어 표현하여 화자가 처한 상황에서 느끼는 절망감을 강조하고 있다.

02 윗글의 ⓐ와 〈보기〉의 ⓑ에 대한 설명으로 가장 적절한 것은?

┤ 보기 ├
보미 왯는 만리(萬里)옛 나그내는
ⓑ난(亂)이 긋거든 어느 히예 도라가려뇨.
강성(江城)에 그려기
노피 정(正)히 북(北)으로 느라가매 애룰 긋노라.   – 두보, 「귀안(歸雁)」

- 두보, 「귀안(歸雁)」
- **갈래** | 오언 절구
- **화자** | 고향을 떠난 이
- **주제** | 고향에 대한 간절한 그리움
- **특징** | '선경후정'의 시상 전개와 화자와 대조적인 자연물(기러기)을 활용해 화자의 심정을 효과적으로 표현함.

① ⓐ는 긍정적 대상이고 ⓑ는 부정적 대상이다.
② ⓐ와 ⓑ는 모두 화자와의 일체감을 드러낸다.
③ ⓐ와 ⓑ는 모두 화자의 처지를 알 수 있게 한다.
④ ⓐ와 ⓑ는 모두 화자의 비극적 정서를 심화시킨다.
⑤ ⓐ는 ⓑ와 달리 화자의 갈등이 해소되는 공간이다.

03 〈보기〉를 참고하여 윗글을 감상한 내용으로 적절하지 않은 것은?

┤ 보기 ├
시 「삼수갑산」은 고향을 떠나온 화자가 고향으로 돌아가지 못하는 안타까움을 잘 드러내고 있다. 화자가 고향에 가지 못하게 하는 '산'을 의지를 가진 능동적인 존재로 형상화하고, 화자를 피동적인 존재로 표현하며 일제 강점기에 고향을 등지고 유랑했던 우리 민족의 암울한 상황을 반영하고 있다.

① '아하', '아하하'를 반복하여 고향에 갈 수 없는 안타까움을 효과적으로 나타내는군.
② '내 고향을 내 못 가네'는 고향에 가지 못하는 부정적인 현실을 의미하는군.
③ '촉도지난'은 암울한 상황을 극복하려는 우리 민족의 의지를 드러내는군.
④ '새가 되면'은 불가능한 상황을 가정하여 귀향하고 싶은 간절한 소망을 반영한 표현이라고 할 수 있겠군.
⑤ '삼수갑산이 날 가두었네'에서 '삼수갑산'은 능동적인 존재로 형상화된 소재군.

📖 작품 다시 보기

- **시의 구성**

1연		2~3연		4~5연
☐☐☐☐에 갇힌 현실에 대한 탄식	⇒	☐☐에 대한 그리움과 돌아갈 수 없는 안타까움	⇒	삼수갑산을 벗어나지 못하는 현실에 대한 절망감

- **표현상의 특징**

☐☐적 · 비유적 표현 사용	⇒	• 4음보: 전통적인 율격을 반복하여 리듬감을 형성함.
		• 감탄사: '아하', '☐☐☐' 등의 반복을 통해 화자의 정서를 강조함.
		• 삼수갑산: 벗어날 수 없는 공간을 비유적으로 표현하여 화자의 처지를 나타냄.

읽어야 높임 / 용표 / 규근스류 🔵

핵심 정리

• **화자** | '나'(임과 ⬜⬜한 사람)

• **주제** | 임을 향한 영원한 ⬜⬜

• **특징** | 임과의 이별로 인한 슬픔
을 ⬜⬜적 진리를 통해 극복하
고자 소망함.

[04~06] 다음 글을 읽고 물음에 답하시오.

님은 갔습니다. 아아, 사랑하는 나의 님은 갔습니다.

푸른 산빛을 깨치고 단풍나무 숲을 향하여 난 작은 길을 걸어서, 차마 떨치고 갔습니다.

황금(黃金)의 꽃같이 굳고 빛나던 옛 맹서(盟誓)는 차디찬 티끌이 되어서 한숨의 미풍(微風)에 날아갔습니다.

날카로운 첫 키스의 추억(追憶)은 나의 운명(運命)의 지침(指針)을 돌려 놓고, 뒷걸음쳐서 사라졌습니다.

나는 향기로운 님의 말소리에 귀먹고, 꽃다운 님의 얼굴에 눈멀었습니다.

사랑도 사람의 일이라, 만날 때에 미리 떠날 것을 염려하고 경계하지 아니한 것은 아니지만, 이별은 뜻밖의 일이 되고, 놀란 가슴은 새로운 슬픔에 터집니다.

그러나 이별을 쓸데없는 눈물의 원천(源泉)을 만들고 마는 것은 스스로 사랑을 깨치는 것인 줄 아는 까닭에, 걷잡을 수 없는 **슬픔의 힘**을 옮겨서 새 희망(希望)의 **정수박이**에 들어부었습니다.

우리는 **만날 때에 떠날 것을 염려**하는 것과 같이, **떠날 때에 다시 만날 것**을 믿습니다.

아아, 님은 갔지마는 나는 님을 보내지 아니하였습니다.

제 곡조를 못 이기는 사랑의 노래는 님의 침묵을 휩싸고 돕니다.

– 한용운, 「님의 침묵」

다른 작품과 엮어 읽기

김소월, 「진달래꽃」

「진달래꽃」은 화자의 헌신적인 사랑을 상징하는 꽃을 뿌리며 슬픔을 참고 견디는 인종의 자세를 보여 주는 작품이다. 「님의 침묵」과 「진달래꽃」은 슬픔을 극복하고 임에 대한 영원한 사랑을 다짐하고 있다는 점에서 유사하다.

이룸 / SY / 롤폰 Ⓔ

♦ 한용운(1879~1944)
1918년 불교 잡지 「유심」에 「심」을 발표하며 등단하였다. 불교 사상을 바탕으로 철학적 사색과 신비적 명상 세계를 형상화하였으며 여성적 어조의 시를 주로 썼다. 대표 작품으로 「수의 비밀」(2017년 4월), 「알 수 없어요」(2013학년도 6월), 「나룻배와 행인」(2003학년도 수능), 「찬송」(1994학년도 수능) 등이 있다.

04 윗글의 표현상 특징으로 가장 적절한 것은?

① 선경후정의 방식으로 화자의 심리를 강조하고 있다.
② 유사한 종결 표현을 반복하여 운율을 형성하고 있다.
③ 가정법을 사용하여 임과 이별한 상황을 표현하고 있다.
④ 대조적 이미지를 사용하여 임의 절대성을 드러내고 있다.
⑤ 현실에 대한 관조적 자세로 슬픔을 담담하게 노래하고 있다.

05 윗글과 〈보기〉를 비교하여 감상한 내용으로 적절하지 <u>않은</u> 것은?

┤ 보기 ├

그리운 우리 님의 맑은 노래는 / 언제나 제 가슴에 젖어 있어요
긴 날을 문밖에서 서서 들어도 / 그리운 우리 님의 고운 노래는
해 지고 저물도록 귀에 들려요 / 밤들고 잠들도록 귀에 들려요

– 김소월, 「님의 노래」 중

① 〈보기〉는 윗글과 달리 3음보 율격을 사용하여 리듬감을 살리고 있다.
② 윗글은 〈보기〉와 달리 역설적 표현을 통해 화자의 믿음을 드러내고 있다.
③ 윗글과 〈보기〉는 모두 화자가 노래하는 행위를 시각적으로 나타내고 있다.
④ 윗글과 〈보기〉는 모두 임을 향한 화자의 사랑을 섬세한 어조로 표현하고 있다.
⑤ 윗글은 종결 어미로 격식체를, 〈보기〉는 종결 어미로 비격식체를 사용하고 있다.

작품 플러스

• 김소월, 「님의 노래」
| **갈래** | 자유시, 서정시
| **화자** | 임을 사랑하고 그리워함.
| **주제** | 임에 대한 사랑과 그리움
| **특징** | 청각적 심상을 활용하여 임이 부재하는 현실과 화자의 내면을 형상화하고 있음.

06 〈보기〉를 참고하여 윗글을 감상한 내용으로 적절하지 <u>않은</u> 것은?

┤ 보기 ├

시 「님의 침묵」은 임이 부재한 현실 속에서도 임을 향한 변함없는 사랑을 노래한 작품이다. '만남은 헤어짐이요, 헤어짐은 곧 만남'이라는 시인의 불교적 윤회관은 '임의 부재＝임의 존재'라는 역설적 인식을 가능하게 하며 슬픔을 희망으로 역전시킨다. 시인의 이러한 사상은 일제 강점기의 현실적 토대 위에 형성된 것으로서 더욱 구체적 가치를 지닌다고 할 수 있다.

① 시인이 활동했던 시기를 감안할 때, '님'은 조국을 의미한다고도 볼 수 있겠군.
② '슬픔의 힘'을 '정수박이'에 들어붓는 것에서 슬픔을 희망으로 역전시키려는 화자의 의지를 엿볼 수 있군.
③ '만날 때에 떠날 것을 염려'하고, '떠날 때에 다시 만날 것'을 믿는 화자의 인식은 불교적 윤회관이 바탕이 된 것이라 할 수 있군.
④ 화자가 '님은 갔지마는 나는 님을 보내지 아니하였'다고 한 것은 임의 부재 속에서 임과의 재회를 확신했기 때문이군.
⑤ '제 곡조를 못 이기는 사랑의 노래'가 '님의 침묵'을 휩싸고 돈다고 한 것은 화자의 답답한 심정을 표현한 것이군.

📖 작품 다시 보기

• **시의 구성**

1~4행(기)		5~6행(승)		7~8행(전)		9~10행(결)
임과의 □□	➡	이별 후의 슬픔	➡	□□을 극복한 새로운 희망	➡	영원한 사랑을 □□

• **표현상의 특징**

시구	
'나는 향기로운 님의 말소리에 귀먹고, 꽃다운 님의 얼굴에 눈멀었습니다.'	➡

• □□□: 모순되는 상황을 제시하여 임의 절대성을 드러냄.
• **대구법**: 앞 절과 뒤 절을 서로 짝을 이뤄 제시하여 임의 절대성을 드러냄.

핵심 정리

* 화자 | '나'('□□□'를 기다리는 사람)

* 주제 | 아름답고 영원한 □□□에 대한 간절함

* 특징 | □□과 청유의 반복으로 시적 화자의 간절함을 표현하며 매 연마다 처음에 '마돈나'를 반복하여 통일감을 부여함. 암울한 상황을 젊은이의 낭만적 정열로 극복하고자 하는 바람이 드러남.

* 목거지: '모꼬지'의 방언. 놀이나 잔치 또는 그 밖의 일로 여러 사람이 모이는 일.

* 수밀도(水蜜桃): 껍질이 얇고 살과 물이 많으며 맛이 단 복숭아.

* 그리메: '그림자'의 방언.

다른 작품과 엮어 읽기

이상화, 「빼앗긴 들에도 봄은 오는가」

「빼앗긴 들에도 봄은 오는가」는 일제 강점기에 빼앗긴 국토의 상황에 대한 한탄과 울분, 빼앗긴 들과 봄을 되찾고자 하는 염원을 드러낸 작품이다. 구체적인 비유와 감각적 표현을 통해 조국의 땅과 민족의 삶을 빼앗긴 슬픔과 주권 회복에 대한 염원을 담았다. 이상화의 초기작인 「나의 침실로」가 감상적 낭만주의의 경향에서 이상의 세계를 추구한다면, 「빼앗긴 들에도 봄은 오는가」는 강한 저항 의지를 보여 준다는 점에서 차이가 있다.

미래엔 / 손수호 / 윤음

[07~09] 다음 글을 읽고 물음에 답하시오.

'마돈나' 지금은 밤도 모든 목거지에 다니노라 **피곤하여 돌아가려는도다.**
아, 너도 먼동이 트기 전으로 수밀도(水蜜桃)의 네 가슴에 이슬이 맺도록 달려오너라.

'마돈나' 오려무나. 네 집에서 눈으로 유전(遺傳)하던 진주(眞珠)는 다 두고 몸만 오너라.
빨리 가자, 우리는 밝음이 오면 어딘지도 모르게 숨는 두 별이어라.

'마돈나' 구석지고도 어둔 마음의 거리에서 나는 두려워 떨며 기다리노라.
아, ⓐ어느덧 첫닭이 울고 ― 뭇 개가 짖도다, 나의 아씨여, 너도 듣느냐.

'마돈나' 지난밤이 새도록 내 손수 닦아 둔 침실로 가자, ㉠침실로!
낡은 달은 빠지려는데, 내 귀가 듣는 발자국 ― 오, 너의 것이냐?

'마돈나' 짧은 심지를 더우잡고, 눈물도 없이 하소연하는 내 마음의 촛불을 봐라.
양털 같은 바람결에도 질식(窒息)이 되어 얄푸른 연기로 꺼지려는도다.

'마돈나' 오너라, 가자. 앞산 그리메가 도깨비처럼 발도 없이 이곳 가까이 오도다.
아, 행여나 누가 볼는지 ― 가슴이 뛰누나, 나의 아씨여, 너를 부른다.

'마돈나' 날이 새련다. 빨리 오려무나, 사원(寺院)의 쇠북이 우리를 비웃기 전에
네 손이 내 목을 안아라, ⓑ우리도 이 밤과 같이 오랜 나라로 가고 말자.

'마돈나' 뉘우침과 두려움의 외나무다리 건너 있는 내 침실, 열 이도 없으니!
아, 바람이 불도다, 그와 같이 가볍게 오려무나, 나의 아씨여, 네가 오느냐?

'마돈나' 가엾어라, 나는 미치고 말았는가, 없는 소리를 내 귀가 들음은 ―
내 몸에 피란 피 ― 가슴의 샘이 말라 버린 듯 마음과 몸이 타려는도다.

'마돈나' 언젠들 안 갈 수 있으랴, ⓒ갈 테면 우리가 가자, 끄을려가지 말고!
ⓓ너는 내 말을 믿는 '마리아' ― 내 침실이 부활(復活)의 동굴(洞窟)임을 네야 알련만……

'마돈나' 밤이 주는 꿈, 우리가 얽는 꿈, 사람이 안고 뒹구는 목숨의 꿈이 다르지 않으니.
아, 어린애 가슴처럼 세월 모르는 나의 침실로 가자, 아름답고 오랜 거기로.

'마돈나' 별들의 웃음도 흐려지려 하고, 어둔 밤물결도 잦아지려는도다.
아, ⓔ안개가 사라지기 전으로 네가 와야지, 나의 아씨여, 너를 부른다.

― 이상화, 「나의 침실로」

....

♦ **이상화**(1901~1943)
1922년 『백조』 1호에 「말세의 희탄」, 「단조」를 발표하며 등단하였다. 초기에는 퇴폐적인 풍조를 나타내는 작품을 썼고, 후기에는 사회 참여적인 성격이 강한 작품을 썼다. 대표 작품으로 「빼앗긴 들에도 봄은 오는가」, 「역천」, 「새벽의 빛」, 「이중의 사망」 등이 있다.

07 윗글의 표현상 특징으로 적절하지 <u>않은</u> 것은?

① 유사한 종결 표현을 반복하여 리듬감을 부여하고 있다.
② 연의 첫머리에 같은 대상을 부름으로써 통일감을 드러낸다.
③ 격정적인 어조를 통해 대상에 대한 간절함을 표현하고 있다.
④ 말을 건네는 방식으로 시적 대상과 화자의 거리감을 강조하고 있다.
⑤ 관능적이고 감각적인 표현을 사용하여 작품 전체의 분위기를 형성하고 있다.

08 ⓐ~ⓔ에 대한 설명으로 적절하지 <u>않은</u> 것은?

① ⓐ: '마돈나'와 함께 있을 수 있는 시간이 끝나 가고 있음을 드러내고 있다.
② ⓑ: 현실을 벗어나 오랫동안 쉴 만한 곳을 찾는 화자의 내면을 드러내고 있다.
③ ⓒ: 능동적 행동에 대한 화자의 다짐을 드러내고 있다.
④ ⓓ: '마돈나'를 '마리아'로 바꾸어 부르면서 대상의 다양한 의미를 표현하고 있다.
⑤ ⓔ: '마돈나'가 와야 밤이 사라지고 영원한 안식을 얻을 수 있음을 나타낸다.

❤ 주요 시어의 의미
- **마돈나**: 절대적 구원의 존재
- **침실**: 화자가 지향하는 장소, 안식과 활력을 부여하는 부활의 장소
- **꿈**: 영원한 죽음이 아닌 부활을 위한 행위, 부활 그 자체
- **밤**: 부활의 시간, '마돈나'와 만나고자 하는 시간

09 〈보기〉의 구절 중에서 윗글의 ㉠과 가장 유사한 역할을 하는 것은?

> | 보기 |
>
> 저어라, 배를 멀리서 잠자는 능라도까지, **물살 빠른 대동강**을 저어 오르라. 거기 너의 **애인이 맨발로 서서 기다리는 언덕**으로 곧추 너의 뱃머리를 돌리라. 물결 끝에서 일어나는 추운 바람도 무엇이리오, 괴이한 웃음 소리도 무엇이리오, **사랑 잃은 청년의 어두운 가슴속**도 너에게야 무엇이리오, 그림자 없이는 밝음도 있을 수 없는 것을. - 오오, 다만 **네 확실한 오늘**을 놓치지 말라. 오오 사로라, 사로라! 오늘 밤! 너의 발간 횃불을, 발간 입설을, 눈동자를, 또한 **너의 발간 눈물**을……
>
> – 주요한, 「불놀이」 중

작품 플러스
- 주요한, 「불놀이」
- **갈래** | 자유시, 서정시, 산문시
- **화자** | 사랑을 잃고 좌절하다가 삶의 의지를 회복하고 있는 청년
- **주제** | 임을 잃은 슬픔과 극복 의지
- **특징** | '현재-과거 회상-현재'의 구조로 시상을 전개하고 있음.

① 물살 빠른 대동강
② 애인이 맨발로 서서 기다리는 언덕
③ 사랑 잃은 청년의 어두운 가슴속
④ 네 확실한 오늘
⑤ 너의 발간 눈물

📖 작품 다시 보기

- **시의 구성**

1~3연		4~6연		7~9연		10~12연
'□□□'와의 만남에 대한 갈망	⇒	안식처에 대한 지향과 불안감의 고조	⇒	상황의 급박함과 자신에 대한 연민	⇒	□□에 대한 소망과 '마돈나'에 대한 갈구

- **표현상의 특징**

다양한 표현을 □□하여 운율감을 형성	⇒	• **시어의 반복**: '마돈나' ➡ 대상에 대한 간절함 강조
		• □□□ **어미의 반복**: '오려무나', '가자' ➡ 화자의 불안감과 절박함 표현

[01~03] 다음 글을 읽고 물음에 답하시오.

[10월 학력평가 B형]

(가)

삼수갑산(三水甲山) 내 왜 왔노 삼수갑산이 어디뇨
오고나니 기험(奇險)타 아하 **물도 많고 산(山) 첩첩**
이라 아하하

내 고향을 도로 가자 내 고향을 내 못 가네
삼수갑산 멀드라 아하 **촉도지난(蜀道之難)**이 예로
구나 아하하

삼수갑산이 어디뇨 내가 오고 내 못 가네
불귀(不歸)로다 내 고향 아하 **새가 되면** 떠 가리라
아하하

님 계신 곳 내 고향을 내 못 가네 내 못 가네
오다 가다 야속타 아하 **삼수갑산이 날 가두었네** 아
하하

내 고향을 가고지고 오호 삼수갑산 날 가두었네
불귀(不歸)로다 내 몸이야 아하 삼수갑산 **못 벗어난
다** 아하하

– 김소월, 「삼수갑산」

● **촉도지난**: 촉나라로 가는 길의 어려움. 고향으로 돌아가는 것이 매우 힘들다는
의미로 사용됨.

(나)

일찍이 어머니가 나를 바다에 데려간 것은
소금기 많은 ⊙푸른 물을 보여 주기 위해서가 아니
었다
바다가 뿌리 뽑혀 밀려 나간 후
꿈틀거리는 ⓒ검은 뻘밭 때문이었다
뻘밭에 위험을 무릅쓰고 퍼덕거리는 것들
숨 쉬고 사는 것들의 힘을 보여 주고 싶었던 거다
먹이를 건지기 위해서는
사람들은 왜 무릎을 꺾는 것일까
깊게 허리를 굽혀야만 할까
생명이 사는 곳은 왜 저토록 쓸쓸한 맨살일까
일찍이 어머니가 나를 바다에 데려간 것은

저 무위(無爲)한 해조음을 들려주기 위해서가 아니
었다
물 위에 집을 짓는 새들과
각혈하듯 노을을 내뿜는 포구를 배경으로
성자처럼 뻘밭에 고개를 숙이고
먹이를 건지는
슬프고 경건한 손을 보여 주기 위해서였다

– 문정희, 「율포의 기억」

01 (가), (나)의 공통점으로 가장 적절한 것은?

① 수미상관의 방식을 통해 주제 의식을 강조하고 있다.
② 대화의 형식을 활용하여 친근한 분위기를 조성하고 있다.
③ 특정 공간의 특성을 바탕으로 하여 시상을 전개하고 있다.
④ 어조의 변화를 통해 화자의 심리 변화 과정을 보여 주고 있다.
⑤ 반어적 표현을 사용하여 시적 상황을 효과적으로 제시하고
있다.

02 〈보기〉를 참고하여 (가)를 이해할 때 적절하지 않은 것
은?

| 보기 |

김소월은 땅, 집, 고향 등을 모티프로 여러 작품을 창작하
였다. 이들 작품에 등장하는 대부분의 인물들은 스스로의 의
지에 의해서가 아니라 외적인 힘이나 상황 때문에 고향으로
돌아가지 못하는 신세로 그려진다. 김소월은 이를 통해 식민
지 시대에 삶의 터전을 빼앗기고 귀향하지 못하는 우리 민족
의 절망적 모습을 보여 주고자 하였다.

① 1연: '물도 많고 산 첩첩'이라는 표현을 통해, 돌아가지 못하는
고향의 아름다움을 형상화하고 있다.
② 2연: '촉도지난'이라는 표현을 통해, 고향에 돌아가지 못하는
실향민의 처지를 암시하고 있다.
③ 3연: '새가 되면'이라는 이루어질 수 없는 상황 설정을 통해,
귀향할 수 없는 절망적 현실을 드러내고 있다.
④ 4연: '삼수갑산이 날 가두었'다는 표현을 통해, 실향민이 된
것이 스스로의 의지가 아님을 강조하고 있다.
⑤ 5연: '못 벗어난다'라는 단정적인 표현을 통해, 우리 민족이
식민지 현실에서 느끼는 좌절감을 드러내고 있다.

03 (나)의 ㉠, ㉡에 대해 반응한 것으로 가장 적절한 것은?

① ㉠은 순수한 자연을 통해 아름다움을 느끼게 하고, ㉡은 위험이 도사리고 있어 공포를 느끼게 하는군.

② ㉠은 푸른 이미지로 생명과 희망을 환기시키고, ㉡은 검은 이미지로 허무와 어둠의 정서를 불러일으키고 있군.

③ ㉠은 힘겨운 삶을 극복한 사람들이 얻게 되는 환희를 상징하고, ㉡은 힘겹게 살아가는 사람들의 탄식을 상징하는군.

④ ㉠은 삶과 관련하여 깨달음을 주지 못하지만, ㉡은 그곳에서 치열하게 살아가는 생명들을 통해 깨달음을 얻게 하는군.

⑤ ㉠은 화자가 미래에 살아갈 모습에 대해 상상하게 해 주고, ㉡은 어머니와 함께했던 시절의 추억을 떠올리게 해 주는군.

📖 작품 다시 보기

(가) 김소월, 「삼수갑산」

● 시의 구성

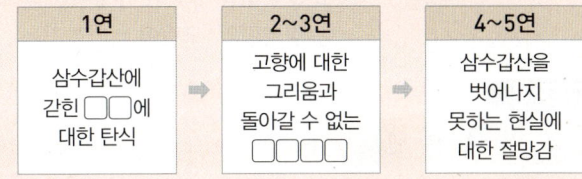

1연	2~3연	4~5연
삼수갑산에 갇힌 □□에 대한 탄식	고향에 대한 그리움과 돌아갈 수 없는 □□□□	삼수갑산을 벗어나지 못하는 현실에 대한 절망감

● 표현상의 특징

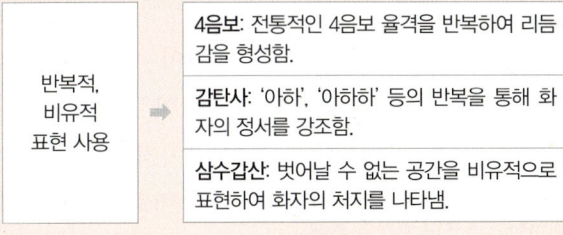

반복적, 비유적 표현 사용	**4음보:** 전통적인 4음보 율격을 반복하여 리듬감을 형성함.
	감탄사: '아하', '아하하' 등의 반복을 통해 화자의 정서를 강조함.
	삼수갑산: 벗어날 수 없는 공간을 비유적으로 표현하여 화자의 처지를 나타냄.

다른 작품과 엮어 읽기

이용악, 「전라도 가시내」

「전라도 가시내」는 일제 강점기에 핍박을 받고 고향을 떠날 수밖에 없었던 북간도 유이민의 고통을 보여 주는 작품이다. 이 작품은 함경도에서 두만강을 건너온 사내와 전라도에서 만주로 넘어온 술집 여자가 어느 주막에서 이야기를 나누는 구조로 되어 있다. 「삼수갑산」과 「전라도 가시내」는 암담한 현실에 처한 실향민에 대한 연민을 담고 있다는 점에서 유사하다.

(나) 문정희, 「율포의 기억」

● 시의 구성

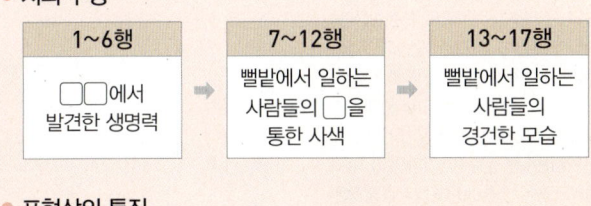

1~6행	7~12행	13~17행
□□에서 발견한 생명력	뻘밭에서 일하는 사람들의 □을 통한 사색	뻘밭에서 일하는 사람들의 경건한 모습

● 표현상의 특징

유사한 □□ 구조의 반복으로 □□□ 형성 및 주제 의식 강조	시구
	'일찍이 어머니가 ~ / 위해서가 아니었다'

다른 작품과 엮어 읽기

김기택, 「멸치」

「멸치」는 역동적인 생명력의 회복에 대한 염원을 담고 있는 작품이다. 작품 속 화자는 반찬 접시에 담긴 멸치의 작은 무늬를 보며 바다의 흐름과 하나가 되어 파도를 만들고 해일을 부르고 고깃배를 부수고 그물을 찢었을 멸치의 역동적인 생명력을 떠올린다. 「율포의 기억」과 「멸치」는 시적 대상에서 생명력의 경건함을 발견하고 있다는 점에서 유사하다.

정답 ❺ 이미지/생명력 / 봄길 / 통사 / 리듬감

02강 순수 서정시와 생명시
① 김영랑, 「모란이 피기까지는」 ② 유치환, 「바위」 ③ 서정주, 「자화상」

| 감상 포인트 | 1920년대에 일어난 정치성 강한 문학 운동이 일제의 검열과 탄압에 의해 세력이 약해지자, 이념 지향적인 시에 대한 반발로 세련된 언어와 리듬감을 중시하는 순수 서정시가 탄생하였다. 또한 삶의 고뇌와 생명의 본질을 강렬한 남성적 어조로 노래하는 생명시가 등장하기도 하였다. 이러한 경향을 바탕으로 이 단원에서는 김영랑의 「모란이 피기까지는」, 유치환의 「바위」, 서정주의 「자화상」을 감상해 본다.

STEP 2
대/표/작/품 ①

핵심 정리
- **화자** | '나'(□□이 피는 봄을 기다리는 사람)
- **주제** | □을 기다리는 간절한 마음
- **특징** | 수미상관의 구성을 통해 형태적 안정성을 얻으며 의미를 강조함. □□적 표현을 통해 화자가 느끼는 정서를 효과적으로 드러냄.

다른 작품과 엮어 읽기
황지우, 「너를 기다리는 동안」
「너를 기다리는 동안」은 기다리는 사람의 심리를 감각적으로 표현한 작품이다. 「모란이 피기까지는」과 「너를 기다리는 동안」은 기다림의 정서를 표현한다는 점에서 유사하다. 하지만 일제 강점기에 만들어진 「모란이 피기까지는」은 순수한 기다림의 미학을 드러낸 반면, 1980년대에 창작된 「너를 기다리는 동안」은 표면상 연애시의 형태를 취하고 있지만 이면에는 진정한 자유와 민주주의에 대한 갈망이 담겨 있다는 점에서 차이가 있다.

주노 / 룸 / 금조 ⓟ

[01~03] 다음 글을 읽고 물음에 답하시오.

모란이 피기까지는
나는 **아직** 나의 봄을 기다리고 있을 테요
모란이 **뚝뚝** 떨어져 버린 날
나는 비로소 봄을 여읜 설움에 잠길 테요
오월 어느 날 그 하루 **무덥던 날**
떨어져 누운 꽃잎마저 시들어 버리고는
천지에 모란은 자취도 없어지고
뻗쳐오르던 내 보람 서운케 무너졌느니
모란이 지고 말면 그뿐 **내 한 해는 다 가고 말아**
삼백예순 날 하냥 섭섭해 우옵네다
모란이 피기까지는
나는 아직 기다리고 있을 테요 찬란한 슬픔의 봄을

— 김영랑, 「모란이 피기까지는」

....

◆ 김영랑(1903~1950)
1930년 『시 문학』 창간호에 참여하며 본격적인 활동을 시작하였다. 잘 다듬어진 언어로 순수 서정시의 새로운 경지를 개척하였다. 일제 강점기 말에는 저항 정신을 보여 주는 작품을 창작하기도 하였다. 대표 작품으로 「거문고」(2010학년도 6월), 「독을 차고」(2005학년도 6월), 「내 마음을 아실 이」(2003학년도 수능), 「오월」 등이 있다.

01 윗글의 표현상 특징으로 적절하지 <u>않은</u> 것은?

① 특정한 종결 표현을 반복하여 운율을 형성하고 있다.
② 선경후정의 방식으로 화자의 정서를 드러내고 있다.
③ 작품의 시작과 끝에 비슷한 시행을 배치하여 여운을 주고 있다.
④ 일반적인 문장 구성의 순서를 바꾸어 화자의 의도를 강조하고 있다.
⑤ 역설적 표현을 활용해 대상에게 느끼는 화자의 정서를 강조하고 있다.

02 윗글에 대한 감상으로 적절하지 <u>않은</u> 것은?

① '아직'은 화자의 기다림의 정서를 강조하는 부사어이다.
② '뚝뚝'은 화자의 절망감을 나타내는 음성 상징어이다.
③ '무덥던 날'은 화자의 삶의 보람이 무너진 날이다.
④ '내 한 해는 다 가고 말아'는 모란이 지는 것이 봄 전체를 잃는 것과 같다는 의미이다.
⑤ '삼백예순 날'은 화자의 서러운 정서를 강조하기 위해 사용한 표현이다.

03 윗글과 〈보기〉를 비교하여 감상한 내용으로 적절하지 <u>않은</u> 것은?

> ─| 보기 |─
>
> 들길은 마을에 들자 붉어지고
> 마을 골목은 들로 내려서자 푸르러졌다
> 바람은 넘실 천(千) 이랑 만(萬) 이랑
> 이랑 이랑 햇빛이 갈라지고
> 보리도 허리통이 부끄럽게 드러났다
> 꾀꼬리는 여태 혼자 날아 볼 줄 모르나니
> 암컷이라 쫓길 뿐
> 수놈이라 쫓을 뿐
> 황금 빛난 길이 어지럴 뿐
> 얇은 단장하고 아양 가득 차 있는
> 산봉우리야 오늘 밤 너 어디로 가 버리련?
>
> ─ 김영랑, 「오월」

작품 플러스

- 김영랑, 「오월」
- **갈래** | 서정시, 자유시
- **화자** | 오월의 자연을 바라보는 사람
- **주제** | 오월의 아름다운 자연
- **특징** | 자연물을 의인화하여 봄날의 아름다움을 표현함.

① 윗글은 계절의 변화에 따라, 〈보기〉는 화자의 시선에 따라 시상이 전개되고 있다.
② 윗글과 〈보기〉는 모두 동일한 시간적 배경을 활용하여 시상을 전개하고 있다.
③ 윗글과 〈보기〉는 모두 자연물에게 말을 건네는 형식을 통해 기다림의 자세를 드러내고 있다.
④ 윗글은 〈보기〉와 달리 대상에 대한 화자의 정서를 직접적으로 표출하고 있다.
⑤ 〈보기〉는 윗글과 달리 여성적 이미지를 활용하여 대상을 생생하게 묘사하고 있다.

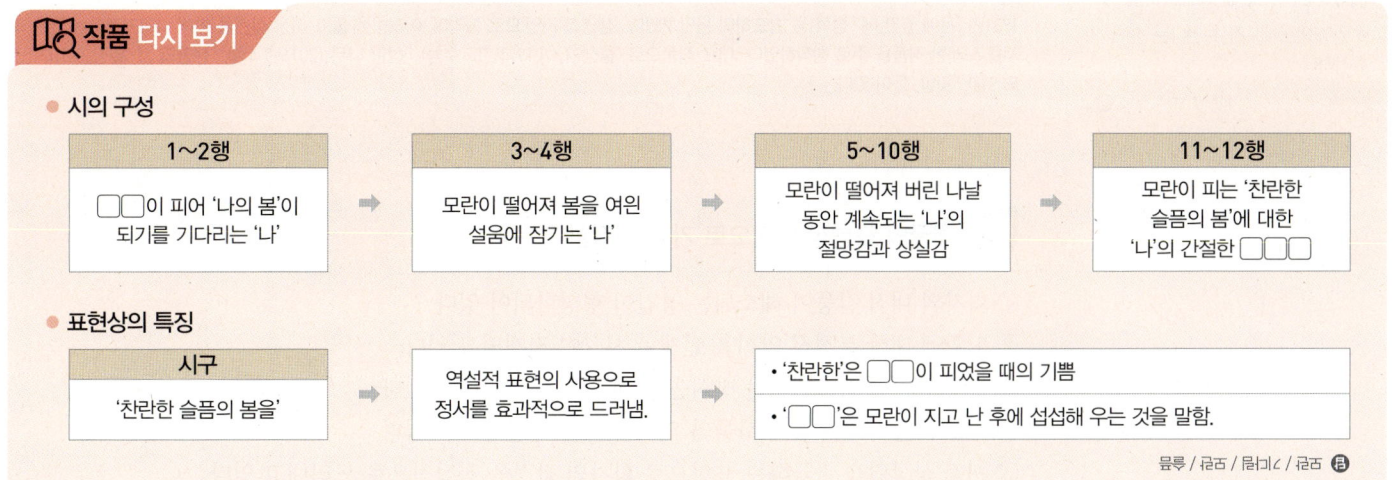

📖 **작품 다시 보기**

● 시의 구성

1~2행	3~4행	5~10행	11~12행
□□이 피어 '나의 봄'이 되기를 기다리는 '나'	모란이 떨어져 봄을 여읜 설움에 잠기는 '나'	모란이 떨어져 버린 나날 동안 계속되는 '나'의 절망감과 상실감	모란이 피는 '찬란한 슬픔의 봄'에 대한 '나'의 간절한 □□□

● 표현상의 특징

시구		
'찬란한 슬픔의 봄을'	역설적 표현의 사용으로 정서를 효과적으로 드러냄.	• '찬란한'은 □□이 피었을 때의 기쁨 • '□□'은 모란이 지고 난 후에 섭섭해 우는 것을 말함.

바람 / 기다림 / 슬픔 / 모란 🅑

핵심 정리

- **화자** | '나'(□□가 되려는 사람)
- **주제** | 현실을 초극하려는 굳은 □□
- **특징** | 자연물의 속성을 통해 화자의 의지를 형상화함. 관념적인 한자어와 어휘의 사용을 통해 주제를 표현함. 단호하고 강인한 □□적 어조와 극도의 절제된 표현을 사용함.

[04~06] 다음 글을 읽고 물음에 답하시오.

내 죽으면 한 개 바위가 되리라.
아예 애련(愛憐)에 물들지 않고
희로(喜怒)에 움직이지 않고
비와 바람에 깎이는 대로
억 년(億年) 비정(非情)의 함묵(緘默)에
안으로 안으로만 채찍질하여
드디어 생명도 망각하고
흐르는 구름
머언 원뢰(遠雷)
꿈꾸어도 노래하지 않고
두 쪽으로 깨뜨려져도
소리하지 않는 ⓐ바위가 되리라.

– 유치환, 「바위」

- **애련(愛憐):** 어리거나 약한 사람을 가엾게 여기어 사랑함.
- **비정(非情):** 사람으로서 따뜻한 정이나 인간미가 없음.
- **함묵(緘默):** 입을 다물고 잠잠히 있음.
- **원뢰(遠雷):** 멀리서 울리는 우레.

다른 작품과 엮어 읽기

이육사, 「교목」
「교목」은 일제 강점기의 암담한 시대 현실 속에서도 굴하지 않고 어떠한 외부 자극에도 흔들리지 않겠다는 화자의 굳건한 의지를 부정적 의미의 부사어나 명령형 종결 어미를 통해 드러낸 작품이다. 「바위」와 「교목」의 화자는 모두 의지적인 삶을 소망하며 내면적 단련을 통해 절망적인 현실을 초월하려는 태도를 보인다는 점에서 유사하다.

유불 | 사한 | 환념

♦ **유치환(1908~1967)**
1931년 『문예 월간』에 「정적」을 발표하며 등단하였다. '생명파 시인'으로 불리며, 어려움을 뚫고 이상 실현을 향해 나아가겠다는 굳은 의지를 노래한 작품을 주로 창작하였다. 대표 작품으로 「출생기」(2019학년도 수능), 「선한 나무」(2016년 4월), 「생명의 서·일장」(2014학년도 9월), 「깃발」 등이 있다.

04 윗글의 표현상 특징으로 가장 적절한 것은?

① 화자의 내적 갈등이 해소되는 공간이 형상화되어 있다.
② 상황에 대한 부정적 인식을 전제로 시상이 전개되고 있다.
③ 구체적 경험을 고백하는 방식을 통해 정서를 드러내고 있다.
④ 구도적인 자세를 통해 사물의 의미를 새롭게 발견하고 있다.
⑤ 시적 상상력을 자극하는 표현으로 화자의 감정을 직접적으로 드러내고 있다.

05 윗글에 대한 감상으로 적절하지 <u>않은</u> 것은?

① '애련에 물들지 않고', '희로에 움직이지 않'으려는 것에서 인간적인 감정에 휘둘리지 않으려는
　화자의 모습이 보이는군.
② '비와 바람에 깎이는 대로'에서 시련을 묵묵히 견뎌 내려는 화자의 태도가 드러나는군.
③ '안으로 안으로만 채찍질하'려는 것에서 자신을 단련하려는 화자의 태도를 엿볼 수 있군.
④ '생명도 망각하'는 것에서 현실에 좌절하고 굴복하는 화자의 모습이 나타나는군.
⑤ '노래하지 않고', '소리하지 않는 바위가 되'려는 것에서 일체의 감정을 초월하려는 화자의 모습
　이 형상화되어 있군.

06 윗글의 ⓐ와 〈보기〉의 ⓑ에 대한 설명으로 가장 적절한 것은?

| 보기 |

꽃은 무슨 일로 피어서 쉬이 지고
풀은 어이하여 푸르는 듯 누르나니
아마도 변치 않을 손 ⓑ<u>바위</u>뿐인가 하노라.　　　　　　－ 윤선도, 「오우가(五友歌)」 중 제3수

① ⓐ는 불변적 존재이고, ⓑ는 가변적 존재이다.
② ⓐ는 현실적 존재이고, ⓑ는 초월적 존재이다.
③ ⓐ는 부정적 존재이고, ⓑ는 긍정적 존재이다.
④ ⓐ와 ⓑ는 모두 화자가 지향하는 가치를 형상화하고 있다.
⑤ ⓐ와 ⓑ는 모두 밝은 미래에 대한 확신을 형상화하고 있다.

> ### 작품 플러스
>
> • 윤선도, 「오우가(五友歌)」
> | 갈래 | 연시조
> | 화자 | '나'(자연을 예찬하는 사람)
> | 주제 | 물, 바위, 소나무, 대나무, 달
> 　이 지닌 덕목에 대한 예찬
> | 특징 | 자연물에 가치를 부여하는
> 　삶의 자세를 드러냄.

📖 작품 다시 보기

● 시의 구성

1행		2~6행		7~9행		10~12행
□□가 되고자 하는 의지	⇒	내적으로 단련하는 바위	⇒	생명마저 초월한 바위	⇒	바위가 되고자 하는 굳은 □□

● 표현상의 특징

□□의 상징성	⇒	• 단단하고 외부의 자극에도 흔들리지 않는 초월적 존재를 상징
		• 화자는 바위와 같은 존재가 되기 위해 인간적인 감정이나 □□까지도 망각하고자 함.

정답 / 바위 / 의지 / 바위 / 생명 ④

핵심 정리

- **화자** | '나'(자신의 삶을 ☐☐하는 사람)

- **주제** | 역사적 시련기를 겪으면서 살아온 한 개인의 고통스러운 삶에 대한 회고

- **특징** | ☐☐적 어조와 직설적 표현을 사용함. 과거 성찰을 통해 삶의 ☐☐를 드러냄.

[07~09] 다음 글을 읽고 물음에 답하시오.

⊙애비는 종이었다. 밤이 깊어도 오지 않았다.
파뿌리같이 늙은 할머니와 대추꽃이 한 주 서 있을 뿐이었다.
ⓛ어매는 달을 두고 풋살구가 꼭 하나만 먹고 싶다 하였으나…… 흙으로 바람벽 한 호롱불 밑에
손톱이 까만 에미의 아들.
갑오년(甲午年)이라든가 바다에 나가서는 돌아오지 않는다 하는 외할아버지의 숱 많은 머리털과
그 커다란 눈이 나는 닮았다 한다.

스물세 해 동안 나를 키운 건 팔할(八割)이 바람이다.
ⓒ세상은 가도가도 부끄럽기만 하더라.
어떤 이는 내 눈에서 죄인(罪人)을 읽고 가고
어떤 이는 내 입에서 천치(天痴)를 읽고 가나
②나는 아무것도 뉘우치진 않을란다.

찬란히 틔워 오는 어느 아침에도
이마 위에 얹힌 시(詩)의 이슬에는
몇 방울의 피가 언제나 섞여 있어
볕이거나 그늘이거나 혓바닥 늘어뜨린
ⓜ병든 수캐마냥 헐떡거리며 나는 왔다.

— 서정주, 「자화상」

♦ 서정주(1915~2000)
1936년 『동아일보』 신춘문예에 「벽」이 당선되며 등단하였다. 김광균, 김동리 등과 『시인 부락』 동인으로 활동하였다. 서정적이고 토속적이며 탐미적인 시를 주로 창작하였다. 대표 작품으로 「외할머니 마당에 올라온 해일」(2018년 3월), 「추천사−춘향의 말 1」(2016년 7월), 「외할머니의 뒤안 툇마루」(2016학년도 6월), 「귀촉도」(2001학년도 수능), 「화사」, 「국화 옆에서」, 「무등을 보며」 등이 있다.

다른 작품과 엮어 읽기

공광규, 「별국」
「별국」은 가난한 시절의 회상 속에서 어머니의 사랑을 함축적인 언어로 표현한 작품이다. 「자화상」과 「별국」은 가난했던 과거를 회상한다는 점에서 유사하다. 하지만 「별국」은 가난했던 과거에 담긴 어머니의 사랑을 회상하는 반면, 「자화상」은 가난했던 과거를 회상하며 삶에 대한 의지를 다진다는 점에서 차이가 있다.

07 윗글의 표현상 특징으로 적절하지 않은 것은?

① 감정을 직접적으로 드러내고 있다.
② 고백적인 어조를 사용해 정서를 드러내고 있다.
③ 과거의 성찰을 통해 삶의 의지를 굳건히 다지고 있다.
④ 특정한 대상에게 이야기하는 형식으로 시상이 전개되고 있다.
⑤ 불우한 가정 환경과 외부의 부정적 시선에 대해 형상화하고 있다.

08 ㉠~㉤에 대한 설명으로 적절하지 <u>않은</u> 것은?

① ㉠: 화자는 자신의 가족사에 대해 솔직하게 말하고 있다.

② ㉡: 지독히 가난했던 화자의 어린 시절을 드러내고 있다.

③ ㉢: 가난과 신분의 굴레에서 벗어나기 어려운 화자의 처지를 나타내고 있다.

④ ㉣: 당당한 태도로 삶의 고난을 극복하려는 화자의 의지를 드러내고 있다.

⑤ ㉤: 굴욕적인 현실에 맞서다 실패하자 절망하는 화자의 모습을 나타내고 있다.

09 윗글과 〈보기〉를 비교하여 감상한 내용으로 적절하지 <u>않은</u> 것은?

| 보기 |

가난이야 한낱 남루(襤褸)에 지나지 않는다.
저 눈부신 햇빛 속에 갈매빛의 등성이를 드러내고 서 있는
여름 산 같은
우리들의 타고난 살결 타고난 마음씨까지야 다 가릴 수 있으랴.

청산(靑山)이 그 무릎 아래 지란(芝蘭)을 기르듯
우리는 우리 새끼들을 기를 수밖에 없다.

– 서정주, 「무등을 보며」 중

작품 플러스

• 서정주, 「무등을 보며」
| 갈래 | 서정시, 자유시
| 화자 | 무등을 보며 삶의 의미를 깨달은 사람
| 주제 | 가난을 이겨 낼 수 있는 넉넉한 삶의 자세
| 특징 | 고전적 분위기의 시어와 문체를 사용함. 삶을 관조하는 차분한 어조를 사용함.

① 윗글과 〈보기〉는 모두 삶의 애환을 드러내고 있다.

② 윗글과 〈보기〉는 모두 현실적 한계로 인해 미래를 비관하고 있다.

③ 윗글은 〈보기〉와 달리 지나온 삶에 대한 당당한 태도를 드러내고 있다.

④ 윗글은 〈보기〉와 달리 솔직한 어조를 사용해 과거에 대해 밝히고 있다.

⑤ 윗글은 과거 성찰을 통해, 〈보기〉는 전통적 가치를 통해 어려움을 극복하려 한다.

📖 작품 다시 보기

• 시의 구성

1연		2연		3연
□□했던 어린 시절	→	고난과 시련에 맞서 온 삶	→	고통스럽고 치열한 삶과 □

• 표현상의 특징

시구		
'애비는 종이었다.'	→	자기 □□적 어조의 사용

[01~03] 다음 글을 읽고 물음에 답하시오.

[9월 모의평가 B형]

(가)

모란이 피기까지는
나는 아직 ㉠나의 봄을 기다리고 있을 테요
모란이 뚝뚝 떨어져 버린 날
나는 비로소 봄을 여읜 설움에 잠길 테요
오월 어느 날 그 하루 무덥던 날
떨어져 누운 꽃잎마저 시들어 버리고는
천지에 모란은 자취도 없어지고
뻗쳐오르던 내 보람 서운케 무너졌느니
모란이 지고 말면 그뿐 내 한 해는 다 가고 말아
삼백예순 날 하냥 섭섭해 우옵네다
모란이 피기까지는
나는 아직 기다리고 있을 테요 찬란한 슬픔의 봄을

– 김영랑, 「모란이 피기까지는」

(나)

북한산이
다시 그 높이를 회복하려면
다음 겨울까지는 기다려야만 한다.

밤사이 눈이 내린,
그것도 백운대나 인수봉 같은
높은 봉우리만이 옅은 화장을 하듯
가볍게 눈을 쓰고

원 산은 차가운 수묵(水墨)으로 젖어 있는,
어느 겨울날 이른 아침까지는 기다려야만 한다.

신록이나 단풍,
골짜기를 피어오르는 안개로는,
눈이래도 원 산을 뒤덮는 적설(積雪)로는 드러나지
않는,

심지어는 장밋빛 햇살이 와 닿기만 해도 변질하는,
그 ㉡고고(孤高)한 높이를 회복하려면

백운대와 인수봉만이 가볍게 눈을 쓰는
어느 겨울날 이른 아침까지는
기다려야만 한다.

– 김종길, 「고고」

01 (가), (나)의 공통점으로 가장 적절한 것은?

① 공간의 이동을 통해 시상을 전개하고 있다.
② 수미상관의 구조를 통해 주제를 강조하고 있다.
③ 어순의 도치를 통해 상황의 긴박감을 표현하고 있다.
④ 흑백의 대비를 통해 회화적 이미지를 강화하고 있다.
⑤ 가상의 상황을 통해 자기반성의 태도를 보여 주고 있다.

02 〈보기〉를 참고하여 (가), (나)를 감상한 내용으로 적절하지 않은 것은?

| 보기 |

　김영랑의 「모란이 피기까지는」과 김종길의 「고고」는 대상이 지닌 특정 속성을 통해 화자가 경험한 아름다움을 드러낸다. 「모란이 피기까지는」에서는 봄이라는 계절에 소멸을 앞둔 대상을 통해, 「고고」에서는 겨울날 대상의 고고함이 드러나는 순간을 통해 대상의 아름다움이 경험되고 있다. 한편, 전자는 대상 자체보다는 대상에서 촉발된 주관적 정서의 표현에, 후자는 정서의 직접적 표현보다는 대상 자체의 묘사에 중점을 두고 있다.

① (가)에서는 아름다움을 경험하는 주체를 직접 노출하여 정서를 표현하고 있군.
② (가)에서는 한정된 시간 동안 존속하는 속성이 대상의 아름다움을 강화하고 있군.
③ (나)에서는 대상의 높이가 고고한 아름다움을 결정하는 유일한 조건이군.
④ (나)는 대상의 고고한 아름다움이 드러나는 순간과 그렇지 않은 때의 모습을 대비하고 있군.
⑤ (가)와 (나)는 각각 특정한 계절적 배경을 통해 대상의 아름다움을 표현하고 있군.

03 ㉠, ㉡과 관련지어 (가), (나)를 이해한 내용으로 적절하지 않은 것은?

① (가)의 '설움'은 ㉠을 경험하지 못하게 방해하는 요인을 나타낸다.

② (가)의 '내 한 해는 다 가고 말아'는 ㉠의 경험이 화자의 삶에서 차지하는 비중이 큼을 나타낸다.

③ (가)의 '찬란한 슬픔'은 ㉠에서 경험할 수 있는 강렬한 정서를 나타낸다.

④ (나)의 '어느 겨울날 이른 아침'은 ㉡을 경험할 수 있는 특정 시간을 나타낸다.

⑤ (나)의 '가볍게 눈을 쓰는'은 ㉡을 경험하기 위한 대상의 요건을 나타낸다.

📖 작품 다시 보기

(가) 김영랑, 「모란이 피기까지는」

● 시의 구성

1~2행	모란이 피어 '나의 ▢'이 되기를 기다리는 '나'

↓

3~4행	모란이 떨어져 봄을 여읜 설움에 잠기는 '나'

↓

5~10행	모란이 떨어져 버린 나날 동안 계속되는 '나'의 절망감과 상실감

↓

11~12행	모란이 피는 '▢▢▢ 슬픔의 봄'에 대한 '나'의 간절한 기다림

● 표현상의 특징

▢▢적 표현의 사용으로 정서를 효과적으로 드러냄.	⇒	시구
		'찬란한 슬픔의 봄을'

다른 작품과 엮어 읽기

정지용, 「춘설」

「춘설」은 공감각적 이미지를 통해 봄눈의 생명력을 표현한 작품이다. 「모란이 피기까지는」과 「춘설」은 봄을 계절적 배경으로 하고 있으며, '모란'과 '봄눈'이라는 대상을 바라보는 시적 화자의 모습이 나타난다는 점에서 유사하다.

(나) 김종길, 「고고」

● 시의 구성

1연	2~3연	4~6연
▢▢이 되어야 드러나는 북한산의 높이	인수봉과 백운봉에 ▢이 올 때 드러나는 북한산의 높이	겨울날 이른 아침에만 드러나는 북한산의 ▢▢함

● 표현상의 특징

'기다려야만 한다'의 반복	⇒	효과
		• 운율 형성 • 고고한 삶을 지향하는 화자의 의지 강조

다른 작품과 엮어 읽기

김수영, 「폭포」

「폭포」는 부정적 현실과 타협하지 않는 삶을 '폭포'라는 자연 현상과 연결하여 표현한 작품이다. 「고고」와 「폭포」는 화자가 지향하는 삶의 자세를 각각 '산'과 '폭포'라는 시적 대상을 통해 드러내고, 반복적 표현을 통해 화자의 의지를 강조한다는 점에서 유사하다.

| 감상 포인트 | 근대화가 본격화되면서 새로운 인식과 감수성이 확산되자 지적인 감수성을 중시하면서도 기존 틀에서 벗어나 인간의 내면을 의식적 조작 없이 시에 표현한 초현실주의 시가 등장하였다. 또한 시의 회화성을 강조한 이미지 중심의 모더니즘 시와 정서나 감정보다는 이성을 중시한 주지주의 시가 등장하였다. 이러한 경향을 바탕으로 이 단원에서는 이상의 「거울」, 김광균의 「추일서정」, 정지용의 「유리창 1」을 감상해 본다.

STEP 2

대/표/작/품 ①

핵심 정리

- **화자** | '나'(□□ 속의 자아와 만나고자 하는 사람)
- **주제** | 현대인의 □□ □□과 불안 심리
- **특징** | □□□□를 사용하지 않고 무의식의 이미지를 그대로 적는 자동기술법과 역설적 표현을 사용하여 자아의 모순성을 드러냄.

다른 작품과 엮어 읽기

윤동주, 「길」

「길」은 일제 강점기 말, 황폐화된 조선에서 가치관의 혼란을 겪으며 고통스럽게 살아가던 젊은 지식인의 고뇌와 아픔, 상실과 모색을 다루고 있는 작품으로 화자는 '담 저쪽에 남아 있는 나'인 참된 자아를 찾으려 노력한다. 「길」의 '하늘'과 「거울」의 '거울'은 모두 화자에게 자아 성찰의 매개체가 된다는 점에서 유사한 기능을 하는 소재이다.

기출 | 자아 성찰 / 매개체 ⓔ

[01~03] 다음 글을 읽고 물음에 답하시오.

거울속에는소리가없소
저렇게까지조용한세상은참없을것이오

거울속에도내게귀가있소
내말을못알아듣는딱한귀가두개나있소

거울속의나는왼손잡이오
내악수(握手)를받을줄모르는ㅡ악수(握手)를모르는왼손잡이오

거울때문에나는거울속의나를만져보지를못하는구료마는
거울이아니었던들내가어찌거울속의나를만나보기라도했겠소

나는지금거울을안가졌소마는거울속에는늘거울속의내가있소
잘은모르지만외로된사업(事業)에골몰할게요

거울속의나는참나와는반대요마는
또꽤닮았소
나는거울속의나를근심하고진찰(診察)할수없으니퍽섭섭하오

ㅡ 이상, 「거울」

♦ **이상(1910~1937)**

1931년 『조선과 건축』에 「이상한 가역 반응」이라는 연작시를 발표하며 등단하였고, 1934년 『조선중앙일보』에 시 「오감도」를 연재하기 시작하였다. 1936년 『조광』에 소설 「날개」를 발표하여 큰 반응을 불러일으켰다. 대표 작품으로 「권태」(2014학년도 수능), 「날개」(2008학년도 9월), 「조춘점묘」(2006학년도 수능), 「오감도」(2003학년도 수능), 「꽃나무」 등이 있다.

01 윗글의 표현상 특징으로 가장 적절한 것은?

① 수미상관을 사용하여 주제를 강조하고 있다.
② 종결 어미의 반복을 통하여 리듬감을 형성하고 있다.
③ 의인법을 사용하여 자연 친화적 태도를 드러내고 있다.
④ 자연물을 소재로 하여 사회 비판 의식을 드러내고 있다.
⑤ 대화체를 활용하여 시적 상황을 생생하게 표현하고 있다.

02 윗글과 〈보기〉를 비교하여 감상한 내용으로 적절하지 <u>않은</u> 것은?

┤ 보기 ├

　귀뚜리 저 귀뚜리 어여쁘다 저 귀뚜리

　어인 귀뚜리 지는 달 새는 밤에 긴소리 짧은 소리 절절(節節)이 슬픈 소리 제 혼자 울어 예어 사창(紗窓) 여읜 잠을 살뜰히도 깨우는고야

　두어라 제 비록 미물(微物)이나 무인 동방(無人洞房)의 내 뜻 알 이는 저뿐인가 하노라

－ 작자 미상

① 윗글과 〈보기〉는 모두 시각적 이미지가 주로 사용되었군.

② 윗글은 〈보기〉와 달리 감정 이입이 드러나지 않는군.

③ 윗글은 〈보기〉와 달리 대상의 이중적 속성을 강조하는군.

④ 윗글은 〈보기〉와 달리 의식의 흐름에 따라 시상을 전개하고 있군.

⑤ 〈보기〉는 윗글과 달리 반어적 표현이 사용되었군.

> **작품 플러스**
>
> • 작자 미상, 「귀뚜리 저 귀뚜리~」
> | **갈래** | 사설시조
> | **화자** | 임 생각에 잠 못드는 여성
> | **주제** | 독수공방하는 여성의 슬픔과 외로움
> | **특징** | 귀뚜라미에 화자의 감정을 이입하여 노래함.

03 〈보기〉를 참고하여 윗글을 감상한 내용으로 적절하지 <u>않은</u> 것은?

┤ 보기 ├

　시인 이상은 특이한 관찰력을 바탕으로 사물의 모습을 대칭적으로 보여 주는 '거울'을 시의 소재로 삼고 초현실주의적 기법을 활용하여 내면 의식을 드러내었다. 즉, 시 「거울」은 자아의 분열 과정과 그 인식의 과정을 통해서 두 자아의 역설적 의미를 형상화한 작품이라고 할 수 있다.

① 두 자아의 소통과 화해를 위한 시도를 끊임없이 보여 주고 있다.

② 단절과 만남의 양면성을 지닌 소재를 활용하여 주제를 드러내고 있다.

③ 심리적 분열 상황을 설정하여 자신의 내면에 대한 묘사를 드러내고 있다.

④ 띄어쓰기를 무시함으로써 기존 질서에 대한 저항과 무의식의 세계를 표현하고 있다.

⑤ 일제 강점기라는 창작 시기를 고려할 때, 무기력하게 살았던 자신의 삶을 돌아보며 극복 의지를 다지는 시인의 태도를 담아낸 작품으로 볼 수 있다.

> ❤ **초현실주의**
>
> 이성의 속박에서 벗어나 비합리적이거나 비현실적인 세계를 표현하는 경향을 이름.

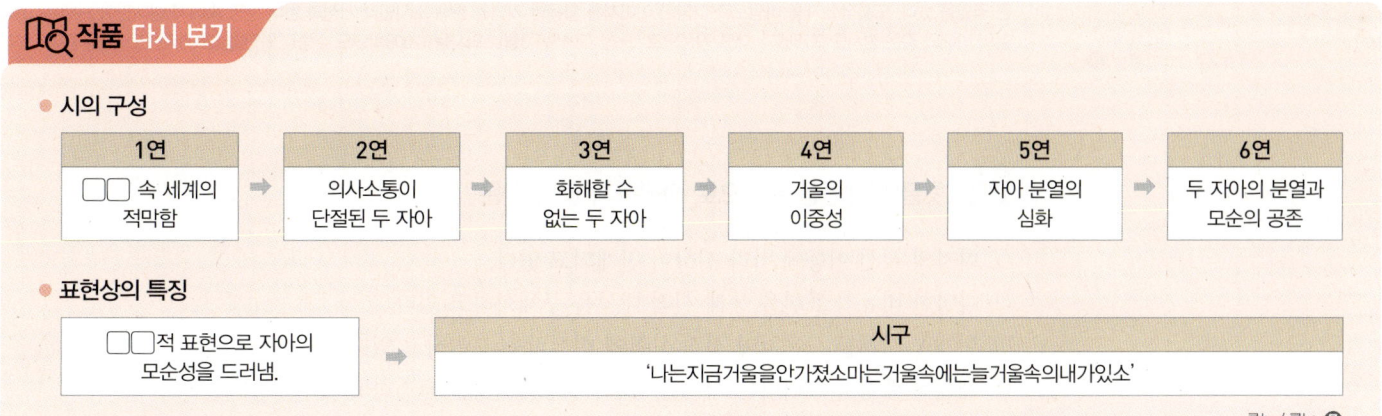

📖 **작품 다시 보기**

● **시의 구성**

1연		2연		3연		4연		5연		6연
□□ 속 세계의 적막함	➡	의사소통이 단절된 두 자아	➡	화해할 수 없는 두 자아	➡	거울의 이중성	➡	자아 분열의 심화	➡	두 자아의 분열과 모순의 공존

● **표현상의 특징**

□□적 표현으로 자아의 모순성을 드러냄.	➡	시구
		'나는지금거울을안가졌소마는거울속에는늘거울속의내가있소'

핵심 정리

- **화자** | ☐☐ 경치를 바라보는 현대 도시인

- **주제** | 가을의 황량한 풍경과 현대인의 ☐☐

- **특징** | ☐☐☐☐의 방식으로 시상을 전개함. 감정을 최대한 배제하여 대상을 객관적으로 묘사하고 다양한 감각적 이미지를 사용함. 현재형 시제를 통해 시적 상황에 현실감을 더함.

[04~06] 다음 글을 읽고 물음에 답하시오.

㉠**낙엽**은 폴-란드 망명 정부의 지폐(紙幣)
포화(砲火)에 이즈러진
도룬 시(市)의 가을 하늘을 생각케 한다
길은 한 줄기 구겨진 **넥타이**처럼 풀어져
일광(日光)의 폭포 속으로 사라지고
㉡조그만 담배 연기를 내어 뿜으며
새로 두 시의 **급행차**가 들을 달린다
포플라나무의 근골(筋骨) 사이로
㉢공장의 지붕은 흰 이빨을 드러내인 채
한 가닥 구부러진 철책이 바람에 나부끼고
그 위에 세로팡지(紙)로 만든 구름이 하나
㉣자욱-한 풀벌레 소리 **발길**로 차며
호올로 황량한 생각 버릴 곳 없어
허공에 띄우는 **돌팔매** 하나.
기울어진 풍경(風景)의 장막(帳幕) 저쪽에
㉤고독한 반원을 긋고 잠기어 간다

– 김광균, 「추일서정」

- **포화(砲火)**: 총포를 쏠 때 일어나는 불.
- **이즈러진**: 이지러진. 한쪽 귀퉁이가 떨어져 없어진
- **근골(筋骨)**: 근육과 뼈대를 아울러 이르는 말.
- **세로팡지**: 셀로판지. 합성 수지 따위를 발라 만든 종이.
- **황량한**: 황폐하여 거칠고 쓸쓸한

다른 작품과 엮어 읽기

김광균, 「서울 꿩」
「서울 꿩」은 물질문명이 지배하는 도시의 현실에 속박되어 본성을 잃고 살아가는 현대인의 모습을 '꿩'에 빗대어 표현한 작품이다. 「추일서정」과 「서울 꿩」은 현대 물질문명에 대한 화자의 부정적 인식을 바탕으로 비유적 표현을 통해 주제 의식을 드러낸다는 점에서 유사하다.

유홍준규 / 늑고 / 릉는 ⑧

◆ 김광균(1914~1993)
1926년 『중외일보』에 「가는 누님」을 발표하며 등단하였다. 회화적인 시를 즐겨 쓴 시인으로 1930년대 모더니즘 시 경향을 확산시키는 데 큰 역할을 했다. 도시적 소재를 바탕으로 다양한 이미지를 활용한 기법을 통해 소시민적 서정과 현대 문명 속에서 현대인이 느끼는 고독, 삶의 비애와 같은 정서를 드러냈다. 대표 작품으로 「노신」(2017년 3월), 「와사등」(2008학년도 수능), 「외인촌」(2000학년도 수능) 등이 있다.

04 윗글의 표현상 특징으로 적절하지 <u>않은</u> 것은?

① 화자의 시선 이동에 따라 시상이 전개되고 있다.
② 다양한 비유적 표현을 통해 시적 대상을 구체화하고 있다.
③ 현재형 시제를 사용하여 시적 상황에 현실감을 부여하고 있다.
④ 계절적 배경이 드러나는 시어를 통해 시적 분위기를 환기하고 있다.
⑤ 자연물과 인공물의 대조를 통해 화자의 내면을 효과적으로 드러내고 있다.

05 〈보기〉를 참고하여 ㉠~㉤을 감상한 내용으로 적절하지 <u>않은</u> 것은?

┤ 보기 ├

　김광균은 1930년대 모더니즘 경향의 대표적인 시인으로 특히 시각적 이미지를 활용한 기법이 탁월했다. 그는 주로 도시적 소재를 바탕으로 비유적 이미지나 공감각적 이미지를 즐겨 사용했고, 관념이나 심리 등의 추상적인 대상을 시각적 이미지로 형상화하기도 했다. 이러한 기법을 통해 시인은 물질문명 속에서 현대인이 느끼는 고독과 도시의 삭막함을 드러냈다.

① ㉠: '낙엽'을 '망명 정부의 지폐'에 빗대어 도시에서 느끼는 현대인의 무상감을 시각적으로 드러내고 있군.

② ㉡: '급행차'의 연기를 금세 사라지는 '담배 연기'에 빗대어 현대인이 느끼는 물질문명에 대한 허무함을 구체화하고 있군.

③ ㉢: '공장의 지붕'을 '흰 이빨'에 빗대어 도시의 삭막함을 시각적으로 부각하고 있군.

④ ㉣: 보이지 않는 '풀벌레 소리'를 '발길'로 찬다고 공감각적으로 표현하여 자연을 통해 고독감에서 벗어나고자 하는 화자의 의지를 드러내고 있군.

⑤ ㉤: '잠기어' 가는 '돌팔매'의 '고독한 반원'을 통해 현대인의 고독감을 시각적 이미지로 형상화하고 있군.

06 윗글의 시어 중 〈보기〉의 ㉮와 가장 유사한 역할은 하는 것은?

┤ 보기 ├

　㉮창(窓) 내고쟈 창(窓)을 내고쟈 이내 가슴에 창(窓) 내고쟈.
　고모장지 셰살장지 들장지 열장지 암돌져귀 수돌져귀 비목걸새 크나큰 쟝도리로 쑥싹 바가 이내 가슴에 창(窓) 내고쟈.
　잇다감 하 답답홀 제면 여다져 볼가 ᄒ노라.
　　　　　　　　　　　　　　　　　　　　　　　　　　－ 작자 미상

① 낙엽　　② 넥타이　　③ 급행차　　④ 발길　　⑤ 돌팔매

🔖 모더니즘 시

감상적 낭만주의의 전근대적인 요소를 배격하고 지성과 실험 정신을 강조한 문학 사조. 객관적이고 과학적인 시학을 추구했으며, 도시 문명에 대한 비판적 감수성과 이미지의 회화성을 중시함. 대표 시인으로 이상, 김기림, 김광균 등이 있음.

작품 플러스

• 작자 미상, 「창(窓) 내고자 창(窓)을 내고자~」
| 갈래 | 사설시조
| 화자 | '나'(세상살이에 답답함을 느끼는 사람)
| 주제 | 삶의 답답함에서 벗어나고 싶은 소망
| 특징 | 삶의 고달픔과 그로 인한 답답한 심정을 가슴에 창문을 만들어 해소하고자 하는 기발한 발상이 돋보임.

📖 작품 다시 보기

• **시의 구성**

1~11행(선경)	→	12~16행(후정)
가을날의 황량한 □□ 풍경		황량함과 고독감을 느끼는 화자

• **표현상의 특징**

화자의 정서가 투영된 이미지 활용	→	• 하강: '낙엽', '폭포', '□□□', '기울어진 풍경' • 소멸: '포화에 이즈러진 도룬 시', '사라지는 길', '조그만 담배 연기'	→	쓸쓸하고 허무한 정서 투영

핵심 정리

- **화자** | 아이를 잃은 아버지
- **주제** | 자식의 죽음으로 인한 슬픔과 □□□
- **특징** | 감정의 대위법(상반된 두 정서의 조화를 통한 감정 절제 방법)과 □□적 표현을 통해 화자의 감정을 절제하고 차분한 어조로 나타냄. 비유와 감각적 묘사를 통해 이미지를 구체화함.

다른 작품과 엮어 읽기

김광균, 「은수저」
「은수저」는 죽은 아이를 그리워하는 아버지의 슬픔을 나타낸 작품이다. 「유리창 1」과 「은수저」는 '자식의 죽음'이라는 동일한 제재를 다룬다는 점에서 유사하다. 「유리창 1」은 선명한 감각적 이미지와 감정의 대위법으로, 「은수저」는 '은수저'라는 매개를 통하여 아이를 잃은 슬픔을 절제된 어조로 각각 이야기하고 있다.

류남 / 몽라드 (답)

[07~09] 다음 글을 읽고 물음에 답하시오.

ⓐ유리(琉璃)에 차고 슬픈 것이 어린거린다.
열없이 붙어 서서 입김을 흐리우니
길들은 양 언 날개를 파다거린다.
㉠지우고 보고 지우고 보아도
새까만 밤이 밀려 나가고 밀려와 부딪히고,
㉡물 먹은 별이, 반짝, 보석(寶石)처럼 백힌다.
㉢밤에 홀로 유리를 닦는 것은
㉣외로운 황홀한 심사이어니,
고운 폐혈관(肺血管)이 찢어진 채로
㉤아아, 늬는 산(山)ㅅ새처럼 날아갔구나!

– 정지용, 「유리창 1」

◆ **정지용(1902~1950)**
1926년 『학조』 창간호에 「카페·프란스」를 발표하며 등단하였다. 초기에는 이미지즘 계열의 작품을 썼으나 후기에는 동양적 관조의 세계를 주로 형상화하였다. 대표 작품으로 「달」(2018학년도 9월), 「조찬」(2015학년도 수능), 「인동차」(2006학년도 수능), 「향수」(2000학년도 수능) 등이 있다.

---

07 윗글의 표현상 특징으로 가장 적절한 것은?

① 어순을 도치시켜 화자의 심정을 부각하고 있다.
② 전통적 율격으로 화자의 정서를 드러내고 있다.
③ 대상의 공간 이동에 따라 시상을 전개하고 있다.
④ 화자의 정서를 자연물에 이입시켜 표현하고 있다.
⑤ 감각적 심상을 활용하여 대상의 이미지를 구체화하고 있다.

08 ㉠～㉤을 감상한 내용으로 적절하지 <u>않은</u> 것은?

① ㉠: 화자의 반복적 행위는 간절한 그리움에 의한 것이다.
② ㉡: 화자는 쉼표를 활용하여 격한 슬픔의 감정을 절제하고 있다.
③ ㉢: 화자의 소망을 이루기 위해 하는 행동이라 할 수 있다.
④ ㉣: 화자가 느끼는 외로움의 감정이 황홀함으로 바뀌는 순간을 표현하고 있다.
⑤ ㉤: 감탄사를 사용하여 화자가 느끼는 비애를 심화시킨다.

09 〈보기 1〉을 참고할 때, 〈보기 2〉의 ㉮～㉲ 중 윗글의 ⓐ와 가장 유사한 역할을 하는 것은?

┤ 보기 1 ├

이 시에서 '유리창'은 화자와 외부 세계를 연결해 주는 통로인 동시에 화자와 외부 세계를 차단하는 것이기도 하다. 다시 말해, 화자는 유리창을 통해 '별(죽은 아이)'을 바라보지만 그와 동시에 유리창 때문에 그 별과 차단되어 있는 것이다.

┤ 보기 2 ├

향단(香丹)아 ㉮그넷줄을 밀어라. / 머언 바다로 / 배를 내어 밀듯이, / 향단아. //

이 다소곳이 흔들리는 수양버들나무와 / 베갯모에 놓이듯 한 풀꽃더미로부터,

자잘한 나비 새끼 꾀꼬리들로부터, / 아주 내어 밀듯이, ㉯향단아. //

산호(珊瑚)도 섬도 없는 저 ㉰하늘로 / 나를 밀어 올려다오.

채색(彩色)한 구름같이 나를 밀어 올려다오. / 이 울렁이는 가슴을 밀어 올려다오! //

서(西)으로 가는 ㉱달같이는 / 나는 아무래도 갈 수가 없다. //

바람이 ㉲파도(波濤)를 밀어 올리듯이 / 그렇게 나를 밀어 올려다오. / 향단아.
– 서정주, 「추천사 – 춘향의 말 1」

① ㉮   ② ㉯   ③ ㉰   ④ ㉱   ⑤ ㉲

작품 플러스

- 서정주, 「추천사 – 춘향의 말 1」
- **갈래** 자유시, 서정시
- **화자** '나'(춘향)
- **주제** 초월적 세계에 대한 갈망과 운명적 한계 인식
- **특징** 현실과 이상의 대립과 갈등을 운율, 이미지, 어조 등과 유기적으로 조화시켜 치밀한 구조를 형상화함. 통사 구조의 반복을 통해 리듬을 형성함.

📖 작품 다시 보기

- **시의 구성**

1~3행	4~6행	7~8행	9~10행
☐☐☐에 어린 죽은 아이(새)의 모습	창밖의 밤 풍경	유리를 닦으면서 느끼는 외롭고 ☐☐한 심사	죽은 아이에 대한 슬픔과 ☐☐☐

- **표현상의 특징**

☐☐적 표현의 사용	시구	효과
	'외로운 황홀한 심사'	아이의 죽음으로 인한 외로운 감정과 아이를 만나는 황홀한 감정을 복합적으로 표현함.

[01~03] 다음 글을 읽고 물음에 답하시오.

6월 모의평가

(가)

낙엽은 폴-란드 망명 정부의 지폐
포화(砲火)에 이즈러진
도룬 시(市)의 가을 하늘을 생각케 한다
길은 한 줄기 구겨진 넥타이처럼 풀어져
일광(日光)의 폭포 속으로 사라지고
조그만 담배 연기를 내어 뿜으며
새로 두 시의 급행차가 들을 달린다
포플라나무의 근골(筋骨) 사이로
공장의 지붕은 흰 이빨을 드러내인 채
한 가닥 구부러진 철책이 바람에 나부끼고
그 위에 세로팡지(紙)로 만든 구름이 하나
자욱-한 풀벌레 소리 발길로 차며
호올로 황량한 생각 버릴 곳 없어
허공에 띄우는 돌팔매 하나.
기울어진 풍경(風景)의 장막(帳幕) 저쪽에
고독한 반원을 긋고 잠기어 간다

– 김광균, 「추일서정」

(나)

담쟁이덩굴이 가벼운 공기에 **업혀** 허공에서
허공으로 이동하고 있다

새가 푸른 하늘에 **눌려** 납작하게 날고 있다

들찔레가 길 밖에서 하얀 꽃을 **버리며**
빈자리를 만들고

사방이 몸을 비워놓은 마른 길에
하늘이 내려와 누런 돌멩이 위에 **얹힌다**

길 한켠 모래가 바위를 **들어올려**
자기 몸 위에 놓아두고 있다

– 오규원, 「하늘과 돌멩이」

01 (가)에 대한 설명으로 가장 적절한 것은?

① 수미상관의 기법을 활용하여 구조적 안정감을 얻고 있다.
② 유사한 문장 형태를 변주하여 시간의 흐름을 드러내고 있다.
③ 의도적으로 변형한 시어를 통해 현실 극복 의지를 드러내고 있다.
④ 추측을 나타내는 표현을 통해 대상에 대한 회의감을 드러내고 있다.
⑤ 자연물을 인공물에 빗대어 풍경에 대한 화자의 인상을 드러내고 있다.

02 이미지의 활용을 중심으로 (가)와 (나)를 감상한 내용으로 적절하지 <u>않은</u> 것은?

① (가)는 '낙엽'을 '망명 정부의 지폐'에 연결하여 낙엽의 이미지에서 연상되는 무상감을 드러내고 있군.
② (가)는 '돌팔매'가 땅으로 떨어지는 이미지를 '고독한 반원'으로 표현하여 외로움의 정서를 부각하고 있군.
③ (나)는 '빈자리'를 '들찔레'가 의도적으로 만들어 낸 대상인 것처럼 표현하여 비어 있는 공간의 이미지를 떠올릴 수 있도록 의미를 부여하고 있군.
④ (가)는 '길'을 '구겨진 넥타이'의 이미지와 연결하여 도시에서 느껴지는 소외감을 표현하고, (나)는 '길 밖'과 '길 한켠'처럼 중심에서 벗어난 공간의 이미지를 활용하여 대상들 간의 거리감을 드러내고 있군.
⑤ (가)는 '허공'을 '황량한 생각'이 드러나는 공허한 이미지로 활용하고, (나)는 '담쟁이덩굴'의 움직임을 활용하여 '허공'을 감각적으로 경험할 수 있는 대상으로 묘사하고 있군.

03 다음은 (나)에 대한 [학습 활동] 과제이다. 이를 수행한 결과로 적절하지 <u>않은</u> 것은?

[학습 활동]

「하늘과 돌멩이」는 사물에 대한 우리의 고정관념을 버리고 새로운 시각으로 사물을 바라보려고 시도한다. 각 연의 서술어에 주목하여, 이 시에 나타난 새로운 관점을 사물에 대한 고정관념과 비교하여 탐구해 보자.

	사물	사물에 대한 고정관념	서술어	새로운 관점
1연	담쟁이덩굴	담쟁이덩굴은 벽에 붙어 자란다.	업혀	㉠
2연	새	새는 자유롭게 하늘을 난다.	눌려	㉡
3연	들찔레	들찔레의 꽃이 떨어진다.	버리며	㉢
4연	하늘	하늘은 땅에서 멀리 떨어져 있다.	얹힌다	㉣
5연	모래	모래가 바위 밑에 깔려 있다.	들어올려	㉤

① ㉠: '업혀'에 주목하면, 담쟁이덩굴은 벽에 붙어 자라는 것이 아니라 공기를 누르며 수직 상승하는 강인한 존재로 볼 수 있다.

② ㉡: '눌려'에 주목하면, 새가 아무 제약 없이 하늘을 나는 것이 아니라 하늘의 무게를 견디며 나는 것으로 볼 수 있다.

③ ㉢: '버리며'에 주목하면, 꽃이 저절로 떨어지는 것이 아니라 들찔레가 스스로 꽃을 떨어뜨리는 것으로 볼 수 있다.

④ ㉣: '얹힌다'에 주목하면, 하늘은 땅과 멀리 떨어져 있지 않고 길에 가깝게 내려와 돌멩이 위에 닿는 존재로 볼 수 있다.

⑤ ㉤: '들어올려'에 주목하면, 모래는 바위 밑에 깔려 있지 않고 자신의 힘으로 거대한 바위를 지탱할 수 있는 존재로 볼 수 있다.

📖 작품 다시 보기

(가) 김광균, 「추일서정」

● 시의 구성

1~11행(선경)		12~16행(후정)
가을날의 황량한 ☐☐ 풍경	→	황량함과 ☐☐감을 느끼는 화자

● 표현상의 특징

화자의 정서가 투영된 이미지 활용	→	시구
		• 하강: '낙엽', '폭포', '돌팔매', '기울어진 풍경' • 소멸: '포화에 이즈러진 도룬 시', '사라지는 길, 조그만 담배 연기'

다른 작품과 엮어 읽기

김광균, 「와사등」

「와사등」은 「추일서정」과 함께 김광균의 대표작으로 꼽히는 모더니즘 계열의 작품이다. 이 작품에도 회화적 이미지를 바탕으로 도시적 삶의 고독과 비애가 잘 표현되어 있다. 「와사등」에서는 주요 소재로 '등불'의 이미지가 활용되고 있는데, 이는 일제 강점기의 어두운 현실 속에서 느끼는 현대인의 불안 의식을 '슬픈 신호'로 형상화한 것으로 볼 수 있다.

(나) 오규원, 「하늘과 돌멩이」

● 시의 구성

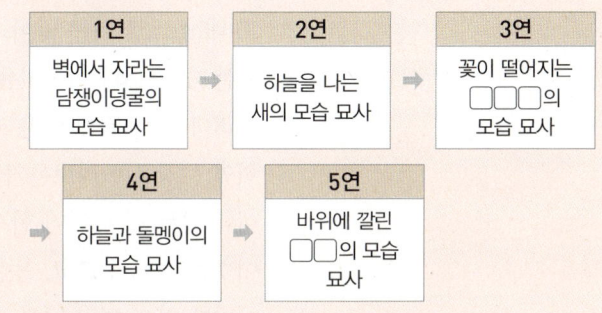

1연		2연		3연
벽에서 자라는 담쟁이덩굴의 모습 묘사	→	하늘을 나는 새의 모습 묘사	→	꽃이 떨어지는 ☐☐☐의 모습 묘사

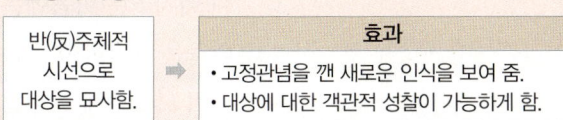

4연		5연
하늘과 돌멩이의 모습 묘사	→	바위에 깔린 ☐☐의 모습 묘사

● 표현상의 특징

반(反)주체적 시선으로 대상을 묘사함.	→	효과
		• 고정관념을 깬 새로운 인식을 보여 줌. • 대상에 대한 객관적 성찰이 가능하게 함.

다른 작품과 엮어 읽기

박남수, 「아침 이미지」

「아침 이미지」는 어둠이 걷히고 날이 밝아 오는 모습을 묘사한 작품이다. 이 작품은 '어둠'과 '아침'이라는 대상이 갖는 이미지를 재해석하여 독특한 표현으로 구체화하고 있다. 「하늘과 돌멩이」와 「아침 이미지」는 상징적 의미 전달을 배제하고 이미지 전달을 중시하고 있다는 점에서 유사하다.

| 감상 포인트 | 일제 강점기가 길어지고 일제의 수탈이 더욱 심화되는 조국의 비극적 현실에 대한 인식과 유랑민들의 삶의 애환을 사실적으로 표현한 사실주의 시가 등장하였다. 이때의 사실주의 시는 토속적인 농촌과 서민들의 빈궁한 생활상을 주로 다루었다. 이러한 경향을 바탕으로 이 단원에서는 백석의 「남신의주 유동 박시봉 방」, 이용악의 「풀벌레 소리 가득 차 있었다」, 오장환의 「고향 앞에서」를 감상해 본다.

STEP 2
대 / 표 / 작 / 품 ①

▶핵심 정리

- **화자** : '나'(고향을 떠나 어느 목수의 집에 세 들어 사는 처지의 사람)
- **주제** : 무기력한 삶에 대한 ☐☐과 굳고 정결한 삶에 대한 의지
- **특징** : ☐☐ 형식을 빌려 화자의 근황을 드러냄. 평안도 방언과 향토적인 시어를 사용하여 토속적 분위기를 형성함. ☐☐의 잦은 활용으로 내재율을 획득하고, 산문적 서술을 통해 시상을 전개함.

▶다른 작품과 엮어 읽기

이육사, 「광야」

「광야」는 부정적 현실을 인식하지만 이에 절망하지 않고 극복하려 노력하는 의지를 보여 주며, 미래에 희망찬 날(광복)이 하루빨리 오기를 기다리는 작품이다. 「남신의주 유동 박씨봉 방」과 「광야」는 현실의 절망적 상황에 제념하지 않고 이를 극복하려는 의지가 드러난다는 점에서 유사하다.

표룡ㅣ자료ㅣ유료 Ⓑ

[01~03] 다음 글을 읽고 물음에 답하시오.

어느 사이에 나는 아내도 없고, 또, / 아내와 같이 **살던 집도 없어**지고,

그리고 살뜰한 부모며 동생들과도 멀리 떨어져서,

그 어느 바람 세인 쓸쓸한 거리 끝에 **헤매이**었다.

바로 날도 저물어서, / 바람은 더욱 세게 불고, 추위는 점점 더해 오는데,

나는 어느 목수(木手)네 집 헌 샃을 깐, / 한 방에 들어서 쥔을 붙이었다.

이리하여 나는 이 **습내 나는 춥고, 누긋한** 방에서,

낮이나 밤이나 나는 나 혼자도 너무 많은 것같이 생각하며,

딜옹배기에 북덕불이라도 담겨 오면, / 이것을 안고 손을 쬐며 재 우에 뜻 없이 글자를 쓰기도 하며,

또 문밖에 나가디두 않구 자리에 누워서, / 머리에 손깍지 벼개를 하고 굴기도 하면서,

나는 내 슬픔이며 어리석음이며를 소처럼 연하여 쌔김질하는 것이었다.

내 **가슴이 꽉 메어** 올 적이며, / 내 눈에 **뜨거운 것**이 핑 괴일 적이며,

또 내 스스로 화끈 **낯이 붉도록** 부끄러울 적이며,

나는 내 슬픔과 어리석음에 눌리어 **죽을 수밖에 없**는 것을 느끼는 것이었다.

그러나 잠시 뒤에 나는 고개를 들어,

허연 문창을 바라보든가 또 눈을 떠서 높은 턴정을 처다보는 것인데,

이때 나는 내 뜻이며 힘으로, 나를 이끌어 가는 것이 힘든 일인 것을 생각하고,

이것들보다 **더 크고, 높은 것**이 있어서, 나를 마음대로 굴려 가는 것을 생각하는 것인데,

이렇게 하여 여러 날이 지나는 동안에,

내 어지러운 마음에는 슬픔이며, 한탄이며, 가라앉을 것은 차츰 **앙금이 되어 가라앉**고,

외로운 생각만이 드는 때쯤 해서는,

더러 나줏손에 쌀랑쌀랑 싸락눈이 와서 문창을 치기도 하는 때도 있는데,

나는 이런 저녁에는 화로를 더욱 다가 끼며, 무릎을 꿇어 보며,

어니 먼 산 뒷옆에 바우 섶에 따로 외로이 서서,

어두워 오는데 하이야니 눈을 맞을, 그 마른 잎새에는, / 쌀랑쌀랑 소리도 나며 눈을 맞을,

그 드물다는 **굳고 정한 갈매나무**라는 나무를 생각하는 것이었다.

– 백석, 「남신의주 유동 박시봉 방」

◆ 백석 (1912~1996)

1935년 『조선일보』에 「정주성」을 발표하며 등단하였다. 평안도 방언을 즐겨 쓰면서도 모더니즘을 발전적으로 수용한 작품을 주로 창작하였다. 대표 작품으로 「흰 바람벽이 있어」(2015년 3월), 「고향」(2004학년도 수능), 「수라」, 「편지」, 「선우사」 등이 있다.

01 윗글의 표현상 특징으로 적절하지 <u>않은</u> 것은?

① 방언을 활용하여 작품에 향토성을 부여하고 있다.
② 쉼표를 통해 호흡을 조절하며 내적 리듬을 형성하고 있다.
③ 공간의 이동에 따라 화자의 정서 변화를 우회적으로 드러내고 있다.
④ 산문적 시행과 평서형 종결 어미를 사용하여 감정을 절제하고 있다.
⑤ 화자의 태도 변화에 따라 하강 구조에서 상승 구조로 시상이 전개되고 있다.

02 〈보기〉를 참고하여 윗글을 감상한 내용으로 적절하지 <u>않은</u> 것은?

┤ 보기 ├
(가) 시 「남신의주 유동 박시봉 방」은 일제 강점기라는 고난 속에서 유랑하는 우리 민족의 비애를 그린 작품이다.
(나) 시 「남신의주 유동 박시봉 방」은 인간이라면 누구나 겪을 수 있는 상실의 아픔과 그것의 극복 과정을 그리고 있는 작품이다.

① (가)의 관점에서 볼 때, '살던 집도 없어'진 상황은 일제의 탄압과 관련된 것으로 해석할 수 있군.
② (가)의 관점에서 볼 때, '헤매이'는 모습은 유랑민으로 내몰린 민족의 처지로 해석할 수 있군.
③ (가)의 관점에서 볼 때, '뜨거운 것'은 당시 우리 민족의 울분을 형상화한 것으로 해석할 수 있군.
④ (나)의 관점에서 볼 때, '가슴이 꽉 메어' 오는 것은 결핍에 대한 답답함으로 해석할 수 있군.
⑤ (나)의 관점에서 볼 때, '앙금이 되어 가라앉'는 것은 상실감이 더욱 심화되는 것으로 해석할 수 있군.

03 윗글의 공간적 배경인 '방'에 대한 이해로 적절하지 <u>않은</u> 것은?

① '습내 나는 춥고, 누긋한' 공간으로 객지에서 쓸쓸하게 지내는 외롭고 가난한 화자의 처지를 확인하는 공간이다.
② 자신이 살아온 삶을 후회하며 '낯이 붉도록' 부끄러움을 느끼는 공간이다.
③ '죽을 수밖에 없'다고 느낄 만큼 삶에 대한 절망감이 심화되는 공간이다.
④ 자신이 처한 암울한 현실이 '더 크고, 높은 것'에 의한 것임을 깨닫고 이에 저항하기 위해 의지를 다지는 공간이다.
⑤ '굳고 정한 갈매나무'를 생각하며 의연하고 꿋꿋한 삶의 의지를 다짐하는 공간이다.

📖 작품 다시 보기

● 시의 구성

1~8행	9~19행	20~32행
□□□□의 박시봉의 집에서 홀로 세를 살고 있는 '나'	지나온 시절에 대한 회한과 한탄	새로운 삶에 대한 □□

➡ ➡

● 표현상의 특징

| 객관적 상관물인 '□□□□' | ➡ | • 상황: 어두워 가는 하늘 아래서 하얗게 눈을 맞고 있음. |
| | | • 상징: 시련 속에서도 의연하게 삶을 살아가겠다는 화자의 의지 |

• **화자** | '나'(아버지의 ◻◻을 바라보고 있는 자식)

• **주제** | ◻◻◻의 비참한 죽음과 그에 따른 슬픔

• **특징** | ◻◻◻◻의 구성으로 주제 및 화자의 정서를 강조하고 여운을 남김. 청각적 이미지를 통해 아버지의 죽음을 더욱 비극적으로 그려 냄. 아버지의 죽음을 슬퍼하고 애통해하면서도 절제되고 담담한 어조를 사용함.

다른 작품과 엮어 읽기

김동환, 「국경의 밤」
「국경의 밤」은 북쪽 겨울밤이 주는 암울한 이미지를 통해 일제 강점기를 살아가는 우리 민족의 고통과 불안을 형상화한 작품이다. 「풀벌레 소리 가득 차 있었다」와 「국경의 밤」은 일제 강점기에 만주 등지를 떠돌며 살아야 했던 민족의 비극적 현실을 드러낸다는 점에서 유사하다.

눈높 에세이 / 수미균형

[04~06] 다음 글을 읽고 물음에 답하시오.

우리 집도 아니고 / 일가 집도 아닌 집
고향은 더욱 아닌 곳에서
아버지의 **침상(寢床) 없는 최후 최후의 밤**은
풀벌레 소리 가득 차 있었다

노령(露領)을 다니면서까지
애써 자래운 아들과 딸에게
한 마디 남겨 두는 말도 ㉠없었고
아무을 만(灣)의 ㉡파선도
㉢설룽한 니코리스크의 밤도 완전히 잊으셨다
목침을 반듯이 벤 채

다시 뜨시잖는 두 눈에
피지 못한 꿈의 꽃봉오리가 갈앉고
얼음장에 누우신 듯 손발은 식어 갈 뿐
입술은 심장의 영원한 정지를 가리켰다
때늦은 의원이 아모 말없이 돌아간 뒤
㉣이웃 늙은이 손으로
눈빛 미명은 고요히 / 낯을 덮었다

우리는 머리맡에 엎디어
있는 대로의 울음을 ㉤다아 울었고
아버지의 침상 없는 **최후 최후의 밤**은
풀벌레 소리 가득 차 있었다

– 이용악, 「풀벌레 소리 가득 차 있었다」

♦ **이용악(1914~1971)**
1935년 『신인 문학』에 「패배자의 소원」을 발표하며 등단하였다. 1935년 조선 문학가 동맹에 가담하여 카프 계열의 문학 활동을 하다 한국 전쟁 때 월북하였다. 일제 강점기 만주 등지로 떠돌며 살아야 했던 민족의 비극적 현실을 형상화하는 작품을 주로 창작하였다. 대표 작품으로 「전라도 가시내」(2015년 7월), 「낡은 집」(2005학년도 수능), 「그리움」(2002학년도 수능), 「오랑캐꽃」 등이 있다.

---

04 윗글의 표현상 특징으로 적절하지 않은 것은?

① 구체적 지명을 사용하여 향토성을 드러내고 있다.
② 수미상관의 구성을 통해 시적 여운을 남기고 있다.
③ 감각적 이미지와 다양한 수사법으로 시상을 전개하고 있다.
④ 이야기와 같은 줄거리와 짜임이 있는 구성으로 전개하고 있다.
⑤ 과거 시제의 서술어를 사용하여 시적인 객관성을 확보하고 있다.

05 ㉠~㉤에 대한 설명으로 적절하지 <u>않은</u> 것은?

① ㉠: '있었다'와 대조를 이루면서 부정적 상황을 강조하고 있다.

② ㉡: 물결의 선과 파괴된 배라는 이중적 의미로 해석할 수 있다.

③ ㉢: 설렁거리는 바람이 환기하는 밤의 서늘한 이미지를 통해 아버지의 고단한 삶을 보여 주고 있다.

④ ㉣: 유랑의 삶이었지만 아버지의 죽음과 같은 비극적 상황에서도 위안과 위로를 주는 인물이 있었음을 나타내고 있다.

⑤ ㉤: '우리'와 호응하여 가족 모두의 슬픔을, 울어도 멈춰지지 않는 '울음'을 강조하면서 울음의 길이를 함축하고 있다.

06 〈보기〉를 참고하여 윗글을 감상한 내용으로 적절하지 <u>않은</u> 것은?

| 보기 |

　　시인 이용악은 일제의 수탈을 피해 유랑과 이주, 탈향이 불가피했던 일제 강점기 우리 민족의 상황을 서사적으로 표현하면서 삶의 비극성을 부각하고, 이것이 당대를 살아가는 우리 민족의 보편적 삶의 모습임을 드러내었다.

　　시인 또한 지극히 가난한 집안에서 태어났으며, 그의 아버지는 금을 얻기 위해 러시아 영토를 넘나들며 장사를 하다 목숨을 잃었다. 시인은 자신의 경험을 어느 정도 객관화하여 시 「풀벌레 소리 가득 차 있었다」에 반영하며 북방 지역에 삶의 근거를 둔 어느 유랑 조선인의 허망한 죽음을 형상화하였다.

① '고향은 더욱 아닌 곳'으로 떠돌던 가족을 통해 일제 강점기 유랑하는 우리 민족의 모습을 확인할 수 있다.

② '침상 없는 최후 최후의 밤'을 맞이한 아버지의 모습을 통해 우리 민족의 삶이 비참했음을 짐작할 수 있다.

③ '노령', '아무을 만' 등 타지로 장사를 하러 다녀야 했던 아버지의 모습은 당시 가난에서 벗어나고자 했던 우리 민족의 모습이라고 할 수 있다.

④ '있는 대로의 울음'은 '아버지'를 죽음으로 내몰게 한 현실에 대한 자식들의 반성의 정도를 나타낸다고 할 수 있다.

⑤ '최후 최후의 밤'에 가득 찬 '풀벌레 소리'에서 통곡하는 화자의 슬픔의 강도와 힘겹게 유랑하다 죽은 수많은 우리 민족의 슬픔을 짐작할 수 있다.

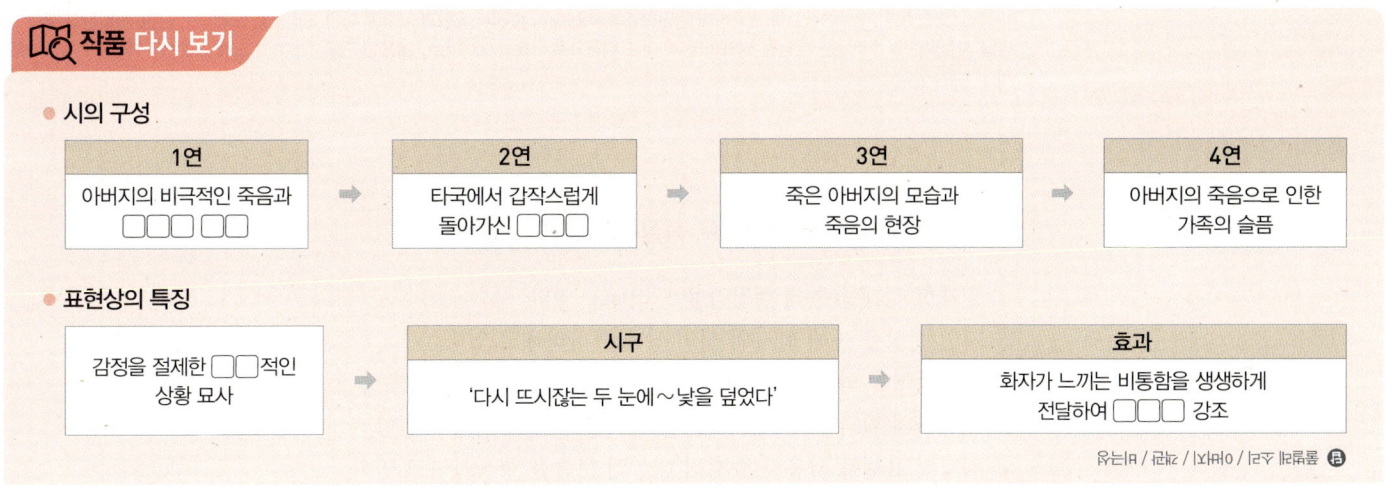

🔍 작품 다시 보기

● 시의 구성

1연		2연		3연		4연
아버지의 비극적인 죽음과 ☐☐☐☐	→	타국에서 갑작스럽게 돌아가신 ☐☐	→	죽은 아버지의 모습과 죽음의 현장	→	아버지의 죽음으로 인한 가족의 슬픔

● 표현상의 특징

감정을 절제한 ☐☐적인 상황 묘사		시구		효과
	→	'다시 뜨시잖는 두 눈에 ~ 낯을 덮었다'	→	화자가 느끼는 비통함을 생생하게 전달하여 ☐☐☐ 강조

풀벌레 소리 / 아버지 / 객관 / 비통함

• 화자 | □□을 눈앞에 두고 가
지 못하는 처지의 사람

• 주제 | 잃어버린 고향 앞에서 느
끼는 비애와 □□

• 특징 | □□□ 시제와 함께 다
양한 감각적 표현을 사용함.

[07~09] 다음 글을 읽고 물음에 답하시오.

흙이 풀리는 내음새
강바람은
산짐승의 우는 소릴 불러
다 녹지 않은 얼음장 울먹울먹 떠내려간다.

진종일
나룻가에 서성거리다
행인의 손을 쥐면 따듯하리라.

고향 가차운 주막에 들러
누구와 함께 지난날의 꿈을 이야기하랴.
양귀비 끓여다 놓고
주인집 늙은이는 공연히 눈물지운다.

간간이 **잰나비 우는** 산기슭에는
아직도 무덤 속에 조상이 잠자고
설레는 바람이 가랑잎을 휩쓸어간다.

예제로 떠도는 장꾼들이여!
상고(商賈)하며 오가는 길에
혹여나 보셨나이까.

전나무 우거진 마을
집집마다 누룩을 디디는 소리, 누룩이 뜨는 내음새……

– 오장환, 「고향 앞에서」

♦ **오장환(1918~1951)**
1933년 『조선 문학』에 「목욕간」을 발표하며 등단하였다. 타향살이 속에서 고향과 가족에 대한 그리움을 노래하는 한편, 사회상과 삶의 모습을 사실적으로 나타내는 작품을 발표하였다. 대표 작품으로 「The Last Train」(2010년 7월), 「소야의 노래」(2004년 7월), 「모촌」, 「성탄제」, 「황혼」 등이 있다.

백석, 「고향」
「고향」은 낯선 타향에서 고향을 그리
워하던 화자가 의원과의 대화를 통해
따스한 고향을 느끼게 되는 상황을
형상화한 작품이다. 「고향 앞에서」와
「고향」은 일제 강점하에서 갈 수 없
는 고향에 대한 그리움을 표현하고
있다는 점에서 유사하다.

고등 / 수능 / 문학

07 윗글의 표현상 특징으로 적절하지 <u>않은</u> 것은?

① 현재형 시제를 통해 현장감을 드러내고 있다.
② 자연 현상을 통해 화자의 심리 상태를 나타내고 있다.
③ 비표준어를 의도적으로 사용하여 향토감을 조성하고 있다.
④ 대상과의 밀접한 관계를 의문형 어미를 통해 드러내고 있다.
⑤ 감각적 표현을 사용하여 시적 대상의 모습을 형상화하고 있다.

08 〈보기〉의 ⓐ, ⓑ의 상황을 나타낸 시어로 가장 적절한 것은?

┤ 보기 ├

　　시 「고향 앞에서」는 일제 강점기를 배경으로, 고향을 목전에 두고도 갈 수 없는 화자의 비애와 한을 노래한 시이다. 화자는 고향을 떠난 후 돌아가지는 못하고 근처의 주막에서 고향의 소식을 들으려 한다. 그러나 화자의 기억 속 평화로운 ⓐ과거의 고향과 달리 ⓑ현재의 고향은 쓸쓸한 모습일 뿐이다. 결국 시에서 화자의 귀향은 불완전한 채로 마무리된다.

① ⓐ: 강바람 　　　　　　　　 ⓑ: 설레는 바람
② ⓐ: 산짐승의 우는 소리 　　 ⓑ: 집집마다 누룩을 디디는 소리
③ ⓐ: 주인집 늙은이 　　　　 ⓑ: 예제로 떠도는 장꾼들
④ ⓐ: 전나무 우거진 마을 　　 ⓑ: 잰나비 우는 산기슭
⑤ ⓐ: 누룩이 뜨는 내음새 　　 ⓑ: 흙이 풀리는 내음새

🍀 시대적 배경과 「고향 앞에서」의 연관성

「고향 앞에서」는 일제 강점기 말인 1940년 작품으로, 처음에는 '향토망경시(鄕土望景詩)'라는 제목으로 발표되었다. 일제 강점기라는 시대적 배경 아래에서 조국의 상실은 고향의 변질을 일으켰다. 화자의 기억 속 고향은 더 이상 존재하지 않게 되었기 때문에 작품 속에서 화자의 귀향이 불완전하게 나타난 것이다.

09 윗글과 〈보기〉에 대한 이해로 적절하지 않은 것은?

┤ 보기 ├

사랑을 잃고 나는 쓰네

잘 있거라, 짧았던 밤들아 / 창밖을 떠돌던 겨울 안개들아
아무것도 모르던 촛불들아, 잘 있거라
공포를 기다리던 흰 종이들아 / 망설임을 대신하던 눈물들아
잘 있거라, 더 이상 내 것이 아닌 열망들아

장님처럼 나 이제 더듬거리며 문을 잠그네
가엾은 내 사랑 빈집에 갇혔네

　　　　　　　　　　　　　　　　　－ 기형도, 「빈집」

작품 플러스

• 기형도, 「빈집」
| 갈래 | 자유시, 서정시
| 화자 | '나'(사랑을 잃고 글을 쓰고 있는 사람)
| 주제 | 사랑을 잃은 공허함
| 특징 | 대상을 나열하여 상실감을 강조함. 영탄적 어조를 사용함.

① 윗글과 〈보기〉는 모두 대상에 대한 상실감이 드러나 있다.
② 윗글과 〈보기〉는 모두 동일한 어미를 반복하여 운율을 형성하고 있다.
③ 윗글은 〈보기〉와 달리 화자의 처지에 공감을 느끼는 인물이 등장하고 있다.
④ 〈보기〉는 윗글과 달리 화자가 직접적으로 드러나 있다.
⑤ 〈보기〉의 화자는 윗글과 달리 현재의 상황을 긍정적으로 받아들이고 있다.

📖🔍 작품 다시 보기

• 시의 구성

1연		2~3연		4연		5~6연
이른 □의 쓸쓸한 정경	→	□□에 대한 회한	→	쓸쓸한 고향의 현재 모습	→	옛 고향의 모습을 □□들에게 묻는 화자

• 표현상의 특징

		• 계절의 변화: '흙이 풀리는 내음새', '산짐승의 우는 소리'
감각적 표현을 통해 시적 상황을 형상화함.	→	• □□의 고향: '잰나비 우는 산기슭'
		• 과거의 고향: '누룩을 디디는 소리', '누룩이 뜨는 내음새'

정답 | 8 ④ / 9 ⑤ / 공감 / 봄과 현재 / 장꾼

[01~03] 다음 글을 읽고 물음에 답하시오.

[4월 학력평가 B형]

(가)

흙이 풀리는 내음새
강바람은 / 산짐승의 우는 소릴 불러
다 녹지 않은 얼음장 울먹울멍 떠내려간다.

진종일 / 나룻가에 서성거리다
행인의 손을 쥐면 따듯하리라.

고향 가차운 주막에 들러
누구와 함께 지난날의 꿈을 이야기하랴.
양귀비 끓여다 놓고
주인집 늙은이는 공연히 눈물지운다.

간간이 잰나비 우는 산기슭에는
아직도 무덤 속에 조상이 잠자고
설레는 바람이 가랑잎을 휩쓸어간다.

예제로 떠도는 장꾼들이여!
상고(商賈)하며 오가는 길에
혹여나 보셨나이까.

전나무 우거진 마을
집집마다 누룩을 디디는 소리, 누룩이 뜨는 내음
새……

– 오장환, 「고향 앞에서」

(나)

흐르는 것이 물뿐이랴
우리가 저와 같아서
강변에 나가 삽을 씻으며
거기 슬픔도 퍼다 버린다
일이 끝나 저물어
스스로 깊어 가는 강을 보며
쭈그려 앉아 담배나 피우고
나는 돌아갈 뿐이다
삽자루에 맡긴 한 생애가

이렇게 저물고, 저물어서
샛강바닥 썩은 물에
달이 뜨는구나
우리가 저와 같아서
흐르는 물에 삽을 씻고
먹을 것 없는 사람들의 마을로
다시 어두워 돌아가야 한다

– 정희성, 「저문 강에 삽을 씻고」

01 (가), (나)의 공통점으로 가장 적절한 것은?

① 자연물을 통해 화자의 정서를 부각시키고 있다.
② 수미상관의 방법으로 시상 전개에 통일성을 부여하고 있다.
③ 과거와 현재를 교차시켜 화자의 태도 변화를 나타내고 있다.
④ 말을 건네는 방식을 활용하여 화자의 의지를 드러내고 있다.
⑤ 시적 공간을 대비하여 화자가 지향하는 세계를 드러내고 있다.

02 〈보기〉는 (가)에 대한 수업 장면이다. [A]~[E]에 대해 학생이 발표한 내용으로 적절하지 않은 것은?

| 보기 |

선생님: 시에서는 감각적 심상이 많이 활용됩니다. 「고향 앞에서」에 사용된 다양한 심상들이 작품 속에서 어떤 효과를 나타내는지 발표해 보도록 합시다.

흙이 풀리는 내음새	[A]
다 녹지 않은 얼음장 울먹울멍 떠내려간다.	[B]
행인의 손을 쥐면 따듯하리라.	[C]
간간이 잰나비 우는 산기슭에는	[D]
집집마다 누룩을 디디는 소리, 누룩이 뜨는 내음새	[E]

① [A]에서는 후각적 심상을 활용하여 봄이라는 계절적 배경을 드러내고 있습니다.
② [B]에서는 시각적 심상을 활용하여 현실과 대비된 과거의 삶을 회상하는 화자의 태도를 나타내고 있습니다.
③ [C]에서는 촉각적 심상을 활용하여 고향의 정취를 느끼고 싶어 하는 화자의 심리를 표출하고 있습니다.
④ [D]에서는 청각적 심상을 활용하여 고향의 처량하고 쓸쓸한 분위기를 표현하고 있습니다.
⑤ [E]에서는 청각과 후각적 심상을 활용하여 화자의 의식에 잠재되어 있는 근원적 고향의 모습을 묘사하고 있습니다.

03 〈보기〉를 바탕으로 (나)를 감상한 내용으로 적절하지 않은 것은?

┤ 보기 ├

이 작품에서 시인은 비판적 성찰을 통해 산업화 과정에서의 모순과 부조리를 드러낸다. 화자는 하루의 노동을 마감하고, 삶의 괴로움과 슬픔을 덜어 내는 일종의 정화 의식을 치르고 다시 일상으로 복귀하게 된다. 이 과정에서 그는 희망 없이 반복되는 삶에 무력감을 느끼며 산업화된 현실을 부정적으로 인식하고 있다.

① '강변에 나가 삽을 씻으며', '슬픔'을 '퍼다 버리'는 것은 삶의 슬픔을 덜어 내려는 정화 의식이라고 할 수 있겠군.

② '스스로 깊어 가는 강'을 바라보는 것은 화자가 산업화 과정에서 소외된 삶을 자책하는 것으로 볼 수 있군.

③ '쭈그려 앉아 담배나 피우고' 있는 것은 부정적인 현실에 대한 무력감을 드러낸 것으로 볼 수 있군.

④ '돌아갈 뿐이다', '돌아가야 한다'에는 희망 없는 삶이 반복될 수밖에 없다는 화자의 인식이 내재되어 있군.

⑤ '샛강바닥 썩은 물'은 산업화된 현실에 대해 부정적 인식을 보여 주는 것이군.

📖 작품 다시 보기

(가) 오장환, 「고향 앞에서」

● 시의 구성

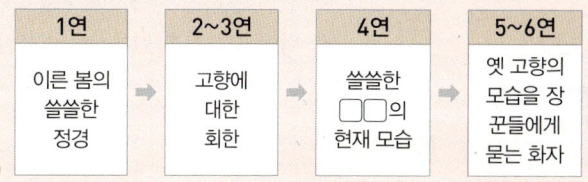

1연	2~3연	4연	5~6연
이른 봄의 쓸쓸한 정경	고향에 대한 회한	쓸쓸한 □□의 현재 모습	옛 고향의 모습을 장꾼들에게 묻는 화자

● 표현상의 특징

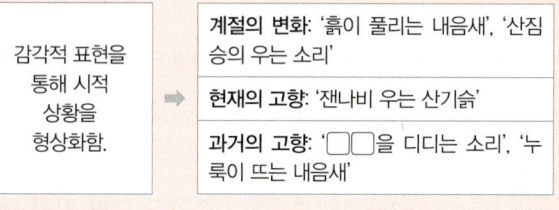

감각적 표현을 통해 시적 상황을 형상화함.	→	계절의 변화: '흙이 풀리는 내음새', '산짐승의 우는 소리'
		현재의 고향: '잿나비 우는 산기슭'
		과거의 고향: '□□을 디디는 소리', '누룩이 뜨는 내음새'

다른 작품과 엮어 읽기

정지용, 「고향」

「고향」은 화자가 고향을 찾아 느끼게 되는 상실감을 표현한 작품이다. 「고향 앞에서」와 「고향」은 고향을 눈앞에 두고도 고향을 잃어버렸다고 느끼는 화자의 인식이 유사하다. 다만 「고향」에서 화자가 느끼는 상실감은 단순히 고향의 정경이 변해서 느끼는 것만은 아니라는 점에서 「고향 앞에서」와 차이가 있다.

(나) 정희성, 「저문 강에 삽을 씻고」

● 시의 구성

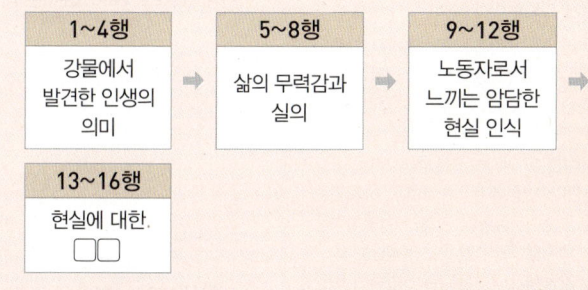

1~4행	5~8행	9~12행	
강물에서 발견한 인생의 의미	삶의 무력감과 실의	노동자로서 느끼는 암담한 현실 인식	→

13~16행
현실에 대한. □□

● 표현상의 특징

| 화자가 처한 부정적 현실을 자연물에 빗대어 형상화함. | → | 시구 |
| | | '저문 □', '썩은 물' |

다른 작품과 엮어 읽기

신동엽, 「종로 5가」

「종로 5가」는 근대화의 모순과 노동자들의 슬픔을 그리고 있는 작품이다. 「저문 강에 삽을 씻고」와 「종로 5가」는 도시 노동자의 서글픈 삶이 애상적 분위기를 자아내고 있다는 점에서 유사하다. 「저문 강에 삽을 씻고」의 화자가 노동자로서 겪는 자신의 비애를 드러내고 있다면, 「종로 5가」의 화자는 길에서 만난 한 소년과 그의 가족이 겪을 비애를 담담하게 서술하고 있다는 점에서 차이가 있다.

05강 저항시와 자연 친화적인 시
① 이육사, 「절정」 ② 윤동주, 「쉽게 씌어진 시」 ③ 박목월, 「산도화」

| **감상 포인트** | 일제의 폭압이 극에 달하자 일제에 저항하는 시가 활발하게 창작되었다. 조국 광복에 대한 염원과 자기희생적 의지를 노래하고, 암울한 현실 속에서 지식인의 자아 성찰 내용을 담아내었다. 또한 일본의 한국어 말살 정책에 반발하여 전통적인 서정과 율격으로 한국적 자연을 담은 시가 등장하기도 하였다. 이러한 경향을 바탕으로 이 단원에서는 이육사의 「절정」, 윤동주의 「쉽게 씌어진 시」, 박목월의 「산도화」를 감상해 본다.

STEP 2
대/표/작/품 ①

핵심 정리

• **화자** | 극한 상황에서도 ☐☐을 잃지 않고 초극하려는 사람

• **주제** | 극한 현실 상황의 ☐☐ 의지

• **특징** | ☐☐☐☐의 한시적 구성을 사용함. 강렬한 시어와 역설적 표현을 통해 의지적, 지사적 신념을 표출함. 현재형 종결 어미를 활용하여 긴박감을 더하고 대결 의지를 나타냄.

다른 작품과 엮어 읽기

백석, 「수라」

「수라」는 일제에 의해 해체된 가족 공동체의 비극을 표현한 작품이다. 「절정」과 「수라」는 일제 강점기라는 부정적인 현실을 각각 '매운 계절'과 '차디찬 밤'이라는 상징적 시어로 표현한다는 점에서 유사하다. 하지만 「절정」은 부정적인 현실을 극복하려는 의지를 드러내지만, 「수라」는 가족 공동체가 파괴된 우리 민족의 아픔을 우회적으로 표현하면서 가족 공동체 회복을 소망한다는 점에서 차이가 있다.

정답 | 혼ㅜ / 극복 위엄법

[01~03] 다음 글을 읽고 물음에 답하시오.

매운 계절(季節)의 채찍에 갈겨
마침내 북방(北方)으로 휩쓸려 오다.

하늘도 그만 지쳐 끝난 고원(高原)
서릿발 칼날진 그 위에 서다.

어데다 무릎을 꿇어야 하나
한 발 재겨° 디딜 곳조차 없다.

이러매 눈 감아 생각해 볼밖에
겨울은 강철로 된 무지갠가 보다.

– 이육사, 「절정」

• 재겨: 발끝으로 겨우. 표준어는 '제겨'임.

♦ **이육사(1904~1944)**
1933년 「신조선」에 「황혼」을 발표하며 등단하였다. 상징적이고 서정적인 시풍을 바탕으로 일제 강점기의 비극적 현실과 저항 의지를 표현한 작품을 창작하였다. 대표 작품으로 「강 건너간 노래」(2018학년도 수능), 「교목」(2007학년도 수능), 「꽃」(1999학년도 수능), 「자야곡」(1996학년도 수능), 「광야」, 「청포도」 등이 있다.

01 윗글의 표현상 특징으로 적절하지 <u>않은</u> 것은?

① 전통적인 한시의 '기승전결' 구성 방식을 계승하고 있다.
② 상징적 시어와 역설적 표현을 통해 주제를 강조하고 있다.
③ 현재형 종결 어미를 사용하여 시적 긴장감을 형성하고 있다.
④ 극한 상황이 점층적으로 고조됨에 따라 다양한 어조를 보여 주고 있다.
⑤ 간결한 시행과 절제된 시어로 시적 상황과 화자의 정서를 압축하고 있다.

02 〈보기〉를 참고하여 윗글을 감상한 내용으로 적절하지 <u>않은</u> 것은?

┤ 보기 ├

　이육사는 일제 강점기 의열단 소속으로 평생 수배와 감시에 시달렸지만, 이에 굴하지 않고 적극적으로 저항하였던 독립투사였다. 수필 「계절의 오행」에는 '나에게는 시를 생각한다는 것도 행동이 되는 까닭이오.'라는 구절이 있다. 즉 시인은 총칼뿐만 아니라 시를 통해서도 행동하는 삶을 살았음을 알 수 있다.

① '매운 계절'은 일제 강점기의 냉혹한 현실을 뜻하겠군.
② '채찍'은 이육사가 일제의 탄압에 저항하기 위해 선택한 투쟁의 수단이군.
③ '하늘도 그만 지쳐 끝난'은 일말의 희망도 남지 않은 현실을 나타내는군.
④ '서릿발 칼날진 그 위'는 일제의 탄압이 절정에 달했음을 뜻하는 것이겠군.
⑤ '강철로 된 무지개'는 비극적 현실을 초극하려는 의지와 행동을 뜻하겠군.

03 윗글과 〈보기〉를 비교하여 감상한 내용으로 적절하지 <u>않은</u> 것은?

┤ 보기 ├

푸른 하늘에 닿을 듯이 / 세월에 불타고 우뚝 남아 서서
차라리 봄도 꽃 피진 말아라

낡은 거미집 휘두르고 / 끝없는 꿈길에 혼자 설레이는
마음은 아예 뉘우침 아니라

검은 그림자 쓸쓸하면 / 마침내 호수 속 깊이 거꾸러져
차마 바람도 흔들진 못해라

　　　　　　　　　　　　　　　　　　　　– 이육사, 「교목」

① 윗글과 〈보기〉는 모두 간결하고 절제된 구조로 구성되어 있다.
② 윗글과 〈보기〉는 모두 부정적 상황을 뜻하는 상징적 시어를 제시하고 있다.
③ 윗글은 현실 초극 의지를, 〈보기〉는 단호한 저항 의지를 표현하고 있다.
④ 윗글은 역설적 표현으로, 〈보기〉는 반어적 표현으로 주제를 형상화하고 있다.
⑤ 윗글은 현재형 종결 어미로 긴박감을, 〈보기〉는 부정 표현으로 강렬한 저항 의지를 표현하고 있다.

> 작품 플러스
>
> ● 이육사, 「교목」
> I 갈래 I 자유시, 서정시
> I 화자 I 혹독한 현실에 굴복하지 않는 사람
> I 주제 I 혹독한 시대 현실에 굽히지 않는 저항 의지
> I 특징 I 상징적 시어, 강인하고 의지적인 어조, 부정형 종결 어미를 사용하여 저항 의지를 표출함.

> ❤ 역설법과 반어법
> • 역설법: 표면적으로는 모순되거나 부조리한 것 같지만, 그 표면적인 진술 너머에서 진실을 드러내는 표현법
> • 반어법: 말이나 글에서 의미하는 내용과 반대로 나타내는 표현법

작품 다시 보기

● 시의 구성

1연(기)	2연(승)	3연(전)	4연(결)
□□적 공간에서의 한계 상황	□□적 공간에서의 극한 상황	극한 한계 상황에 대한 비극적, □□적 인식	극한 한계 상황에 대한 역설적 초극 의지

● 표현상의 특징

□□적 표현 사용으로 절망적 현실을 초극하려는 의지를 보임.	⇒	시구 '겨울은 강철로 된 무지갠가 보다.'	⇒	일제 강점기의 시련('겨울')은 고통스럽지만('강철로 된') 희망('무지개')으로 가는 과정임.

핵심 정리

- **화자** | '나'(□□)에서 유학 중인 식민지 지식인

- **주제** | 식민지 지식인의 □□와 자아 성찰

- **특징** | 담담하고 □□적인 어조를 사용함. 의미상 대조를 이루는 시어를 사용하여 주제를 부각함.

[04~06] 다음 글을 읽고 물음에 답하시오.

창(窓)밖에 밤비가 속살거려 / 육첩방(六疊房)은 남의 나라,

시인(詩人)이란 슬픈 **천명(天命)**인 줄 알면서도
한 줄 시(詩)를 적어 볼까,

땀내와 사랑 내 포근히 품긴 / 보내 주신 학비 봉투(學費封套)를 받아

대학(大學) 노-트를 끼고 / 늙은 교수(敎授)의 강의 들으러 간다.

생각해 보면 어린 때 동무들 / 하나, 둘, 죄다 잃어버리고

나는 무얼 바라 / 나는 다만, **홀로 침전(沈澱)**하는 것일까?

인생(人生)은 살기 어렵다는데
시(詩)가 이렇게 쉽게 씌어지는 것은 / 부끄러운 일이다.

육첩방(六疊房)은 남의 나라
창(窓)밖에 밤비가 속살거리는데,

등불을 밝혀 **어둠**을 조금 내몰고,
시대(時代)처럼 올 아침을 기다리는 최후(最後)의 나,

나는 나에게 작은 손을 내밀어
눈물과 **위안(慰安)**으로 잡는 **최초(最初)**의 악수(握手).

– 윤동주, 「쉽게 씌어진 시」

- 육첩방(六疊房): 일본식 돗자리인 다다미 여섯 장을 깐 방.

다른 작품과 엮어 읽기

고정희, 「상한 영혼을 위하여」
「상한 영혼을 위하여」는 상한 갈대와 뿌리 없이 떠돌면서도 질긴 생명력을 보이는 부평초의 이미지를 통해 시련과 고통에 대처하는 바람직한 삶의 태도를 노래한 작품이다. 「쉽게 씌어진 시」와 「상한 영혼을 위하여」는 고통스러운 삶을 인식하고, 이를 피하지 않겠다는 의지를 표현한다는 점에서 유사하다.

작품 / 저자 / 갈래 **S**

♦ 윤동주(1917~1945)
1934년 숭실 중학교 교내 문예부에서 펴내는 잡지에 「공상」을 발표하였다. 윤동주는 작품을 통해 어두운 시대를 살면서도 순수하게 살아가고 싶은 내면의 의지를 노래하였다. 대표 작품으로 「바람이 불어」(2020학년도 9월), 「또 다른 고향」(2013학년도 9월), 「길」(2008학년도 6월), 「사랑스런 추억」(2004학년도 6월), 「자화상」, 「서시」, 「참회록」 등이 있다.

04 윗글의 표현상 특징으로 적절하지 **않은** 것은?

① 명사로 시를 종결하여 시적 여운을 남기고 있다.
② 명암의 대비를 통해 화자의 의지를 강조하고 있다.
③ 변형된 시구를 제시하여 화자의 상황을 드러내고 있다.
④ 공간의 이동에 따라 변화하는 화자의 정서를 표현하고 있다.
⑤ 감각적 이미지를 활용하여 시적 의미를 선명하게 나타내고 있다.

05 윗글에 쓰인 시어 중 대립 관계에 있는 것끼리 바르게 연결한 것은?

① 밤비 – 육첩방

② 땀내 – 학비 봉투

③ 대학 노-트 – 침전

④ 등불 – 어둠

⑤ 위안 – 악수

06 〈보기〉를 참고하여 윗글을 감상한 내용으로 적절하지 <u>않은</u> 것은?

┤ 보기 ├

　식민지 시대의 정신적 고통을 노래하던 윤동주는 1941년 릿교 대학으로 유학을 떠난다. 하지만 군국주의 성향이 강한 학교의 분위기를 못 이겨 한 학기만에 도시샤 대학으로 편입한다. 어려움에 처해 있는 조국을 떠나와 자신만 편안하게 공부하는 것을 자책하며 우울해 하던 윤동주는, 연희 전문학교 동창 송몽규와 함께 독립운동을 하였다는 혐의로 1943년 일경에 체포당한다. 그는 이듬해 후쿠오카 형무소에서 옥사하며 짧은 삶을 마감한다.

① '육첩방은 남의 나라'에는 시인이 유학 생활 중 느꼈던 답답한 현실에 대한 우울함이 배어 있다.

② '시인이란 슬픈 천명'은 시인으로서의 자부심을 억눌러야 하는 상황에 대한 자조적인 인식을 드러낸 것이다.

③ '홀로 침전하는 것일까?'에는 공부를 이유로 어려운 상황에 처한 조국을 떠나 있는 자신에 대한 자괴감이 깔려 있다.

④ '시대처럼 올 아침'은 조국의 현실에 책임을 느끼던 시인이 간절하게 염원하는 조국의 광복을 말한다.

⑤ '최초의 악수'는 현실적 자아와 이상적 자아 사이의 갈등을 해소하고 새로운 자세로 살겠다는 마음가짐을 형상화한 것이다.

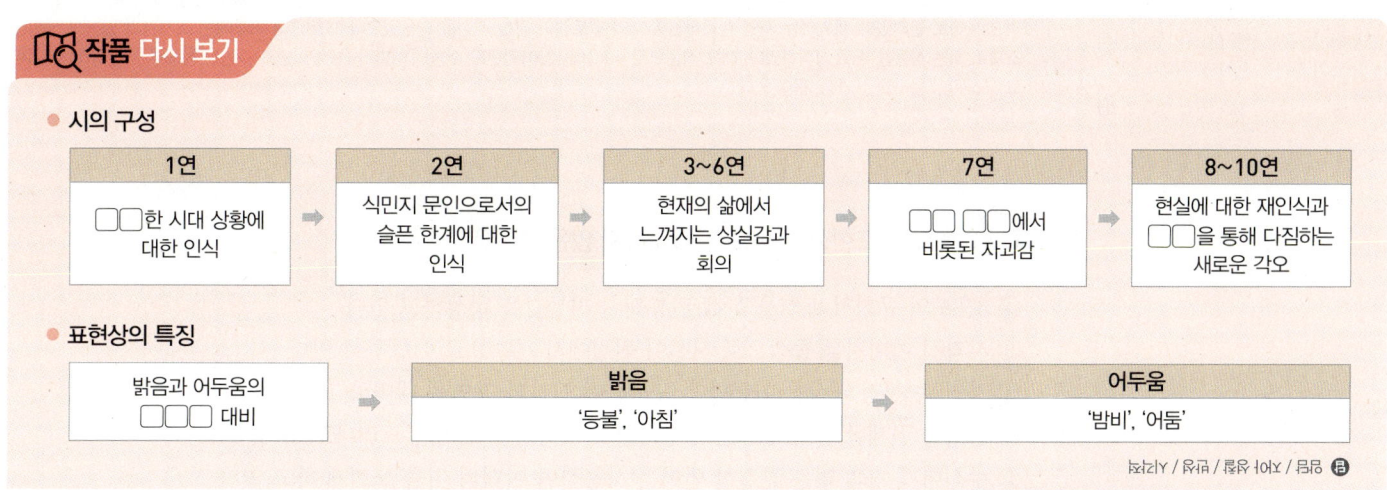

🔍 **작품 다시 보기**

● **시의 구성**

1연	2연	3~6연	7연	8~10연
□□한 시대 상황에 대한 인식	식민지 문인으로서의 슬픈 한계에 대한 인식	현재의 삶에서 느껴지는 상실감과 회의	□□ □□에서 비롯된 자괴감	현실에 대한 재인식과 □□을 통해 다짐하는 새로운 각오

● **표현상의 특징**

밝음과 어두움의 □□□ 대비	⇒	밝음	⇒	어두움
		'등불', '아침'		'밤비', '어둠'

정답 밤비 / 자아 성찰 / 암담 / 시대적 (거꾸로 표기)

핵심 정리

• 화자 | ☐☐☐ 세계인 구강산을 바라보고 있는 사람

• 주제 | 이상적 세계의 평화롭고 아름다운 정경

• 특징 | 3음보의 전통적 율격을 사용함. ☐☐의 이동(원경 → 근경)에 따라 시상을 전개함. ☐☐ 대비를 통한 감각적 표현을 사용함. 감정의 절제를 통한 압축적 표현을 사용함.

[07~09] 다음 글을 읽고 물음에 답하시오.

산은
구강산(九江山)
㉠ <u>보랏빛 석산(石山)</u>

㉡ <u>산도화(山桃花)</u>
두어 송이
송이 버는데

봄눈 녹아 흐르는
㉢ <u>옥 같은</u>
물에

사슴은
㉣ <u>암사슴</u>
발을 씻는다.

— 박목월, 「산도화」

다른 작품과 엮어 읽기

김소월, 「산유화」
「산유화」는 '꽃'과 '작은 새'를 통해 존재의 근원적인 고독을 노래한 작품이다. 「산도화」와 「산유화」는 공통적으로 3음보의 전통적인 율격을 바탕으로 관조적 태도를 드러낸다는 점에서 유사하다. 하지만 「산유화」는 수미상관의 구성과 시어의 반복을 통해 자연 순환이 가지고 있는 생성과 소멸의 원리를 형상화하고 있는 반면, 「산도화」는 간결한 형식을 통한 감정의 절제와 이상화된 세계의 아름답고 평화로운 분위기를 한 폭의 동양화처럼 보여 준다는 점에서 차이가 있다.

이미지 / 시선 / 감각

♦ 박목월(1915~1978)
1939년 『문장』에 정지용이 「길처럼」, 「그것은 연륜이다」 등을 추천하여 등단하였다. 1946년에 조지훈, 박두진과 함께 『청록집』을 발간하여 청록파로 불리었다. 초기에는 자연 친화적인 주제와 향토성이 강한 서정을 다루었으나 1950년대 이후에는 소시민의 일상적 생활을 소재로 하는 작품을 주로 창작하였다. 대표 작품으로 「나그네」(2001학년도 수능), 「이별가」(1997학년도 수능), 「청노루」, 「산이 날 에워싸고」, 「하관」, 「윤사월」, 「가정」 등이 있다.

07 윗글의 표현상 특징으로 적절하지 <u>않은</u> 것은?

① 3음보의 규칙적 배열을 통해 전통적인 리듬감을 형성하고 있다.
② 시각적 이미지를 중심으로 시선이 원경에서 근경으로 이동하고 있다.
③ 자연 속 시적 대상을 아름답게 묘사하여 인간과 자연을 대비하고 있다.
④ 감정을 절제한 압축적 표현과 평화롭고 아늑한 분위기가 드러나고 있다.
⑤ 수식어가 거의 없는 간결한 언어를 사용하여 여백의 미를 느끼게 하고 있다.

08 윗글과 〈보기〉의 공통점으로 적절하지 <u>않은</u> 것은?

| 보기 |

머언 산(山) 청운사(靑雲寺) / 낡은 기와집.

산은 자하산(紫霞山) / 봄눈 녹으면,

느릅나무 / 속잎 피어가는 열두 굽이를

청(靑)노루 / 맑은 눈에

도는 / 구름.

— 박목월, 「청노루」

작품 플러스

● 박목월, 「청노루」
| 갈래 | 자유시, 서정시
| 화자 | 자연의 모습을 멀리서 지켜
보는 사람
| 주제 | 봄의 정경과 정취
| 특징 | 시선의 이동에 따라 시상을
전개함. 색채 대비를 통해 감각적 표
현을 사용함.

① 색채 이미지를 활용하여 대상을 생생하게 드러내고 있다.
② 시적 대상을 관조적으로 바라보며 의미를 형상화하고 있다.
③ 계절적 배경이 구체적으로 드러나는 시어를 통해 시간적 배경을 보여 주고 있다.
④ 시적 배경을 회화적으로 묘사하여 한 폭의 동양화와 같은 분위기를 형성하고 있다.
⑤ '구강산', '자하산', '청노루' 등의 대상과 공간적 배경을 통해 애상적인 분위기를 자아내고 있다.

09 ㉠~㉣에 대한 설명으로 적절하지 <u>않은</u> 것은?

① ㉠은 신비로움을 느끼게 하는 공간적 배경으로, 현실에는 존재하지 않는 관념적인 공간이라 할
수 있다.
② ㉡은 동양의 이상향인 무릉도원과 같은 신비와 평화로움을 느끼게 하는 소재라 할 수 있다.
③ ㉢은 '옥'이라는 보석을 통하여 세속적 가치에 대한 미련을 보여 준다고 할 수 있다.
④ ㉣은 인간 세계에서 멀리 떨어져 있는 존재로, 고결하고 순수한 존재를 상징한다고 볼 수 있다.
⑤ ㉠과 ㉡은 정적(靜的)인 소재인 데 비해 ㉢과 ㉣은 동적(動的)인 소재로 볼 수 있다.

❤ '구강산'의 의미

'구강산'은 아홉 개의 강, 혹은 큰 강
이 흐르고 있는 산으로, 실재하는 산
이라기보다는 화자의 머릿속에 가상
으로 존재하는 보랏빛 석산이다.

📖 **작품 다시 보기**

● **시의 구성**

1연		2연		3연		4연
신비로운 □□□	⇒	두어 송이 피어나는 □□□	⇒	옥같이 흐르는 맑은 시냇물	⇒	시냇물에 발을 씻는 암사슴

● **표현상의 특징**

시선의 이동에 따른 시상 전개		원경 (□□인 이미지)		□□ (동적인 이미지)
	⇒	보랏빛 석산(구강산)의 산도화	⇒	봄눈 녹아 흐르는 옥 같은 물에 발을 씻는 암사슴

[01~03] 다음 글을 읽고 물음에 답하시오.

[11월 고1 학력평가]

(가)

창(窓)밖에 밤비가 속살거려
육첩방(六疊房)은 남의 나라,

시인(詩人)이란 슬픈 천명(天命)인 줄 알면서도
한 줄 시(詩)를 적어 볼까,

땀내와 사랑 내 포근히 품긴
보내 주신 학비 봉투(學費封套)를 받어

대학(大學) 노-트를 끼고
늙은 교수(敎授)의 강의 들으러 간다.

생각해 보면 어린 때 동무들
하나, 둘, 죄다 잃어버리고

나는 무얼 바라
나는 다만, 홀로 침전(沈澱)하는 것일까?

인생(人生)은 살기 어렵다는데
시(詩)가 이렇게 쉽게 씌어지는 것은
부끄러운 일이다.

육첩방(六疊房)은 남의 나라
창(窓)밖에 밤비가 속살거리는데,

등불을 밝혀 어둠을 조금 내몰고,
시대(時代)처럼 올 아침을 기다리는 최후(最後)의 나,

나는 나에게 작은 손을 내밀어
눈물과 위안(慰安)으로 잡는 최초(最初)의 악수(握手).

– 윤동주, 「쉽게 씌어진 시」

• 육첩방(六疊房): 일본식 돗자리인 다다미 여섯 장을 깐 방.

(나)

친구가 원수보다 더 미워지는 날이 많다
티끌만한 잘못이 맷방석만하게

동산만하게 커 보이는 때가 많다
그래서 세상이 어지러울수록
남에게는 엄격해지고 내게는 너그러워지나보다
돌처럼 잘아지고 굳어지나보다

멀리 동해바다를 내려다보며 생각한다
널따란 바다처럼 너그러워질 수는 없을까
깊고 짙푸른 바다처럼
감싸고 끌어안고 받아들일 수는 없을까
스스로는 억센 파도로 다스리면서
제 몸은 맵고 모진 매로 채찍질하면서

– 신경림, 「동해바다 — 후포에서」

• 후포: 울진 아래 있는 작은 항구.

01 (가)와 (나)의 공통점으로 가장 적절한 것은?

① 어조의 변화를 통해 시적 긴장을 높이고 있다.
② 명사로 끝나는 시행을 반복하여 여운을 남기고 있다.
③ 반어적 표현을 활용하여 화자의 정서를 강조하고 있다.
④ 의미상 대조를 이루는 시어를 사용하여 주제를 부각하고 있다.
⑤ 원경에서 근경으로의 시선 이동을 통해 시상을 전개하고 있다.

02 〈보기〉를 바탕으로 (가)를 감상한 내용으로 적절하지 않은 것은?

> ┤ 보기 ├
>
> 이 작품은 윤동주가 일제 강점기 때 일본에서 유학하며 쓴 시이다. 이 시에서 화자는 자아 성찰을 통해 무기력한 삶을 반성하고 현실을 극복하려는 의지와 희망적인 미래에 대한 확신을 드러낸다. 이 과정에서 현실에 안주하고 있는 현실적 자아와 현실 극복 의지를 지닌 이상적 자아 사이의 갈등은 해소되고 두 자아는 화해를 이루게 된다.

① '육첩방은 남의 나라'는 화자가 처해 있는 부정적인 현실을 의미하는군.
② '홀로 침전하는 것'은 일제 강점기 현실 속에서 고결함을 유지하고자 하는 화자의 의지를 나타내는군.
③ '등불을 밝혀 어둠을 조금 내몰고'는 현실 상황을 극복하려는 화자의 의지를 드러내는군.
④ '시대처럼 올 아침'은 긍정적인 미래에 대한 화자의 확고한 인식을 드러내는군.
⑤ '최초의 악수'는 현실적 자아와 이상적 자아가 화해에 이르렀음을 나타내는군.

03 (나)에 대한 설명으로 적절하지 않은 것은?

① '날'은 화자의 부끄러운 모습이 드러나는 때를 의미한다.
② '티끌'은 화자 자신의 숨기고 싶은 모습을 의미한다.
③ '돌'은 생각이 좁고 마음이 너그럽지 못한 화자 자신을 비유한다.
④ '동해바다'는 화자가 본받고 싶은 대상이다.
⑤ '채찍질'은 자신에 대한 화자의 엄격한 삶의 태도를 상징한다.

📖 작품 다시 보기

(가) 윤동주, 「쉽게 씌어진 시」

● 시의 구성

1연	암담한 시대 상황에 대한 인식

⬇

2연	□□□ 문인으로서의 슬픈 한계에 대한 인식

⬇

3~6연	현재의 삶에서 느껴지는 상실감과 회의

⬇

7연	자아 성찰에서 비롯된 자괴감

⬇

8~10연	현실에 대한 □□□과 반성을 통해 다짐하는 새로운 각오

● 표현상의 특징

밝음과 어두움의 시각적 대비	➡	밝음	➡	어두움
		'□□', '아침'		'밤비', '어둠'

다른 작품과 엮어 읽기

한용운, 「당신을 보았습니다」

「당신을 보았습니다」는 일제 강점기의 시대적 현실을 배경으로 억압과 굴욕을 당하는 우리 민족의 현실을 제시하며, 조국 광복에 대한 열망과 일제에 대한 저항 의지를 노래한 작품이다. 「쉽게 씌어진 시」와 「당신을 보았습니다」는 일제 강점기의 절망적인 삶을 살아가는 심정을 드러내고, 각각 '아침'과 '님'으로 조국 광복에 관한 희망을 표현한다는 점에서 유사하다.

(나) 신경림, 「동해바다 – 후포에서」

● 시의 구성

1연	➡	2연
남에게 엄격하고 자신에게 너그러운 삶에 대한 □□		남에게 너그럽고 자신에게 엄격한 삶에 대한 □□

● 표현상의 특징

'□□'라는 실제 지명을 부제로 제시함.	➡	효과
		• 작품에 사실성과 현장감을 부여함. • 자기 성찰적 독백을 보다 생생하게 전달함.

다른 작품과 엮어 읽기

유안진, 「키」

「키」는 다른 사람보다는 자신을 먼저 생각하며 살아온 삶에 대한 반성적 인식이 드러나 있는 작품이다. 이 작품에서 화자는 지난 삶을 되돌아보며 다른 사람을 위한 마음의 키가 자라기를 소망하고 있다. 「동해바다 – 후포에서」와 「키」는 화자가 자기중심적으로 살아온 지난 삶을 반성하고 있다는 점에서 유사하다.

오함 / 지재치 / 롤문 / 유유 / 주음 / 홍표

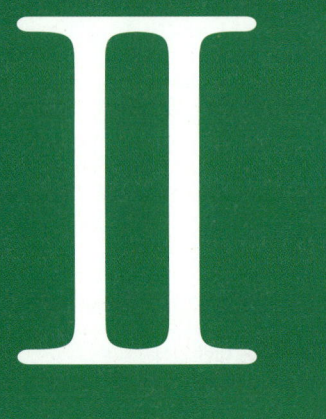

광복 이후 ~ 1950년대

8·15 광복(1945년)

＊광복의 기쁨을 노래한 시
• 신석정 「꽃덤불」(1946)
• 박두진 「해」, 「청산도」(1949)

＊일제 말기에 쓰인 시들 출간
• 이육사 『육사 시집』(1946)
• 윤동주 『하늘과 바람과 별과 시』(1948)
• 박목월, 조지훈, 박두진 『청록집』(1946)

＊모더니즘 시
• 김경린, 임호권, 박인환, 김수영, 양병식 『새로운 도시와 시민들의 합창』(1949)

6·25 전쟁(1950년)

＊서정시
• 서정주 「추천사」(1956)
• 김현승 「눈물」(1957)
• 박목월 「하관」(1957)

＊전후 문학
• 구상 「초토의 시」(1956)
• 박봉우 「휴전선」(1956)

＊모더니즘 시
• 박인환 「목마와 숙녀」(1955)

시대적 배경

1945년 8월 15일 조선은 그토록 염원하던 광복을 맞았다. 하지만 기쁨도 잠시, 외세는 조선을 신탁 통치한 후 독립 정부를 세우겠다고 결정하였다. 이에 전국에서 신탁 통치를 반대하는 운동이 일어났지만 실패하였다. 강대국들의 이해관계가 얽힌 가운데 남한과 북한은 각각의 정부를 세웠고, 이데올로기 대립이 나타나다가 1950년 한국 전쟁이 일어났다. 1953년 휴전 협정이 이루어지며 우리 민족은 남북 분단 국가가 되었다.

시의 경향

광복의 기쁨과 동시에 민족의 분열로 인한 혼란을 겪었다. 이러한 현실 속에서 급변하기 시작한 정치적 상황에 맞춰서 다양한 경향의 시들이 창작되었다. 좌우가 대립하는 정치적 현실이 문학의 대립으로 이어져 좌익 경향의 시인들은 다수가 월북을 하고 남한의 시인들은 순수 서정을 강조하는 시들을 내놓게 되었다. 또한 같은 민족을 죽여야 하는 한국 전쟁의 경험은 시단에 많은 영향을 끼쳤다. 시인들은 전쟁이라는 피폐한 현실에 고뇌하는 시를 창작하였고 남북 화합의 새로운 방향성을 제시하기도 하였다.

06강 광복의 기쁨을 노래한 시와 전후의 시

① 신석정, 「꽃덤불」 ② 구상, 「초토의 시 1」 ③ 박봉우, 「휴전선」

| 감상 포인트 | 광복 이후 광복의 환희를 노래한 시와 외세의 간섭으로 인한 조국의 분열과 갈등 속에서 조국 화합의 염원을 노래하는 시가 등장하였다. 하지만 6·25 전쟁이 일어나자, 전쟁에 대한 회의와 분단의 아픔을 드러낸 시와 전쟁 후의 상처를 극복하기 위한 시가 등장하였다. 이러한 경향을 바탕으로 이 단원에서는 신석정의 「꽃덤불」, 구상의 「초토의 시 1」, 박봉우의 「휴전선」을 감상해 본다.

STEP 2
대/표/작/품 ①

핵심 정리

- **화자** | '나'(조국의 밝은 미래를 소망하는 사람)
- **주제** | 진정한 광복과 민족 □□에 대한 소망
- **특징** | □□□ 전개 구조를 통해 과거에 대한 회상과 현재 상황, 그리고 미래에 대한 염원을 보여 줌. 어둠과 밝음의 대립적 이미지를 통해 진정한 □□에 대한 소망을 드러냄. 유사한 문장 구조를 반복하여 운율을 형성함. '태양', '꽃덤불' 등의 시어를 통해 시적 상황을 상징적으로 드러냄.

다른 작품과 엮어 읽기

박두진, 「해」

「해」는 밝음과 어둠의 대립적 이미지를 통해 어둠의 세계가 가고 밝고 평화로운 화합의 세계가 오기를 바라는 소망을 노래한 작품이다. 이 작품은 자연물을 상징적 시어로 사용하여 주제를 강조하며, 반복과 변주를 통해 리듬감을 형성하고 있다. 「꽃덤불」과 「해」는 일제 강점하에서 벗어나 진정한 광복이 오기를 기다린다는 점에서 유사하다.

홍쌤 / Y강의 / 윤쌤

[01~03] 다음 글을 읽고 물음에 답하시오.

태양을 **의논**하는 거룩한 이야기는
항상 태양을 등진 곳에서만 비롯하였다.

달빛이 흡사 비 오듯 쏟아지는 밤에도
우리는 **헐어진 성터를 헤매**이면서
언제 참으로 그 언제 우리 하늘에
오롯한 태양을 모시겠느냐고
가슴을 쥐어뜯으며 이야기하며 이야기하며
가슴을 쥐어뜯지 않았느냐?

그러는 동안에 영영 잃어버린 벗도 있다.
그러는 동안에 **멀리 떠나버린 벗**도 있다.
그러는 동안에 몸을 팔아버린 벗도 있다.
그러는 동안에 맘을 팔아버린 벗도 있다.

그러는 동안에 드디어 서른여섯 해가 지나갔다.

다시 우러러보는 이 ㉠하늘에
㉡겨울밤 달이 아직도 차거니
㉢오는 봄엔 분수처럼 쏟아지는 태양을 안고
그 어느 언덕 **꽃덤불**에 아늑히 안겨 보리라.

— 신석정, 「꽃덤불」

··

♦ **신석정**(1907~1974)

1924년 『조선일보』에 「기우는 해」를 발표하며 등단하였다. 주로 자연을 제재로 목가적이고 낭만적인 작품을 다루었으나, 광복 이후에는 현실 참여 정신과 역사의식이 강한 작품을 창작하였다. 대표 작품으로 「들길에 서서」(2007학년도 수능), 「아직 촛불을 켤 때가 아닙니다」(1998학년도 수능), 「그 먼 나라를 알으십니까」, 「봄을 부르는 자는 누구냐」 등이 있다.

01 윗글의 표현상 특징으로 적절하지 <u>않은</u> 것은?

① 시간의 흐름에 따라 시상을 전개하고 있다.
② 유사한 통사 구조를 반복하여 운율감을 형성하고 있다.
③ 대립적 이미지를 활용하여 화자의 심정을 효과적으로 드러내고 있다.
④ 암울한 정서를 내포한 시어를 사용하여 비극적 상황이 지속됨을 드러내고 있다.
⑤ 자연물을 살아 있는 대상으로 묘사하여 화자가 느끼는 이상적 세계의 모습을 드러내고 있다.

02 ㉠~㉢에 대한 설명으로 적절하지 <u>않은</u> 것은?

① ㉠: 시간 경과 후 화자가 현실을 재인식하고 있는 공간이다.
② ㉡: 화창한 봄을 기대할 수 없는 것에 대한 화자의 좌절을 의미한다.
③ ㉡: 화자의 기대와는 다르게 부정적 상황이 지속되고 있는 시간을 의미한다.
④ ㉢: 화자가 시련으로부터 벗어날 것임을 의미한다.
⑤ ㉢: 화자가 간절하게 기다리고 있는 앞으로의 시간을 의미한다.

03 〈보기〉를 참고하여 윗글을 감상한 내용으로 적절하지 <u>않은</u> 것은?

> | 보기 |
>
> 신석정은 창작에 열중하면서도 '노장사상'에 대해 깊이 공부하였다. 그의 시 세계는 이상향에 기울어짐과 동시에 '무위자연'에의 접근을 보여 주는데, 시인에게 있어서 '무위(無爲)'는 주체적 행위의 본연의 자세가 될 뿐 그것이 현실 도피나 주체성을 포기한 체념을 뜻하는 것은 아니다. 시인은 노장사상을 바탕으로 삶의 궁극적인 가치를 자연과의 완전한 조화에서 찾으려 하였던 것으로 볼 수 있다.

❤️ 노장사상과 무위자연
- **노장사상**: 노자와 장자의 사상으로, 인위적인 가치 체계나 제도, 혹은 형식에 그치지 않고 어떻게 궁극적인 자유에 도달할 수 있을 것인가를 다루었다.
- **무위자연**: 인위적인 손길이 가해지지 않은 자연을 말하며 자연에 거스르지 않고 순응하는 것을 말한다. 속세의 삶보다는 자연 그대로의 삶을 의미한다.

① '태양을 의논'하는 것은 이상향에 기울어짐으로써 화자의 소망을 드러내는 것이라 할 수 있군.
② '헐어진 성터를 헤매'는 모습에서 주체성을 포기한 화자의 체념을 발견할 수 있군.
③ '가슴을 쥐어뜯으며 이야기'했다는 것은 이상향에 기울어지는 행동으로 볼 수 있군.
④ '멀리 떠나버린 벗'은 현실을 도피하고 싶어 했던 사람들을 말할 수도 있겠군.
⑤ 화자가 생각했던 삶의 궁극적 가치는 '꽃덤불'에 안기고 싶다는 구체적 행위로 형상화되었다고 할 수 있군.

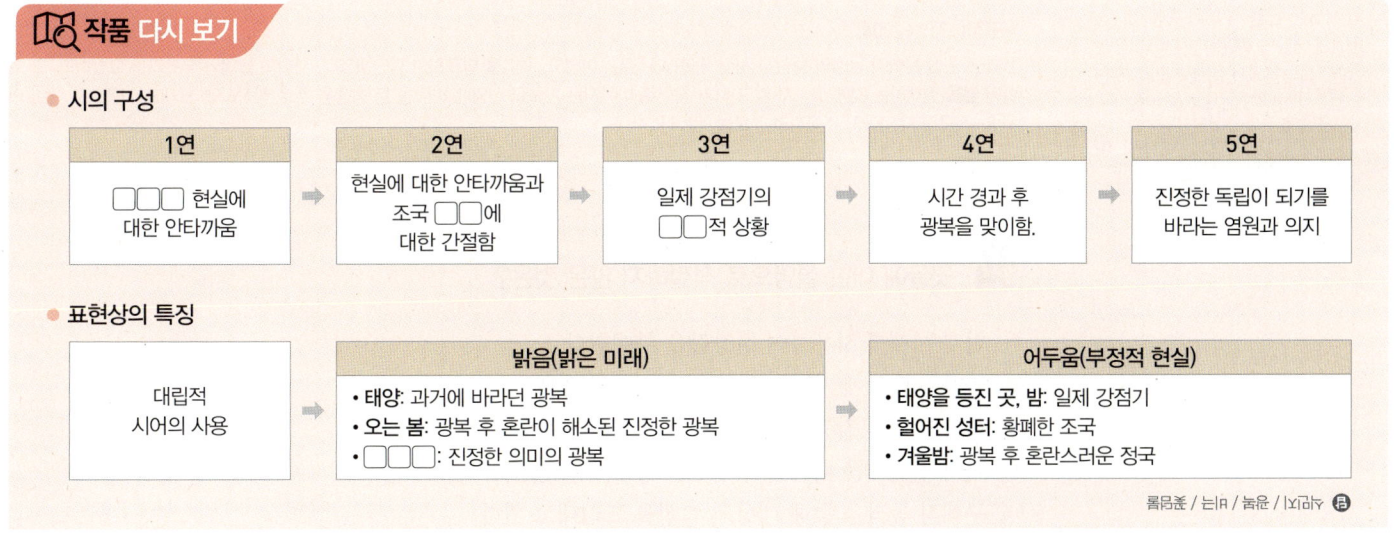

📖 작품 다시 보기

● 시의 구성

1연	2연	3연	4연	5연
□□□ 현실에 대한 안타까움	현실에 대한 안타까움과 조국 □□에 대한 간절함	일제 강점기의 □□적 상황	시간 경과 후 광복을 맞이함.	진정한 독립이 되기를 바라는 염원과 의지

● 표현상의 특징

대립적 시어의 사용	밝음(밝은 미래)	어두움(부정적 현실)
	• **태양**: 과거에 바라던 광복 • **오는 봄**: 광복 후 혼란이 해소된 진정한 광복 • □□□: 진정한 의미의 광복	• **태양을 등진 곳, 밤**: 일제 강점기 • **헐어진 성터**: 황폐한 조국 • **겨울밤**: 광복 후 혼란스러운 정국

핵심 정리

• 화자 | '나'(□□을 경험한 사람)

• 주제 | 폐허 속 아이들에게서 발견한 내일에 대한 □□

• 특징 | 상징적 시어를 통해 주제 의식을 형상화함. 장면과 정서를 교차하며 시상을 전개함. □□적 이미지를 활용하여 의미를 강조함.

[04～06] 다음 글을 읽고 물음에 답하시오.

하꼬방 유리 딱지에 애새끼들
얼굴이 **불타는 해바라기**마냥 걸려 있다.

내려 쪼이던 햇발이 눈부시어 돌아선다.
나도 돌아선다.

울상이 된 **그림자** 나의 뒤를 따른다.
어느 접어든 골목에서 걸음을 멈춰라.

잿더미가 소복한 울타리에
개나리가 망울졌다.

저기 언덕을 내려 달리는
체니〔小女〕의 미소엔 앞니가 빠져
죄 하나도 없다.

나는 술 취한 듯 흥그러워진다.
그림자 웃으며 앞장을 선다.

– 구상, 「초토의 시 1」

다른 작품과 엮어 읽기

조지훈, 「다부원에서」
「다부원에서」는 한국 전쟁 당시 치열했던 낙동강 전선의 다부원 전투 현장을 보고 느낀 시인의 감회를 표현한 작품이다. 「초토의 시 1」과 「다부원에서」는 공통적으로 한국 전쟁이라는 시대적 배경 속에 전쟁이 주는 참혹함을 고발하고 있다. 하지만 「초토의 시 1」은 전쟁 후 폐허 속에서 아이들에게 내일의 희망을 발견하고 있는 반면, 「다부원에서」는 전쟁의 허무함을 드러낸다는 점에서 차이가 있다.

정답 / 해설 / 미흡

◆ 구상(1919~2004)
1946년 원산 문학가 동맹의 동인지 시집 『응향』에 「길」, 「여명도」, 「밤」을 발표하며 등단하였다. 사회의 불의와 부조리를 고발하되, 그 고발이 남을 질책하는 것에 그치지 않고 자기 참회로 이어지는 가톨릭 신앙에 바탕을 둔 작품을 주로 창작하였다. 대표 작품으로 「초토의 시 8−적군 묘지 앞에서」, 「꽃자리」, 「오늘」 등이 있다.

04 윗글에 대한 설명으로 적절하지 <u>않은</u> 것은?

① 현재 시제를 사용하여 현장감을 부여한다.
② 화자는 대상에 자신의 감정을 투영하고 있다.
③ 화자의 내적 갈등이 해소되는 과정이 드러난다.
④ 과거와 현재를 대비하여 주제를 강조하고 있다.
⑤ 구체적 동작을 통해 대상의 속성을 드러내고 있다.

05 〈보기〉를 참고할 때 시인이 작품 개작 시 고려하였을 내용으로 적절하지 <u>않은</u> 것은?

┤ 보기 ├

구상 시인이 1956년 발표한 15편의 연작시인 「초토의 시」는 이후 개작(改作)되어 다시 발표되었다. 1986년 시인이 발표한 『구상 시 전집』에는 다음과 같이 개작되어 있다.

판자집 유리 딱지에 / 아이들 얼굴이 / 불타는 해바라기마냥 걸려 있다. //
내리 쪼이던 햇발이 눈부시어 돌아선다. / 나도 돌아선다. / 울상이 된 그림자 나의 뒤를 따른다. //
어느 접어든 골목에서 걸음을 멈춘다. / 잿더미가 소복한 울타리에 / 개나리가 망울졌다. //
저기 언덕을 내리달리는 / 소녀의 미소에 앞니가 빠져 / 죄 하나도 없다. //
나는 술 취한 듯 흥그러워진다. / 그림자 웃으며 앞장을 선다.

① 일본어 '하꼬방'을 '판자집'으로 바꾸어 우리 정서에 맞는 현실을 전달해야겠어.
② 비속어 '애새끼들'을 '아이들'로 바꾸어 대상에 대한 연민의 시선을 보다 따뜻하게 전달해야겠어.
③ '멈춰라'를 '멈춘다'로 바꾸어 비참한 현실에 대한 인식의 전환은 능동적 태도에서 시작됨을 전달해야겠어.
④ 의미를 파악하기 힘든 '체니'를 '소녀'로 바꾸어 시적 대상의 의미를 좀 더 분명하게 드러내야겠어.
⑤ 시상 전개에 따라 연을 줄여 내용을 매끄럽게 연결하고 의미를 효과적으로 전달해야겠어.

06 〈보기〉를 참고하여 윗글을 감상한 내용으로 적절하지 <u>않은</u> 것은?

┤ 보기 ├

이 작품은 전쟁으로 황폐해진 조국 현실의 생존 현장에 관심을 기울인다. 현실 체험의 내용은 명암의 이미지를 통하여 형상화되는데, 이러한 대립적인 구조는 화자인 시인 자신이 지닌 참혹한 현실에 대한 정신적 고뇌와 그것을 초월하여 구원에 이르고자 하는 염원을 표상한다고 볼 수 있다. 시인이 지니고 있는 이와 같은 역사의식과 존재 의식은 이 작품에서 '그림자'를 통해 형상화된다.

① '유리 딱지에 애새끼들'은 황폐화된 조국의 생존 현장을 형상화한 것이다.
② '불타는 해바라기'는 참혹한 현실을 초월하여 구원에 이르고자 하는 화자의 염원을 표상한다.
③ '나도 돌아선다'는 초토화된 현실이 주는 비극과 마주하지 못하는 자아의 고뇌를 드러낸다.
④ 3연의 '그림자'와 6연의 '그림자'는 서로 다른 역사의식과 존재 의식을 담고 있다.
⑤ '잿더미'와 '개나리'의 대비를 통해 현실에서 느끼는 명암의 이미지를 선명하게 전달한다.

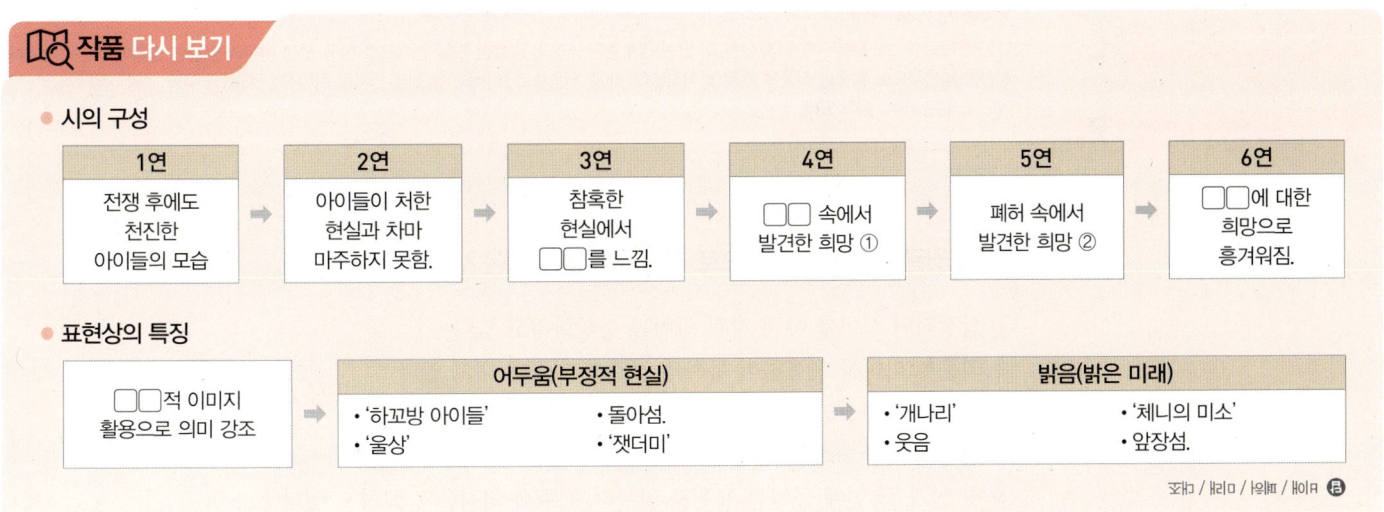

📖 **작품 다시 보기**

● 시의 구성

1연	2연	3연	4연	5연	6연
전쟁 후에도 천진한 아이들의 모습	아이들이 처한 현실과 차마 마주하지 못함.	참혹한 현실에서 □□를 느낌.	□□ 속에서 발견한 희망 ①	폐허 속에서 발견한 희망 ②	□□에 대한 희망으로 흥겨워짐.

● 표현상의 특징

□□적 이미지 활용으로 의미 강조	어두움(부정적 현실)		밝음(밝은 미래)	
	• '하꼬방 아이들' • '울상'	• 돌아섬. • '잿더미'	• '개나리' • 웃음	• '체니의 미소' • 앞장섬.

회개 / 명리 / 망절 / 비이명

- **화자** | '나'(□□ 현실을 바라보고 있는 사람)

- **주제** | 분단 현실의 고통과 극복 □□

- **특징** | 상징적 시어의 사용으로 주제 의식을 표출함. 설의적 표현의 반복(~ㄴ가)을 통해 분단 현실에 따른 문제의식을 제기하고, 독자의 태도 변화를 촉구함. □□□□의 구성으로 주제 의식을 강조함.

[07~09] 다음 글을 읽고 물음에 답하시오.

㉠산과 산이 마주 향하고 믿음이 없는 얼굴과 얼굴이 마주 향한 항시 어두움 속에서 꼭 한 번은 천동 같은 화산이 일어날 것을 알면서 요런* 자세로 꽃이 되어야 쓰는가.*

저어 서로 응시하는 쌀쌀한 풍경. 아름다운 풍토는 이미 고구려 같은 정신도 ㉡신라 같은 이야기도 없는가. ㉢별들이 차지한 하늘은 끝끝내 하나인데…… 우리 무엇에 불안한 얼굴의 의미는 여기에 있었던가.

모든 유혈(流血)은 꿈같이 가고 지금도 나무 하나 안심하고 서 있지 못할 광장. 아직도 정맥은 끊어진 채 휴식인가 야위어가는 이야기뿐인가.

언제 한 번은 불고야 말 ㉣독사의 혀같이 징그러운 바람이여. 너도 이미 아는 모진 겨우살이를 또 한 번 겪으려는가. ㉤아무런 죄도 없이 피어난 꽃은 시방*의 자리에서 얼마를 더 살아야 하는가 아름다운 길은 이뿐인가.

산과 산이 마주 향하고 믿음이 없는 얼굴과 얼굴이 마주 향한 항시 어두움 속에서 꼭 한 번은 천동 같은 화산이 일어날 것을 알면서 요런 자세로 꽃이 되어야 쓰는가.

– 박봉우, 「휴전선」

- **요런**: '이런'의 남도 사투리.
- **쓰는가**: '하겠는가'의 남도 사투리.
- **시방**: '지금'의 남도 사투리.

김종삼, 「민간인」
「민간인」은 1947년에 실제로 일어난 비극적인 사건을 소재로 하여 분단 상황이 초래한 아픔을 드러낸 작품이다. 북한 주민들이 목숨을 걸고 월남하는 과정에서의 실제 경험을 바탕으로 쓴 시라는 점에서 의의가 있다. 「휴전선」과 「민간인」은 민족 분단의 비극성을 나타낸다는 점에서 유사하다.

곰곰 / 하이 / 수업자료

♦ **박봉우(1934~1990)**
1956년 『조선일보』 신춘문예에 「휴전선」이 당선되며 등단하였다. 냉철한 현실 인식으로 한국 전쟁 직후의 암울한 상황에서 민족 분단의 현실을 의욕적으로 탐구한 작품을 주로 창작하였다. 대표 작품으로 「나비와 철조망」, 「서울 하야식」, 「황지에 꽃핀」, 「광화문에서」, 「겨울에도 꽃피는 나무」 등이 있다.

07 윗글의 표현상 특징으로 적절하지 <u>않은</u> 것은?

① 상징적인 시어를 통해 시적 의미를 형상화하고 있다.
② 의문형 어미를 활용하여 독자의 공감을 이끌어 내고 있다.
③ 대립적인 계절의 이미지를 활용하여 시상을 전개하고 있다.
④ 정경에 대한 묘사를 통해 현실의 비극적 실상을 드러내고 있다.
⑤ 첫 연과 끝 연에 동일한 표현을 반복하여 주제 의식을 강화하고 있다.

08 〈보기〉를 참고하여 ㉠~㉤을 이해한 내용으로 적절하지 <u>않은</u> 것은?

┌─ 보기

　시「휴전선」은 '휴전선'이라는 공간의 삭막한 분위기를 묘사하며 우리 민족이 처한 남북 분단의 비극적인 상황을 제시하고 있다. 시인은 과거 선조들의 기상이나 통일에 대한 의지를 찾을 수 없는 현실을 비판하는 한편 궁극적으로 통일의 당위성을 강조하고 있다. 전쟁 혹은 비극이라는 직접적인 시어 대신에 사용되는 비유적 표현은 독자들로 하여금 분단의 피폐함을 떠올리게 한다.

① ㉠: 남과 북이 대치한 삭막한 분단 현실을 보여 준다.
② ㉡: 통일에 대한 의지를 상실한 현실에 대한 비판적 시선을 드러낸다.
③ ㉢: 분단의 부당함을 드러내고 통일의 당위성을 강조한다.
④ ㉣: 곧 닥쳐올 전쟁에 대한 공포와 불안을 의미한다.
⑤ ㉤: 전쟁이 발발한 당시에 태어난 어린 생명들을 가리킨다.

09 윗글의 화자의 정서와 가장 유사한 것은?

① 파란 녹이 낀 구리거울 속에 / 내 얼굴이 남아 있는 것은 / 어느 왕조(王朝)의 유물(遺物)이기에 / 이다지도 욕될까.　　　　　　　　　　　　　　　　　　　　　　－ 윤동주, 「참회록」
② 지금 그 사람의 이름은 잊었지만 / 그 눈동자 입술은 / 내 가슴에 있네. // 바람이 불고 / 비가 올 때도 / 나는 / 저 유리창 밖 가로등 / 그늘의 밤을 잊지 못하지　　－ 박인환, 「세월이 가면」
③ 나의 지식이 독한 회의를 구하지 못하고 / 내 또한 삶의 애증을 다 짐지지 못하여 / 병든 나무처럼 생명이 부대낄 때 / 저 머나먼 아라비아의 사막으로 나는 가자
　　　　　　　　　　　　　　　　　　　　　　　　　　　　－ 유치환, 「생명의 서·일장」
④ 아무래도 나는 비켜서 있다. 절정 위에는 서 있지 않고 암만해도 조금쯤 옆으로 비켜서 있다. / 그리고 조금쯤 옆에 서 있는 것이 조금쯤 비겁한 것이라고 알고 있다!
　　　　　　　　　　　　　　　　　　　　　　　　－ 김수영, 「어느 날 고궁을 나오면서」
⑤ 손에 닿을 듯한 봄 하늘에 / 구름은 무심히도 / 북(北)으로 흘러 가고 // 어디서 울려오는 포성 몇 발 / 나는 그만 이 은원(恩怨)의 무덤 앞에 / 목놓아 버린다.
　　　　　　　　　　　　　　　　　　　　　　－ 구상, 「초토의 시 8 – 적군 묘지 앞에서」

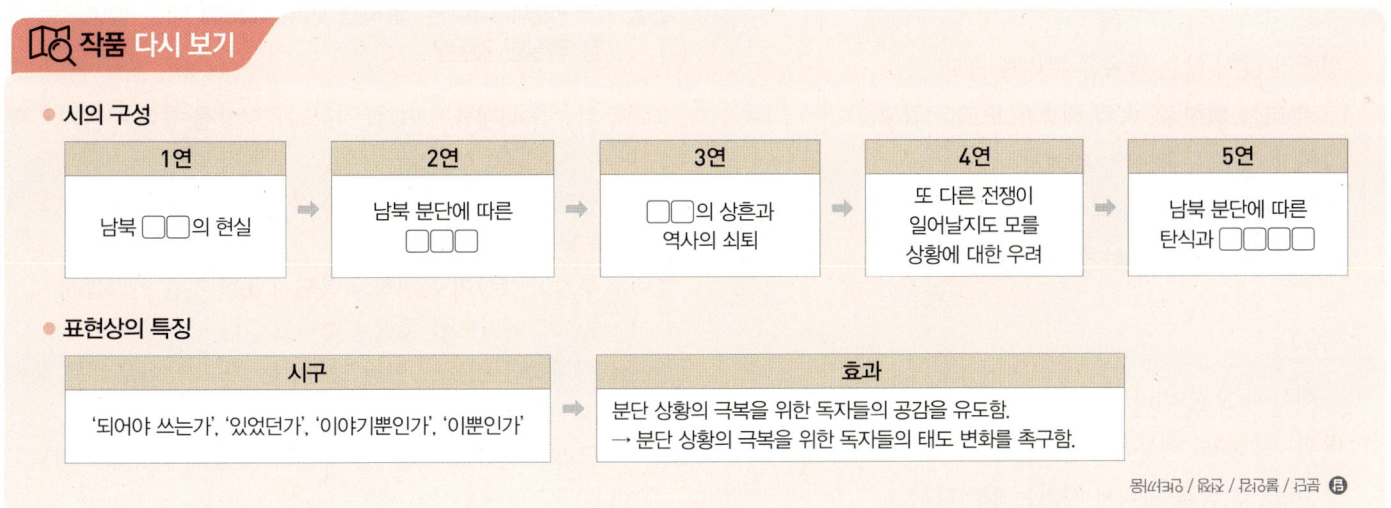

작품 **다시 보기**

● 시의 구성

1연		2연		3연		4연		5연
남북 □□의 현실	→	남북 분단에 따른 □□□	→	□□의 상흔과 역사의 쇠퇴	→	또 다른 전쟁이 일어날지도 모를 상황에 대한 우려	→	남북 분단에 따른 탄식과 □□□□

● 표현상의 특징

시구		효과
'되어야 쓰는가', '있었던가', '이야기뿐인가', '이뿐인가'	→	분단 상황의 극복을 위한 독자들의 공감을 유도함. → 분단 상황의 극복을 위한 독자들의 태도 변화를 촉구함.

[01~03] 다음 글을 읽고 물음에 답하시오.

9월 모의평가

(가)

태양을 의논하는 거룩한 이야기는
㉠항상 태양을 등진 곳에서만 비롯하였다.

달빛이 흡사 비 오듯 쏟아지는 밤에도
우리는 헐어진 성터를 헤매이면서
언제 참으로 그 언제 우리 하늘에
오롯한 태양을 모시겠느냐고
가슴을 쥐어뜯으며 이야기하며 이야기하며
가슴을 쥐어뜯지 않았느냐?

그러는 동안에 영영 잃어버린 벗도 있다.
그러는 동안에 멀리 떠나버린 벗도 있다.
그러는 동안에 몸을 팔아버린 벗도 있다.
그러는 동안에 맘을 팔아버린 벗도 있다.

㉡그러는 동안에 드디어 서른여섯 해가 지나갔다.

다시 우러러보는 이 하늘에
㉢겨울밤 달이 아직도 차거니
오는 봄엔 분수처럼 쏟아지는 태양을 안고
그 어느 언덕 꽃덤불에 아늑히 안겨 보리라.

– 신석정, 「꽃덤불」

(나)

사랑한다는 것은

열매가 맺지 않는 과목은 뿌리째 뽑고
그 뿌리를 썩힌 흙 속의 해충은 모조리 잡고
그리고 새 묘목을 심기 위해서
깊이 파헤쳐 내 두 손의 땀을 섞은 흙
그 흙을 깨끗하게 실하게 하는 일이다.

그리고
㉣아무리 모진 비바람이 삼킨 어둠이어도
바위 속보다도 어두운 밤이어도
그 어둠 그 밤을 새워서 지키는 일이다.

흰한 새벽 햇살이 퍼질 때까지
㉤그 햇살을 뚫고 마침내 새 과목이
샘물 같은 그런 빛 뿌리면서 솟을 때까지
지키는 일이다. 지켜보는 일이다.

사랑한다는 것은.

– 전봉건, 「사랑」

01 (가), (나)의 공통점으로 가장 적절한 것은?

① 공간의 대조를 통해 이상과 현실의 괴리를 드러내고 있다.
② 색채어를 통해 새롭게 나타난 것들의 가치를 강조하고 있다.
③ 역설적 표현을 활용하여 지향하는 세계에 대한 강력한 열망을 드러내고 있다.
④ 자연물을 소재로 하여 서로 대립하던 것들이 타협에 이른 모습을 제시하고 있다.
⑤ 시련과 고난을 드러내는 표현을 사용하여 기대가 실현되기 이전의 상황을 제시하고 있다.

02 ㉠~㉤에 나타난, 말하는 이의 태도에 대한 설명으로 가장 적절한 것은?

① ㉠: 일상을 권태롭게 여기는 태도가 '항상'을 통해 부각되고 있다.
② ㉡: 불행했던 시절이 되돌아올 것에 대비하려는 태도가 '드디어'를 통해 부각되고 있다.
③ ㉢: 부정적 상황이 온전히 극복되지 못한 것을 안타깝게 여기는 태도가 '아직도'를 통해 부각되고 있다.
④ ㉣: 적대적인 것들로 인해 당황하는 태도가 '아무리'를 통해 부각되고 있다.
⑤ ㉤: 굳건한 결단을 드러내는 태도가 '마침내'를 통해 부각되고 있다.

03 〈보기〉를 바탕으로 (가), (나)를 이해한 내용으로 적절하지 않은 것은?

┤ 보기 ├

　사랑이 이루어진 상황을 사랑의 결실이라고 부르는 것은, 사랑을 이루기 위해 지극한 노력이 필요하기 때문이다. 사랑하기로 마음먹는 것만으로 사랑의 결실을 얻을 수는 없다. 사랑하는 대상에게 지속적으로 관심을 쏟아야 하고, 그 대상을 빼앗으려 하거나 위협하는 것들에 맞서야 한다. 이는 연인은 물론 다른 대상을 향한 사랑에서도 마찬가지이다.

① (가)에서 '헐어진 성터'를 헤매고 '이야기'를 나누는 것은 사랑하는 대상에 대한 관심을 잃지 않았음을 의미한다.

② (가)에서 '몸'과 '맘'을 팔아버린 벗들의 삶은 사랑하는 대상을 되찾기 위한 지속적인 노력을 의미한다.

③ (나)에서 '흙 속의 해충'을 제거하는 것은 사랑하는 대상을 위협하는 것들에 맞서려는 노력을 의미한다.

④ (나)에서 '밤'을 새우는 것은 사랑하는 대상에 대한 관심을 지속하고 위협적인 상황으로부터 그 대상을 지키려는 노력을 의미한다.

⑤ (가)의 '어느 언덕 꽃덤불'에 안기는 것과 (나)의 '새 과목'이 솟는 것은 노력을 통해 얻으려 하는 사랑의 결실을 의미한다.

작품 다시 보기

(가) 신석정, 「꽃덤불」

● 시의 구성

1연	식민지 현실에 대한 □□□□

↓

2연	현실에 대한 안타까움과 조국 광복에 대한 간절함

↓

3연	일제 강점기의 비극적 상황

↓

4연	시간 경과 후 □□을 맞이함.

↓

5연	진정한 독립이 되기를 바라는 □□과 의지

● 표현상의 특징

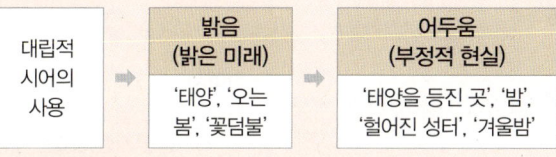

대립적 시어의 사용	밝음 (밝은 미래)	어두움 (부정적 현실)
	'태양', '오는 봄', '꽃덤불'	'태양을 등진 곳', '밤', '헐어진 성터', '겨울밤'

다른 작품과 엮어 읽기

박두진, 「어서 너는 오너라」
「어서 너는 오너라」는 해방을 맞이하는 우리 민족의 희망과 기쁨을 노래한 작품이다. 「꽃덤불」과 「어서 너는 오너라」는 우리 민족의 화합을 희망하고 있다는 점에서 유사하다.

(나) 전봉건, 「사랑」

● 시의 구성

1~2연	3~4연
□□의 토대를 만들기 위한 과정	사랑을 이루기 위한 노력과 자세

● 표현상의 특징

사랑하는 것을 □□을 키우는 행위에 비유하여 나타냄.

행위 1	행위 2
• 열매 맺지 않는 과목은 뿌리째 뽑고, □□을 잡음. • 새 묘목을 심을 흙을 깨끗하고 실하게 함.	• 어둠, 밤을 새워서 지킴. • 새 과목이 솟을 때까지 지켜 봄.

다른 작품과 엮어 읽기

유치환, 「행복」
「행복」은 진정한 사랑이란 받는 것보다 주는 것이라는 진리를 반복적으로 제시하며 순결한 사랑에 대해 노래한 작품이다. 「사랑」과 「행복」은 진정한 사랑에 대해 정의하고 있다는 점에서 유사하다.

정답 l ③ 희망 l 광복 l 사랑 l 과목 l 해충

III 1960년 ~ 1980년대

STEP 1 1960~1980년대

4·19 혁명(1960년)

* 참여시
• 김수영 「어느 날 고궁을 나오면서」,
  「풀」, 「사령」(1963)
• 신동엽 「껍데기는 가라」,
  「봄은」(1967)

* 순수시
• 박재삼 「추억에서」,
  「울음이 타는 가을 강」
  (1962)
• 이형기 「낙화」(1963)

* 모더니즘 계승 시
• 김광섭 「성북동 비둘기」(1968)
• 박남수 「아침 이미지」(1968)

급속한 산업화(1970년대)

* 순수시
• 오규원 「그 이튿날」(1971)

* 민중시
• 신경림 「농무」(1971)
• 이성부 「봄」, 「벼」(1973)

5·18 광주 민주화 운동(1980년)

* 저항시
• 김지하 「타는 목마름으로」(1975)
• 최승호 「대설주의보」(1982)
• 황지우 「새들도 세상을 뜨는구나」(1983)
• 박노해 「노동의 새벽」(1984)

* 서정시
• 정호승 「슬픔이 기쁨에게」(1973)
• 곽재구 「사평역에서」(1981)
• 고정희 「우리 동네 구자명 씨」(1987)

* 개인의 내면을 소재로 한 시집
• 기형도 「입 속의 검은 잎」(1989)

시대적 배경

한국 전쟁이 끝나자 이승만 정권의 독재 정치가 시작되었고, 이에 항거하여 4.19 혁명이 일어났다. 국민들은 순수한 영혼들의 희생으로 얻은 자유와 정의 실현을 갈망하였다. 하지만 박정희는 군사 정변을 일으켰고, 적극적으로 경제 개발 계획을 수립하였다. 이에 산업 발전과 도시화가 급속히 진행되자 지역 간, 계층 간의 불평등 문제와 물질 만능주의로 인한 인간 소외 현상이 나타났다. 군부 독재의 장기 집권으로 긴 시간 억압당한 민중들은 자유와 민주주의를 향한 요구를 강하게 표출하였다.

시의 경향

01 1960년대

4.19 혁명과 5.16 군사 정변의 격동을 겪고 난 후 시인들은 부정적 현실을 비판·고발하고, 현실에 안주하려는 소시민적인 자아를 성찰하며 부조리한 현실을 극복하려는 의지를 표현하였다. 반면, 전통적 소재들을 바탕으로 정신적 가치를 추구하고 인간 소외와 존재를 탐구하려는 시도도 나타났다.

02 1970년대

사회적·정치적 문제가 지속되자 현실을 비판하고 자유와 민주주의를 외치는 참여 시인들의 활동이 두드러졌다. 시인들은 노동자의 좌절과 갈등, 농촌 공동체의 붕괴, 민중들의 삶의 비애 등을 소재로 한 작품을 창작하며 사회 변화의 바람직한 방향을 제시하였다.

03 1980년대

5.18 광주 민주화 운동의 영향으로 시인들은 다시 민주주의에 대한 열망을 노래하고 현실을 비판하는 내용의 현실 참여적인 시를 창작하였다. 또한, 남성 위주의 전통적 권위를 거부하고 여성의 권리를 주장하는 여성 시인들이 등장하였고, 부정적 현실 속에서 소외된 계층에 대한 연민과 애정을 노래한 시가 창작되었다.

07강 사회적 관심의 참여시

① 신동엽, 「껍데기는 가라」 ② 김수영, 「사령」 ③ 김지하, 「푸른 옷」

| 감상 포인트 | 한국 전쟁에 이어 군사 정권이 들어서고 강압적 분위기가 사회를 뒤덮자 문학의 사회적 역할에 대한 관심이 고조되었다. 이에 현실에 안주하려는 소시민적 자아를 성찰하고 부조리한 현실을 극복하고자 하는 의지를 다룬 참여시가 등장하였다. 이러한 경향을 바탕으로 이 단원에서는 신동엽의 「껍데기는 가라」, 김수영의 「사령」, 김지하의 「푸른 옷」을 감상해 본다.

STEP 2
대/표/작/품 ①

핵심 정리

- **화자** | □□에 대한 염원을 가지고 있는 사람
- **주제** | 참되고 순수한 민족의 화합과 통일에 대한 염원
- **특징** | 시어 및 동일 어구의 □□을 통해 주제를 강조하고 운율을 형성. 명령형과 직설적인 표현을 통해 단호한 의지를 표명함. □□적 시어를 통해 주제 의식을 강화함.

[01~03] 다음 글을 읽고 물음에 답하시오.

껍데기는 ㉠가라.
4월도 알맹이만 남고
껍데기는 가라.

껍데기는 가라.
동학년 곰나루의, 그 ㉡아우성만 살고
껍데기는 가라.

㉢그리하여, 다시
껍데기는 가라.
이곳에선, 두 가슴과 그곳까지 내논
아사달 아사녀가
중립의 초례청 앞에 서서
부끄럼 빛내며
맞절할지니

껍데기는 가라.
㉣한라에서 백두까지
향그러운 **흙 가슴**만 남고
그, ㉤모오든 **쇠붙이**는 가라.

― 신동엽, 「껍데기는 가라」

- 4월: 1960년에 일어난 4·19 혁명.
- 동학년: 동학 농민 운동이 일어난 1894년.
- 초례청: 혼인 예식을 치르는 곳.

◆ **신동엽(1930~1969)**
1959년 『조선일보』 신춘문예에 「이야기하는 쟁기꾼의 대지」가 입선하여 등단하였다. 주로 민족정신을 일깨우는 작품과 더불어 민중에 대한 자기 긍정을 노래한 작품을 주로 창작하였다. 대표 작품으로 「산에 언덕에」(2013년 10월), 「새로 열리는 땅」(2013년 4월), 「종로 5가」, 「봄은」 등이 있다.

다른 작품과 엮어 읽기

박봉우, 「나비와 철조망」
「나비와 철조망」은 '나비'와 '철조망'이라는 이질적인 제재를 통해 분단된 민족의 아픔을 형상화하고 통일에 대한 갈망을 표현한 작품이다. 「껍데기는 가라」와 「나비와 철조망」은 통일에 대한 염원이라는 주제 의식을 드러낸다는 점에서 유사하다.

통일 / 반복 / 부정

01 윗글의 표현상 특징으로 가장 적절한 것은?

① 색채어를 대비하여 주제 의식을 강조하고 있다.
② 음성 상징어를 활용하여 대상을 묘사하고 있다.
③ 설의적 표현을 활용하여 시적 긴장감을 높이고 있다.
④ 유사한 통사 구조를 반복하여 운율감을 나타내고 있다.
⑤ 말을 건네는 방식으로 대상과의 친밀감을 드러내고 있다.

02 ㉠~㉢에 대한 설명으로 적절하지 <u>않은</u> 것은?

① ㉠에는 화자의 단호한 어조가 나타나 있다.
② ㉡은 역사적 사건의 의미를 청각적으로 형상화하고 있다.
③ ㉢은 화자의 의지를 재차 강조하는 역할을 하고 있다.
④ ㉣에서 공간적 의미가 시간적 의미로 전환되고 있다.
⑤ ㉤은 시적 허용을 사용하여 의미를 강조하고 있다.

03 〈보기〉를 참고하여 윗글을 감상한 내용으로 적절하지 <u>않은</u> 것은?

> ┤ 보기 ├
>
> 신동엽 시인은 인간 생명의 원초적 본질인 대지에서 우리 민족 공동체가 함께 살기를 소망하였다. 하지만 당시는 외세의 개입으로 인한 사회적 모순과 부조리가 가득하였고 남과 북은 이념 대립으로 분단되어 있는 상태였다. 시인은 이런 문제를 해결하기 위해서 외세와 봉건에 저항하였던 동학 혁명이나 불의에 저항하였던 4·19 혁명과 같은 정신이 필요하다고 생각하였다.

① '껍데기'는 현실의 문제를 유발하는 외세와 그 추종 세력을 의미하는 것으로 볼 수 있겠군.
② '중립의 초례청'은 우리 민족이 당면한 모순과 부조리가 담겨 있는 현실의 공간이라는 생각이 드는군.
③ '맞절할지니'는 남과 북이 하나의 공동체로 화합되기를 소망하는 마음이 반영된 것이겠군.
④ '흙 가슴'은 우리 민족이 추구해야 할 인간 생명의 원초적 본질을 형상화한 것이라 볼 수 있겠군.
⑤ '쇠붙이'는 남과 북을 갈라놓은 부정적인 대상을 나타낸 것으로 보이는군.

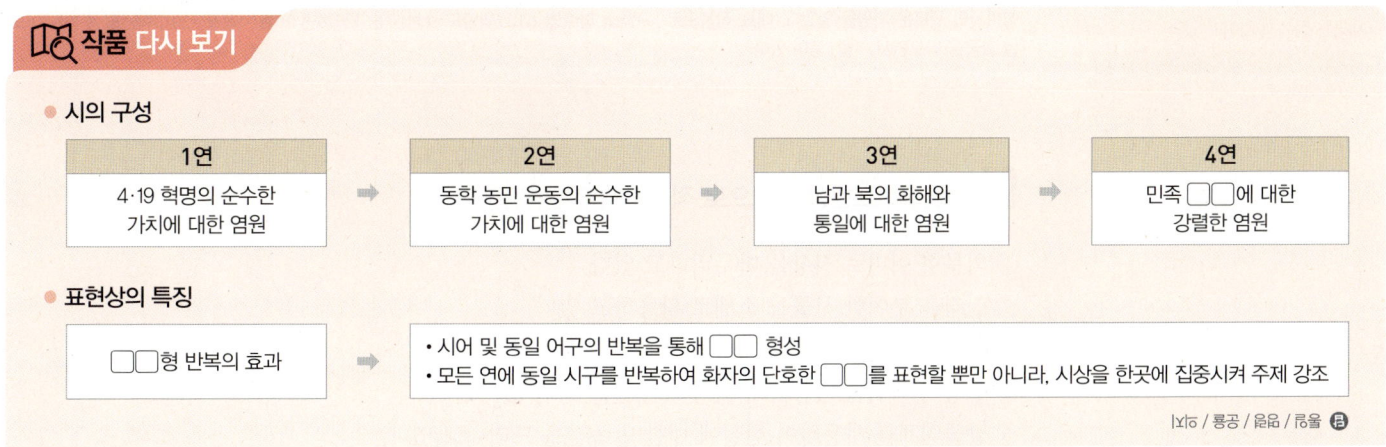

작품 다시 보기

● 시의 구성

1연		2연		3연		4연
4·19 혁명의 순수한 가치에 대한 염원	⇒	동학 농민 운동의 순수한 가치에 대한 염원	⇒	남과 북의 화해와 통일에 대한 염원	⇒	민족 ▢▢에 대한 강렬한 염원

● 표현상의 특징

▢▢형 반복의 효과	⇒	• 시어 및 동일 어구의 반복을 통해 ▢▢ 형성 • 모든 연에 동일 시구를 반복하여 화자의 단호한 ▢▢를 표현할 뿐만 아니라, 시상을 한곳에 집중시켜 주제 강조

- **화자** | '나'(자신의 삶을 ☐☐하는 사람)

- **주제** | 부정적 현실에 저항하지 못하는 지식인의 자기반성

- **특징** | ☐☐☐☐의 구성으로 주제를 강조하고 형태적 안정감을 형성함. 조사 '☐'의 반복을 통한 열거로 운율을 형성함. 일상적 어휘와 고백적 어조를 사용함.

다른 작품과 엮어 읽기

김영랑, 「독을 차고」

「독을 차고」는 일제 강점기의 부정적 현실에서 저항 정신을 품고 살아가려는 마음을 나타낸 작품이다. 「사령」과 「독을 차고」는 부정적 현실 상황을 배경으로 하며 '벗'이 화자와 대비되는 존재라는 점에서 유사하다. 하지만 「사령」에서 '벗'은 소시민으로 전락한 화자와 대비되는 자유와 정의를 말하는 존재라면, 「독을 차고」의 '벗'은 현실에 순응하는 대상으로 저항 의지를 지닌 화자와 대비되는 존재라는 점에서 차이가 있다.

[04~06] 다음 글을 읽고 물음에 답하시오.

……활자(活字)는 반짝거리면서 하늘 아래에서
간간이
자유를 말하는데
나의 영(靈)은 죽어 있는 것이 아니냐

벗이여
그대의 말을 고개 숙이고 듣는 것이
그대는 마음에 들지 않겠지
마음에 들지 않어라

모두 다 마음에 들지 않어라
이 황혼도 저 돌벽 아래 잡초도
담장의 푸른 페인트 빛도
저 고요함도 이 고요함도

그대의 정의(正義)도 우리들의 섬세(纖細)도
행동이 죽음에서 나오는
이 욕된 교외에서는
어제도 오늘도 내일도 마음에 들지 않어라

그대는 반짝거리면서 하늘 아래에서
간간이
자유를 말하는데
우스워라 나의 영은 죽어 있는 것이 아니냐

– 김수영, 「사령」

◆ 김수영(1921~1968)

1945년 『예술 부락』에 「묘정의 노래」를 발표하며 등단하였다. 안이한 서정성의 배격과 지식인의 회의, 방황, 좌절, 고뇌 등이 깊이 새겨진 참여시의 새로운 지평을 열었다. 대표 작품으로 「구름의 파수병」(2017학년도 수능), 「눈」(2016년 10월), 「폭포」(2013학년도 수능), 「어느 날 고궁을 나오면서」, 「풀」 등이 있다.

04 윗글의 표현상 특징으로 적절하지 <u>않은</u> 것은?

① 의문형 어미로 시상을 마무리하고 있다.
② 인격을 부여한 사물을 소재로 활용하고 있다.
③ 수미상관 구조를 통해 화자의 정서를 강조하고 있다.
④ 일상적 어휘를 사용하여 화자의 내면을 드러내고 있다.
⑤ 말줄임표를 사용하여 현실에 대한 만족감을 드러내고 있다.

05 윗글의 화자(A)와 〈보기〉의 화자(B)를 비교한 내용으로 적절하지 <u>않은</u> 것은?

┌─ 보기 ├─

새와 짐승도 슬피 울고 강산도 찡그리니,

무궁화 온 세상이 이젠 망해 버렸어라.

가을 등불 아래 책 덮고 지난날 생각하니,

인간 세상에 글 아는 사람 노릇, 어렵기도 하구나.

— 황현, 「절명시(絶命詩)」 중

작품 플러스

• 황현, 「절명시(絶命詩)」

|갈래| 한시(칠언 절구)

|화자| 망국의 한을 지닌 지식인

|주제| 국난에 대처하는 지식인의 고뇌

|특징| 기승전결의 구조를 사용함. 새, 짐승, 강산 등에 시적 화자의 슬픔을 이입함.

① A와 B는 모두 과거와 현재의 정서가 변화하고 있다.

② A와 B는 모두 영탄적 표현을 통해 정서를 강조하고 있다.

③ A와 B는 모두 부정적 현실 인식을 바탕으로 반성적 태도를 보이고 있다.

④ A는 B와 달리 청자에게 말을 건네며 시상을 전개하고 있다.

⑤ B는 A와 달리 자신의 감정을 자연물에 의탁하고 있다.

06 윗글에 대한 감상으로 적절하지 <u>않은</u> 것은?

① '……활자는 반짝거리면서'는 자유가 활자로만 존재하는 부정적 현실을 보여 주고 있다.

② '그대의 말을 고개 숙이고 듣는 것'은 자유와 정의가 실재적 의미를 지니게 될 때 가지는 화자의 경건한 모습을 나타내고 있다.

③ '행동이 죽음에서 나오는 / 이 욕된 교외에서'를 통해 소시민으로 전락한 삶을 살아가는 화자의 모습을 보여 주고 있다.

④ '어제도 오늘도 내일도'를 통해 화자가 미래에도 지식인의 책무를 다하지 못할 것임을 드러내고 있다.

⑤ '우스워라 나의 영은 죽어 있는 것이 아니냐'를 통해 침묵하는 화자 자신의 태도를 자조하고 있다.

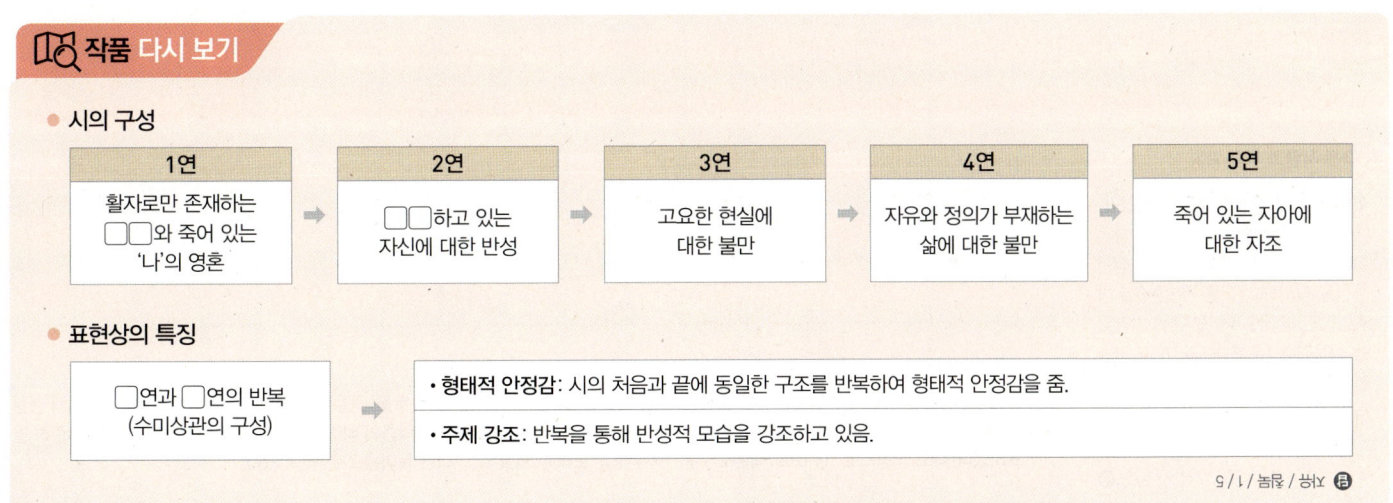

📖 작품 다시 보기

• 시의 구성

1연		2연		3연		4연		5연
활자로만 존재하는 □□와 죽어 있는 '나'의 영혼	⇒	□□하고 있는 자신에 대한 반성	⇒	고요한 현실에 대한 불만	⇒	자유와 정의가 부재하는 삶에 대한 불만	⇒	죽어 있는 자아에 대한 자조

• 표현상의 특징

□연과 □연의 반복 (수미상관의 구성)	⇒	• 형태적 안정감: 시의 처음과 끝에 동일한 구조를 반복하여 형태적 안정감을 줌.
		• 주제 강조: 반복을 통해 반성적 모습을 강조하고 있음.

핵심 정리

- **화자** | '나'(□□에 갇혀 있는 사람)
- **주제** | □□와 해방에 대한 소망
- **특징** | 강한 염원을 나타내는 어조를 사용하여 화자가 처한 부정적인 상황을 강조함. □□적인 표현으로 현재는 불가능해 보이는 자유와 해방에 대한 소망을 드러냄. 대조적인 시어를 사용하여 주제 의식을 강조함.

다른 작품과 엮어 읽기

신동엽, 「누가 하늘을 보았다 하는가」

「누가 하늘을 보았다 하는가」는 자유가 억압된 민중의 암울하고 부정적인 현실을 직시하고, 이를 극복함으로써 희망적인 미래를 맞이할 것을 갈망하는 작품이다. 「푸른 옷」과 「누가 하늘을 보았다 하는가」는 자유와 해방이라는 간절한 소망을 드러낸다는 점에서 유사하다.

읽기 / 상작 / 문갈 ㈜

[07~08] 다음 글을 읽고 물음에 답하시오.

[A]
새라면 좋겠네.
물이라면 혹시는 바람이라면

[B]
여윈 알몸을 가둔 옷
푸른 빛이여, 바다라면
바다의 한때나마 꿈일 수나마 있다면

[C]
가슴에 꽂히어 아프게 피 흐르다
굳어 버린 네모의 붉은 표지여, 네가 없다면
네가 없다면
아아 죽어도 좋겠네
재 되어 흩날리는 운명이라도 나는 좋겠네

[D]
캄캄한 밤에 그토록
새벽이 오길 애가 타도록
기다리던 눈들에 흘러넘치는 맑은 눈물들에
영롱한 나팔꽃 한 번이나마 어릴 수 있다면
햇살이 빛날 수만 있다면

[E]
꿈마다 먹구름 뚫고 열리던 새푸른 하늘
쏟아지는 햇살 아래 잠시나마 서 있을 수만 있다면 좋겠네
푸른 옷에 갇힌 채 죽더라도 좋겠네
그것이 생시라면
그것이 지금이라면
그것이 끝끝내 끝끝내
가리어지지만 않는다면

— 김지하, 「푸른 옷」

♦ **김지하(1941~)**

1963년 『목포 문학』에 「저녁 이야기」를 발표한 이후, 1969년 『시인』에 「황톳길」, 「녹두꽃」 등을 발표하며 등단하였다. 1970년에 정치 현실을 날카롭게 풍자한 「오적」을 발표하여 반공법 위반으로 구속, 기소된 이후에도 권력층의 비리와 부정부패를 비판하는 작품을 꾸준히 발표하였다. 대표 작품으로 「새」(2007학년도 9월), 「녹두꽃」, 「오적」, 「서울 길」, 「타는 목마름으로」 등이 있다.

07 윗글의 표현상 특징으로 적절하지 <u>않은</u> 것은?

① 생략을 통해 시적 여운을 남기고 있다.
② 대조적 의미의 시어를 사용하여 주제를 강조하고 있다.
③ 동일한 시어를 반복하여 화자의 간절함을 드러내고 있다.
④ 상승적 이미지를 활용하여 대상의 변화 과정을 표현하고 있다.
⑤ 강한 염원적 어조를 통해 현재 화자가 처한 부정적 상황을 강조하고 있다.

08 〈보기〉를 참고하여 윗글을 감상한 내용으로 적절하지 <u>않은</u> 것은?

┌─ 보기 ├─

　김지하 시인은 군사 독재 정권에 맞서 자유를 부르짖었던 실천적 지식인으로, 그는 정권의 표
적이 되어 옥고를 치렀다. 「푸른 옷」은 시인이 옥중 체험을 바탕으로 쓴 작품이다. 시 속의 화자
는 '푸른 옷'과 '붉은 표지'로 상징되는 압제의 상태에서 자유를 갈망한다. 전반부에 드러난 화자
의 갈망은 후반부에 이르러 화자 개인이 아니라 자유와 해방을 갈망하는 민중의 차원으로 확장
되어 전개되고 있다.

① [A]: '새', '물', '바람'은 구속되어 있는 화자가 자유에 대한 갈망을 드러내기 위해 활용하고 있는
소재로군.
② [B]: 화자는 '옷'의 '푸른 빛'으로부터 '바다'와 같은 자유롭고 평화로운 이미지를 연상하고 있군.
③ [C]: '네모의 붉은 표지'는 자유를 꿈꾸는 화자로 하여금 다시 스스로의 구속된 처지를 인식하게
하는군.
④ [D]: 자유에 대한 화자의 개인적 소망이 '기다리던 눈들에 흘러넘치는 많은 눈물들'로 전이되면
서 민중의 차원으로 바뀌고 있군.
⑤ [E]: 가정적 표현이 반복적으로 사용되면서 자유와 해방에 대한 갈망이 점층적으로 확대되고
있군.

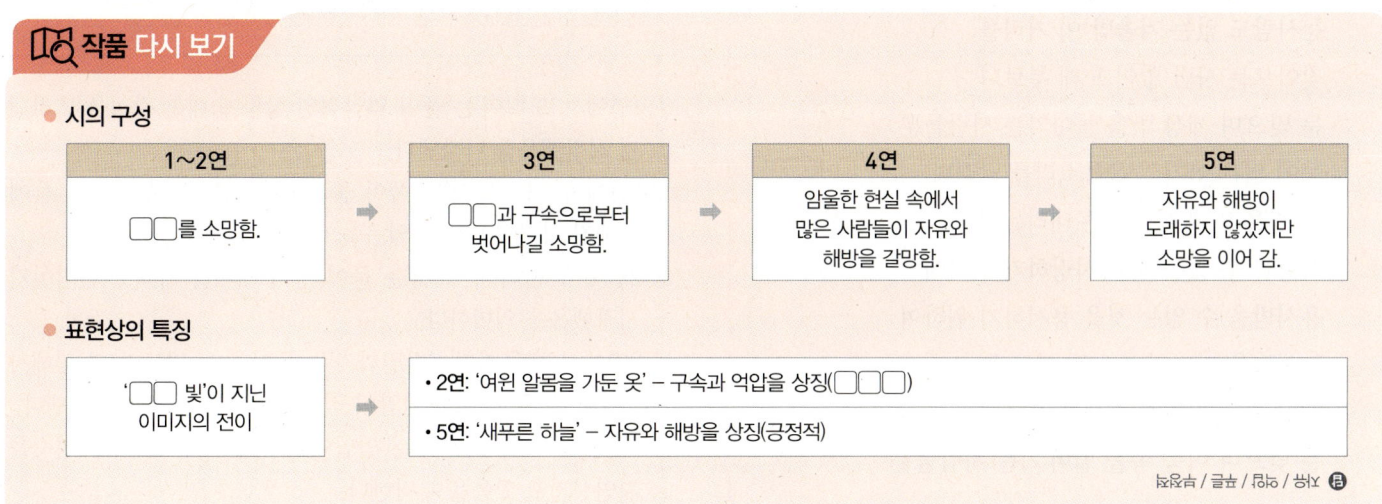

[01~03] 다음 글을 읽고 물음에 답하시오.

[11월 고1 학력평가]

(가)

풀이 눕는다
비를 몰아오는 동풍에 나부껴
풀은 눕고
드디어 울었다
날이 흐려서 **더** 울다가
다시 누웠다

풀이 눕는다
바람보다도 더 **빨리** 눕는다
바람보다도 더 빨리 울고
바람보다 **먼저** 일어난다

날이 흐리고 풀이 눕는다
발목까지
발밑까지 눕는다
바람보다 **늦게** 누워도
바람보다 **먼저** 일어나고
바람보다 늦게 울어도
바람보다 먼저 웃는다
날이 흐리고 풀뿌리가 눕는다

– 김수영, 「풀」

(나)

눈 내려 어두워서 길을 잃었네
갈 길은 멀고 길을 잃었네
눈사람도 없는 겨울밤 이 거리를
찾아오는 사람 없어 노래 부르니
눈 맞으며 세상 밖을 돌아가는 사람들뿐
등에 업은 아기의 울음소리를 달래며
갈 길은 먼데 함박눈은 내리는데
사랑할 수 없는 것을 사랑하기 위하여
용서받을 수 없는 것을 용서하기 위하여
눈사람을 기다리며 노래 부르네
세상 모든 기다림의 노랠 부르네
눈 맞으며 어둠 속을 떨며 가는 사람들을

노래가 길이 되어 앞질러 가고
돌아올 길 없는 눈길 앞질러 가고
아름다움이 이 세상을 건질 때까지
절망에서 즐거움이 찾아올 때까지
함박눈은 내리는데 갈 길은 먼데
무관심을 사랑하는 노랠 부르며
눈사람을 기다리는 노랠 부르며
이 겨울 밤거리의 눈사람이 되었네
봄이 와도 녹지 않을 눈사람이 되었네

– 정호승, 「맹인 부부 가수」

01 (가), (나)의 공통점으로 가장 적절한 것은?

① 계절감을 드러내어 시의 주제를 강화한다.
② 유사한 어구를 반복하여 시적 상황을 부각한다.
③ 의성어를 활용하여 구체적인 생동감을 부여한다.
④ 반어적 표현을 통해 대상이 지닌 의미를 강조한다.
⑤ 상승과 하강 이미지를 교차하여 시적 분위기를 환기한다.

02 〈보기〉를 바탕으로 (가)를 이해할 때, 적절하지 <u>않은</u> 것은?

┤ 보기 ├

이 시는 시상이 전개될수록 점점 강화되는 억압과 그 상황에 대처하는 풀의 움직임을 다양한 부사어를 활용하여 형상화하고 있다. 시상 전개에 따른 풀의 움직임을 도식화하면 다음과 같다.

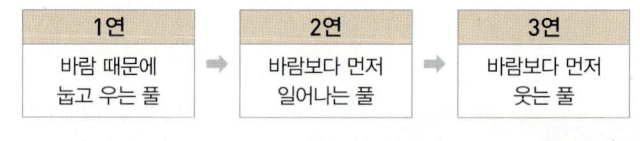

1연	2연	3연
바람 때문에 눕고 우는 풀	바람보다 먼저 일어나는 풀	바람보다 먼저 웃는 풀

① 1연에서 '드디어'는 풀이 억압적인 상황에 대한 감정을 드러내기 시작했음을 나타낸다.
② 1연에서 '더', '다시'는 풀이 눕고 우는 모습을 수식하여 풀에 가해진 시련이 만만치 않음을 나타낸다.
③ 2연에서 '빨리'와 '먼저'는 풀이 자기 의지를 가지고 움직이기 시작했음을 의미한다.
④ 3연에서 '발목까지', '발밑까지'는 풀이 눕는 강도가 더 심해지는 것으로 풀에 대한 억압이 점점 심해지고 있음을 나타낸다.
⑤ 3연에서 '늦게', '먼저'는 억압적인 상황이 풀의 내적 성숙을 지연시키고 있음을 부각한다.

03 〈보기〉를 참고하여 (나)를 감상한 내용으로 적절하지 않은 것은?

┤ 보기 ├

시인은 거리에서 노래를 부르는 맹인 부부 가수의 모습을 통해 자신이 추구하는 이상적 세계의 단면을 제시하고 있다. 앞날에 대한 희망이 보이지 않는 암울한 시대 현실 속에서, 가난하고 고단한 삶을 영위하면서도 기다림의 자세로, 사랑과 화해로 이루어질 희망찬 미래를 꿈꾸는 민중의 모습을 그리고 있다.

① '눈사람도 없는 겨울밤 이 거리'는 희망이 보이지 않는 부정적인 현실 상황을 비유한 것이겠군.

② '사랑할 수 없는 것을 사랑하기 위하여', '용서받을 수 없는 것을 용서하기 위하여'에서 사랑과 화해를 지향하는 시인의 바람을 엿볼 수 있군.

③ '눈 맞으며 어둠 속을 떨며 가는 사람들'은 암울한 현실 속에서 힘겨운 삶을 살아가는 민중을 의미하는 것이겠군.

④ '아름다움이 이 세상을 건질 때까지', '절망에서 즐거움이 찾아올 때까지'에는 절망 속에서도 희망을 버리지 않는 모습을 확인할 수 있군.

⑤ '봄이 와도 녹지 않을 눈사람'은 희망의 시간이 와도 민중에게 시련과 고통이 여전히 지속될 것임을 나타낸 것이군.

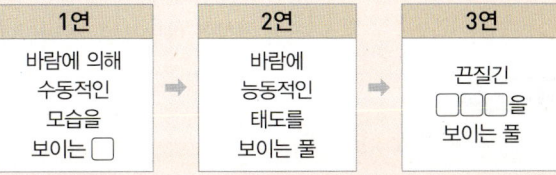

작품 다시 보기

(가) 김수영, 「풀」

● 시의 구성

1연	2연	3연
바람에 의해 수동적인 모습을 보이는 □	바람에 능동적인 태도를 보이는 풀	끈질긴 □□□을 보이는 풀

● 표현상의 특징

□□적 구조와 상징적 표현	⇒	시구
		'풀' ↔ '바람', '눕다' ↔ '일어나다', '먼저' ↔ '늦게', '울다' ↔ '웃다'

다른 작품과 엮어 읽기

이성부, 「벼」

「벼」는 '벼'의 다양한 모습을 통해 이 땅에 살아온 민중의 한과 공동체 의식을 형상화한 작품이다. 「풀」과 「벼」는 자연물을 소재로 하여 권력에 억눌려 있는 민중의 삶을 형상화하였다는 점에서 유사하다. 그러나 민중으로 상징되는 '벼'가 '풀'에 비해 더욱 적극적이고 저항적인 존재로 그려지며 민중들의 유대감을 드러내고 있다는 점에서 차이가 있다.

(나) 정호승, 「맹인 부부 가수」

● 시의 구성

1~2행	길을 잃은 □□ 부부 가수
3~7행	외면하며 지나가는 행인들
8~16행	사랑과 용서의 노래를 부르는 맹인 부부 가수
17~21행	희망의 노래를 부르며 □□□이 된 맹인 부부 가수

● 표현상의 특징

반복의 사용	⇒	시구
		'위하여', '부르네', '앞질러 가고'

다른 작품과 엮어 읽기

곽재구, 「절망을 위하여」

「절망을 위하여」는 암울한 현실을 극복하려는 희망찬 의지를 표현한 작품이다. 「맹인 부부 가수」와 「절망을 위하여」는 절망적인 현실을 극복하고자 한다는 점에서 유사하다. 「맹인 부부 가수」는 사랑과 용서를 통해 삶의 부정적 측면을 포용하는 희생적 태도를 드러낸다면, 「절망을 위하여」는 민중이 힘을 합쳐 어두운 현실을 극복하려는 의지적 태도를 보여 준다는 점에서 차이가 있다.

08강 민중시와 모더니즘 계승 시

① 신경림, 「농무」 ② 김광섭, 「성북동 비둘기」 ③ 김춘수, 「꽃」

| 감상 포인트 | 개발 전략에 따라 도시화와 산업화가 본격적으로 이루어지자 농촌 공동체는 붕괴되고 빈부의 격차가 심화되며 사회적 갈등이 격화되었다. 이에 현대 자본주의 문명에 의한 비인간화를 비판하는 시가 활발하게 창작되었다. 반면 사회 현실과는 무관하게 시의 본질과 예술성, 순수성을 주장하는 시가 등장하기도 하였다. 이러한 경향을 바탕으로 이 단원에서는 신경림의 「농무」, 김광섭의 「성북동 비둘기」, 김춘수의 「꽃」을 감상해 본다.

STEP 2
대/표/작/품 ①

핵심 정리

- **화자** | 농무를 추는 농민
- **주제** | 피폐한 농촌 현실에 대한 농민들의 한과 □□
- **특징** | 감정을 직설적으로 표현함. 피폐해진 □□ 현실을 사실적으로 표현함. □□적 상황을 통해 심리를 반어적으로 표출함.

[01~03] 다음 글을 읽고 물음에 답하시오.

㉠징이 울린다 막이 내렸다
오동나무에 전등이 매어달린 가설 무대
구경꾼이 돌아가고 난 텅빈 운동장
우리는 분이 얼룩진 얼굴로
학교 앞 소줏집에 몰려 술을 마신다
답답하고 고달프게 사는 것이 원통하다
꽹과리를 앞장세워 장거리로 나서면
따라붙어 악을 쓰는 건 쪼무래기들뿐
처녀애들은 기름집 담벽에 붙어 서서
철없이 킬킬대는구나
보름달은 밝아 어떤 녀석은
꺽정이처럼 울부짖고 또 어떤 녀석은
서림이처럼 해해대지만 이까짓
산구석에 처박혀 발버둥 친들 무엇하랴
비료 값도 안 나오는 농사 따위야
아예 여편네에게나 맡겨 두고
쇠전을 거쳐 도수장 앞에 와 돌 때
우리는 점점 신명이 난다
한 다리를 들고 날나리를 불꺼나
고갯짓을 하고 어깨를 흔들꺼나

– 신경림, 「농무」

다른 작품과 엮어 읽기

고재종, 「세한도」

「세한도」는 추사 김정희의 그림 「세한도」를 모티프로 하여, 가난한 농촌 마을이 겪는 세한의 풍경을 형상화한 작품이다. 「농무」와 「세한도」는 피폐하고 힘겨운 농촌의 현실을 표현한다는 점에서 유사하다. 하지만 「농무」는 현실에 관한 분노를 표현한다면, 「세한도」는 '청솔'을 통해 현실을 극복하고자 하는 의지를 보여 준다는 점에서 차이가 있다.

◆ **신경림(1936~)**
1955년 「문학 예술」에 「낮달」, 「갈대」 등이 추천되어 등단하였다. 농촌을 배경으로 하며 현실에 대한 한과 울분, 고뇌 등을 다룬 작품을 주로 창작하였다. 대표 작품으로 「나무를 위하여」(2009학년도 9월), 「고향길」(2007학년도 6월), 「목계 장터」(2004학년도 6월), 「가난한 사랑 노래―이웃의 한 젊은이를 위하여」(2002학년도 수능) 등이 있다.

01 윗글의 표현상 특징으로 가장 적절한 것은?

① 구체적 지명을 통해 향토적 정서를 환기하고 있다.
② 반어적 표현을 통해 화자의 정서를 강조하고 있다.
③ 밤에서 낮으로의 시간 변화를 통해 대상의 이면을 보여 주고 있다.
④ 역설적 상황 인식을 통해 부정적 현실에 대한 희망적 태도를 드러내고 있다.
⑤ 춤 동작을 묘사하면서 시상을 마무리하여 춤이 지닌 서정성을 부각하고 있다.

02 윗글에 대한 감상으로 적절하지 <u>않은</u> 것은?

① '막이 내렸다'는 하강 이미지를 통해 농촌의 분위기를 구체적으로 형상화한다.
② '술을 마신다'는 암담한 현실에서 도피하려는 화자의 나약한 모습을 드러낸다.
③ '꺽정이', '서림이'는 소설 속 인물로, 이 작품이 문학적 전통을 계승함을 나타낸다.
④ '비료 값도 안 나오는 농사 따위'는 농촌의 모순된 현실을 집약적으로 보여 준다.
⑤ '운동장'에서 '도수장'으로 이어지는 공간의 이동에 따라 극적 긴장감이 고조된다.

03 〈보기〉를 참고하여 ㉠을 이해한 내용으로 가장 적절한 것은?

> ┤ 보기 ├
>
> 1960년대 중반부터 불던 산업화의 바람이 우리 사회의 곳곳에 침투하여 사회생활에 큰 변화를 가져왔다. 특히 농촌의 경우에는 도시와 공장으로의 노동력 이동, 노동력의 감소에 따른 생산력의 저하, 저곡가(低穀價) 정책으로 인한 농촌의 경제적 궁핍화 가속 등으로 농촌이 가지고 있던 문제가 점점 심화되어 갔다.

① 농촌이 개량되고 있다.
② 분단의 상황이 끝나고 있다.
③ 농촌의 현실이 황폐화되고 있다.
④ 새로운 희망의 시대가 열리고 있다.
⑤ 공업화를 통해 복지 사회가 시작되고 있다.

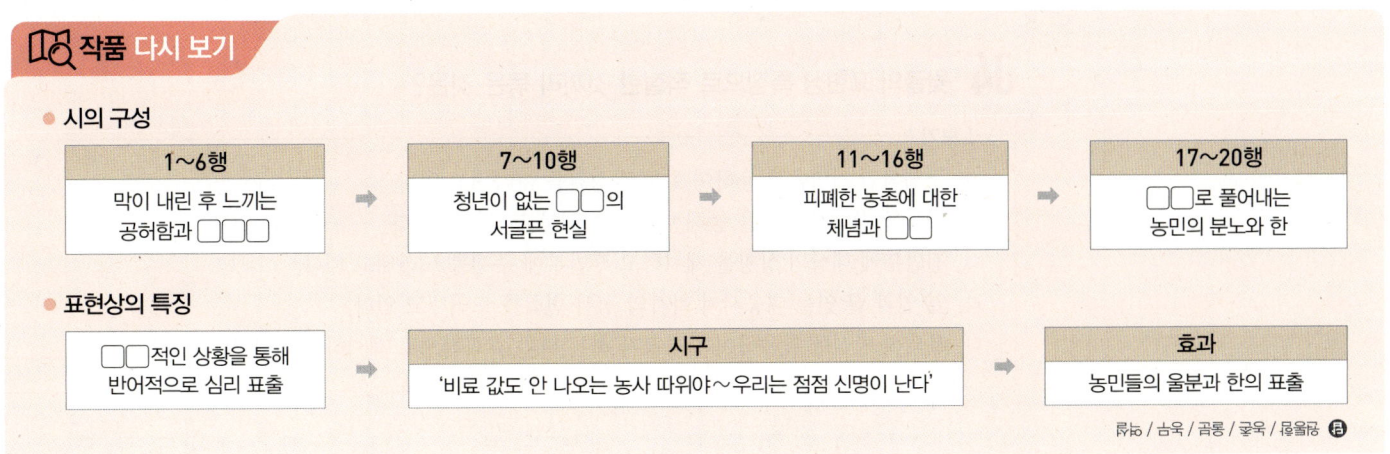

핵심 정리

• **화자** | 산업화로 인해 성북동에서 쫓겨날 위기에 처한 ☐☐☐를 바라보는 사람

• **주제** | 산업화·도시화(문명)로 인해 파괴된 ☐☐과 인간 소외

• **특징** | 비둘기를 ☐☐☐하여 현대 문명을 비판하고 자연에 대한 향수를 표현하는 우의적 성격을 보임. 삶의 터전을 잃은 비둘기의 이야기를 통해 참다운 삶의 회복을 염원함.

다른 작품과 엮어 읽기

정현종, 「들판이 적막하다」

「들판이 적막하다」는 생태계 파괴의 심각성을 강조하고, 생태계를 파괴하는 인간 문명에 대해 비판하는 작품이다. 「성북동 비둘기」와 「들판이 적막하다」는 자연환경의 파괴와 인간 문명에 대한 비판이라는 주제를 다루고 있다는 점에서 유사하다.

본문편 / 시감상 / 유사한점

[04~06] 다음 글을 읽고 물음에 답하시오.

성북동 산에 **번지**가 새로 생기면서
본래 살던 성북동 **비둘기**만이 번지가 없어졌다.
새벽부터 **돌 깨는 산울림**에 떨다가
가슴에 금이 갔다.
그래도 성북동 비둘기는
하느님의 광장 같은 새파란 아침 하늘에
성북동 주민에게 축복의 메시지나 전하듯
성북동 하늘을 한 바퀴 휘 돈다.

성북동 메마른 골짜기에는
조용히 앉아 콩알 하나 찍어 먹을
널찍한 마당은커녕 가는 데마다
ⓐ채석장 포성이 메아리쳐서
피난하듯 지붕에 올라앉아
아침 구공탄 굴뚝 연기에서 향수를 느끼다가
산1번지 채석장에 도루 가서
금방 따낸 돌 온기(溫氣)에 입을 닦는다.

예전에는 사람을 성자(聖者)처럼 보고
사람 가까이 / 사람과 같이 사랑하고
사람과 같이 평화를 즐기던 / 사랑과 평화의 새 비둘기는
이제 산도 잃고 사람도 잃고 / 사랑과 평화의 사상까지
낳지 못하는 **쫓기는 새**가 되었다.

– 김광섭, 「성북동 비둘기」

♦ 김광섭(1905~1977)

1935년 『시원』 제2호에 「고독」을 발표하며 등단하였다. 활동 초기에는 조용한 서정과 냉철한 지성을 혼합하는 작품을, 활동 후기에는 인생이나 자연, 문명에 대해 통찰하는 작품을 창작하였다. 대표 작품으로 「산」(1996학년도 수능), 「저녁에」, 「생의 감각」 등이 있다.

04 윗글의 표현상 특징으로 적절한 것끼리 묶은 것은?

┤ 보기 ├

ㄱ. 구체적인 지명을 활용하여 향토적 정감을 나타내고 있다.
ㄴ. 다양한 감각적 표현을 통해 대상의 처지를 부각하고 있다.
ㄷ. 전반부에 대상의 상황을 제시하고 후반부에 주제를 드러내고 있다.
ㄹ. 앞 연과 끝 연을 대응시켜 화자의 정서 변화를 드러내고 있다.
ㅁ. 우의적 방식을 활용하여 말하고자 하는 바를 효과적으로 제시하고 있다.

① ㄱ, ㄴ, ㅁ ② ㄱ, ㄷ, ㅁ ③ ㄴ, ㄷ, ㄹ ④ ㄴ, ㄷ, ㅁ ⑤ ㄷ, ㄹ, ㅁ

05 〈보기〉의 ㉠~㉤ 중, 윗글의 ⓐ와 가장 유사한 기능과 의미를 지닌 것은?

| 보기 |

새는 울어 / ㉠뜻을 만들지 않고.
지어서 교태로 / 사랑을 가식하지 않는다.

㉡포수는 한 덩이 ㉢납으로 / 그 순수를 겨냥하지만
매양 쏘는 것은
㉣피에 젖은 한 마리 ㉤상한 새에 지나지 않는다.

– 박남수, 「새」 중

① ㉠   ② ㉡   ③ ㉢   ④ ㉣   ⑤ ㉤

작품 플러스

• 박남수, 「새」
| **갈래** | 자유시, 서정시, 주지시
| **화자** | 자연과 순수를 파괴하며 살아가는 현대인을 비판하는 사람
| **주제** | 순수한 삶의 옹호와 인간과 문명의 비판
| **특징** | 포수와 새의 대립적 관계 설정을 통해 자연의 순수성을 파괴하는 인간의 파괴적 본성을 보여 주면서 문명에 대한 비판을 던짐.

06 〈보기〉를 참고하여 윗글을 감상한 내용으로 적절하지 않은 것은?

| 보기 |

시 「성북동 비둘기」는 1960년대 산업화 과정에서 소외된 인간의 삶을 '성북동'이라는 공간을 통해 상징적으로 보여 주고 있다. 자연물을 통해 인간 세상을 비판하고 교훈을 제시하는 것은 김광섭 시의 중요한 특징이다. 이 시는 인간이 만든 문명으로 자연이 파괴되고, 그 결과 인간이 지향하는 소중한 가치나 인간성마저 훼손당하는 모습을 비둘기를 통해 보여 주고 있다.

① 성북동에 새로 들어온 '번지'는 근대화, 산업화의 모습을 나타내고 있다.
② '비둘기'는 단순히 자연의 대상을 넘어서서 인간성을 상실하고 소외된 삶을 살아가는 현대인을 나타내고 있다.
③ '돌 깨는 산울림'은 자연을 파괴하는 인간의 이기심을 보여 주고 있다.
④ '널찍한 마당'은 파괴되기 이전의 자연으로 비둘기에게는 그리움의 대상이다.
⑤ '쫓기는 새'가 된 처지에도 불구하고 성북동 하늘을 도는 비둘기의 모습을 통해 자연과의 화합 가능성을 보여 주고 있다.

📖 작품 다시 보기

• 시의 구성

1연		2연		3연
□□에 의해 삶의 터전을 상실한 비둘기	➡	파괴된 터전에서 향수에 젖은 비둘기	➡	사랑과 □□의 의미를 상실한 비둘기

• 표현상의 특징

선명한 □□□ 이미지를 제시하여 상황의 심각성을 생생하게 표현	➡	• □□적 심상: '돌 깨는 산울림'	• 청각적 심상: '채석장 포성'
		• 시각적 심상: '가슴에 금이 갔다.'	• 촉각적 심상: '금방 따낸 돌 온기'

- **화자** | '나'(존재의 ☐☐을 추구하는 사람)

- **주제** | 존재의 본질 구현에 대한 소망

- **특징** | ☐☐☐ 관념을 사물을 통해 ☐☐☐함. 반복과 변화를 통해 의미가 점층적으로 확대됨.

다른 작품과 엮어 읽기

신동집, 「오렌지」

「오렌지」는 '오렌지'를 인식의 대상으로, '나'를 인식의 주체로 설정하여 사물의 본질을 추구하려고 하나, 존재의 참다운 본질을 파악하는 것이 어려움을 말하고 있는 작품이다. 「꽃」과 「오렌지」는 존재의 본질과 삶의 의미를 탐구하는 실존적인 인식을 추구한다는 점에서 유사하다.

[07~09] 다음 글을 읽고 물음에 답하시오.

내가 그의 **이름**을 불러 주기 전에는
그는 다만
하나의 몸짓에 지나지 않았다.

내가 그의 이름을 불러 주었을 때
그는 나에게로 와서
ⓐ꽃이 되었다.

내가 그의 이름을 불러 준 것처럼
나의 이 **빛깔과 향기**에 알맞은
누가 나의 이름을 불러다오.
그에게로 가서 나도
그의 꽃이 되고 싶다.

우리들은 모두
무엇이 되고 싶다.
너는 나에게 나는 너에게
잊혀지지 않는 **하나의 눈짓**이 되고 싶다.

― 김춘수, 「꽃」

♦ **김춘수(1922~2004)**
1946년 광복 1주년 기념 시화집 『날개』에 「애가」를 발표하며 등단하였다. 사물의 이면에 내재하는 본질을 파악하는 작품을 주로 창작하여 '인식의 시인'으로 불린다. 대표 작품으로 「샤갈의 마을에 내리는 눈」(2019학년도 수능), 「강우」(2011학년도 6월), 「내가 만난 이중섭」(2004학년도 수능), 「꽃을 위한 서시」, 「구름과 장미」 등이 있다.

07 윗글의 표현상 특징으로 적절하지 <u>않은</u> 것은?

① 추상적 관념을 사물을 통해 구체화하고 있다.
② 대조적인 상황을 제시하여 주제를 부각하고 있다.
③ 동일한 서술어를 반복하여 화자의 의지를 강조하고 있다.
④ 인식의 주체를 바꾸어 가며 시적 의미를 점층적으로 확대하고 있다.
⑤ 시간의 흐름에 따라 화자의 정서가 변화하는 과정을 드러내고 있다.

08 윗글에 대한 감상으로 적절하지 <u>않은</u> 것은?

① '이름'은 정체불명의 대상을 인식하게 하는 기능을 한다.
② '하나의 몸짓'은 의미 없는 대상의 막연한 상태를 의미한다.
③ '빛깔과 향기'는 의미 있는 존재로서 화자가 지닌 참모습을 나타낸다.
④ '무엇'은 가치가 정해지지 않은 무한한 가능성을 지닌 상태를 나타낸다.
⑤ '하나의 눈짓'은 서로에게 가치를 부여해 줄 주체적인 모습을 상징한다.

09 〈보기〉의 ㉠~㉤ 중, 윗글의 ⓐ와 가장 유사한 의미를 지닌 것은?

┤ 보기 ├

나는 시방 위험(危險)한 ㉠짐승이다.
나의 손이 닿으면 너는
미지(未知)의 까마득한 어둠이 된다.

존재(存在)의 흔들리는 가지 끝에서
너는 이름도 없이 피었다 진다.

눈시울에 젖어드는 이 ㉡무명(無名)의 어둠에
추억(追憶)의 ㉢한 접시 불을 밝히고
나는 한밤내 운다.

나의 ㉣울음은 차츰 아닌 밤 돌개바람이 되어
탑(塔)을 흔들다가
돌에까지 스미면 금(金)이 될 것이다.

……얼굴을 가리운 ㉤나의 신부(新婦)여.

– 김춘수, 「꽃을 위한 서시」

작품 플러스

• 김춘수, 「꽃을 위한 서시」
| **갈래** | 자유시, 서정시
| **화자** | '꽃'의 내면적 의미의 실상을 파악해 보고자 하는 사람
| **주제** | 존재 인식을 향한 염원
| **특징** | 존재론적 입장에서 사물의 본질을 추구함.

① ㉠   ② ㉡   ③ ㉢   ④ ㉣   ⑤ ㉤

📖 작품 다시 보기

● 시의 구성

1연		2연		3연		4연
대상의 본질을 인식하기 이전의 □□□한 존재	➡	명명에 의해 □□ 있는 존재로 다가옴.	➡	의미 있는 존재가 되고 싶은 소망	➡	존재의 의미를 인식하며 상호간에 의미 있는 존재인 □□

● 표현상의 특징

반복과 변화를 통한 인식의 □□□ 확대	➡	• **내용적 확대**: 하나의 몸짓(의미 없는 존재) → 꽃(의미 있는 존재) → 하나의 눈짓(상호 의미 있는 존재)
		• **주체적 확대**: 나 → 그 → 우리

[01~03] 다음 글을 읽고 물음에 답하시오.

[9월 모의평가 B형]

(가)

나의 지식이 독한 회의를 구하지 못하고
내 또한 삶의 애증을 다 짐지지 못하여
㉠병든 나무처럼 생명이 부대낄 때
저 머나먼 아라비아의 사막으로 나는 가자

거기는 한번 뜬 백일(白日)이 불사신같이 작열하고
일체가 모래 속에 사멸한 ㉡영겁의 허적(虛寂)*에
오직 알라의 신만이
밤마다 고민하고 방황하는 열사(熱沙)의 끝

그 ㉢열렬한 고독 가운데
옷자락을 나부끼고 호올로 서면
운명처럼 반드시 '나'와 대면케 될지니
하여 '나'란 나의 생명이란
㉣그 원시의 본연한 자태를 다시 배우지 못하거든
차라리 나는 어느 사구(沙丘)에 ㉤회한(悔恨) 없는
백골을 쪼이리라

– 유치환, 「생명의 서·일장」

• 허적: 아무것도 없이 적막함.

(나)

징이 울린다 막이 내렸다
오동나무에 전등이 매어달린 가설 무대
구경꾼이 돌아가고 난 텅빈 운동장   [A]
우리는 분이 얼룩진 얼굴로
학교 앞 소줏집에 몰려 술을 마신다
ⓐ답답하고 고달프게 사는 것이 원통하다

꽹과리를 앞장세워 장거리로 나서면
따라붙어 악을 쓰는 건 쪼무래기들뿐
처녀애들은 기름집 담벽에 붙어 서서
철없이 킬킬대는구나   [B]
보름달은 밝아 어떤 녀석은
꺽정이처럼 울부짖고 또 어떤 녀석은
서림이처럼 해해대지만 ⓑ이까짓
산구석에 처박혀 발버둥 친들 무엇하랴

비료 값도 안 나오는 농사 따위야
아예 여편네에게나 맡겨 두고
쇠전을 거쳐 도수장 앞에 와 돌 때
우리는 점점 신명이 난다   [C]
ⓒ한 다리를 들고 날라리를 불거나
고갯짓을 하고 어깨를 흔들거나

– 신경림, 「농무」

01 (가), (나)에 대한 설명으로 가장 적절한 것은?

① (가)는 계절을 드러내는 시어를 사용하여 분위기를 조성한다.
② (나)는 밤에서 낮으로의 시간 변화를 통해 대상의 이면을 보여 준다.
③ (가)는 (나)와 달리 청각적 심상을 활용하여 사물의 속성을 표출한다.
④ (나)는 (가)와 달리 대구의 방식으로 시상을 마무리하면서 여운을 강화한다.
⑤ (가), (나)는 모두 시적 공간의 탈속성을 내세워 이상향에 대한 화자의 동경을 드러낸다.

02 (가)의 '나'와 ㉠~㉤의 관련성을 이해한 내용으로 적절하지 않은 것은?

① ㉠은 화자가 극복해야 할 자신의 모습을 빗대어 표현한 것으로, '나'와는 대비되는 표상이다.
② ㉡은 어떤 것도 존재하지 못하는 극한 상태로, 화자가 '나'와 대면할 수 있는 조건에 해당한다.
③ ㉢은 절대적 고독을 나타낸 것으로, 화자가 그 절대적 고독에서 벗어남으로써 '나'에 도달할 수 있음을 알려 준다.
④ ㉣은 생명이 본래적으로 존재하는 모습을 가리키는 것으로, '나'가 원시적 생명력을 지닌 존재임을 보여 준다.
⑤ ㉤은 죽음에 대한 화자의 태도를 드러내는 것으로, '나'를 통해 생명을 회복하려는 화자의 의지를 담아낸 표현이다.

03 〈보기〉를 참고하여 (나)를 감상한 내용으로 적절하지 않은 것은?

─┤ 보기 ├─

시 「농무」는 1970년 전후의 농촌의 실상과 농민들의 정서를 잘 담아낸 작품이다. 당시 우리 사회는 산업화와 도시화에 힘을 기울였는데, 이로 인해 농촌이 도시와는 다르게 피폐해져 감으로써 삶의 터전을 도시로 옮긴 농민들이 적지 않았다. 이러한 상황에서 시인은 농촌에서 농민들이 삶의 활력과 신명을 얻기 위해 집단적으로 추는 '농무'를 소재로 하여 현실의 암울함을 역설적으로 드러내는 한편, 농촌 공동체의 소중함을 독자들에게 일깨워 주었다.

① [A]에서 화자는 농무를 통해 활력을 얻기보다 오히려 무력감을 느끼고 있는 것 같아.

② [B]에서 '악을 쓰는', '킬킬대는구나', '울부짖고', '해해대지만' 등은 화자가 농무를 흥겨운 축제로 대하지는 못하고 있음을 드러내 줘.

③ [C]에서 화자가 신명을 느끼는 것은 농무의 신명에 힘입어 농촌 현실의 문제를 극복하고자 하는 농민들의 태도를 잘 보여 줘.

④ ⓐ와 ⓑ를 통해 당시의 농민들이 도시로 떠날 수밖에 없었던 사정을 어느 정도 감지할 수 있어.

⑤ ⓒ에서 화자의 물음은 앞날을 낙관하지 못하는 농촌 사람들이 던지는 자조적 물음으로도 이해될 수 있어.

작품 다시 보기

(가) 유치환, 「생명의 서·일장」

● 시의 구성

1연	2연	3연
삶의 □□를 느끼고 현실에서 떠남.	□□의 공간	생명의 본질을 추구하기 위한 의지

● 표현상의 특징

의지적인 어조 사용	시구
	'나는 가자', '백골을 쪼아리라'

다른 작품과 엮어 읽기

김기림, 「바다와 나비」
「바다와 나비」는 새로운 세계에 대한 동경과 좌절을 주제로 한 작품이다. 「생명의 서·일장」과 「바다와 나비」는 '떠남→시련'의 과정으로 시상이 전개된다는 점에서 유사하다. 그러나 「생명의 서·일장」은 무생명성으로 표현된 아라비아 사막에서 화자가 소망하는 바를 성취하는 구조라면, 「바다와 나비」는 무생명성을 지닌 바다에 나비가 상처를 입고 돌아오는 구조라는 점에서 차이가 있다.

(나) 신경림, 「농무」

● 시의 구성

1~6행	막이 내린 후 느끼는 □□□과 허탈함
7~10행	□□이 없는 농촌의 서글픈 현실
11~16행	피폐한 농촌에 대한 체념과 울분
17~20행	농무로 풀어내는 농민의 □□와 한

● 표현상의 특징

역설적 상황을 통해 □□적으로 심리 표출	시구
	'비료 값도 안 나오는 농사 따위야 ~ 우리는 점점 신명이 난다'

다른 작품과 엮어 읽기

정희성, 「물구나무서기」
「물구나무서기」는 노동자와 농민들의 뿌리 뽑힌 삶의 현실을 주제로 한 작품이다. 「농무」와 「물구나무서기」는 노동자와 농민들의 고달픈 삶을 표현한다는 점에서 유사하다.

09강 현실 비판의 저항시

① 최승호, 「대설주의보」 ② 황지우, 「새들도 세상을 ~」 ③ 김광규, 「대장간의 유혹」

| 감상 포인트 | 군부 독재 정권의 폭압이 지속되자 이에 맞서 현실을 고발하며 민중의 강인한 생명력을 외치는 시와, 산업화가 가져온 부정적인 상황에 대한 반성을 촉구하고 바람직한 삶의 가치를 추구한 시가 활발하게 창작되었다. 이러한 경향을 바탕으로 이 단원에서는 최승호의 「대설주의보」, 황지우의 「새들도 세상을 뜨는구나」, 김광규의 「대장간의 유혹」을 감상해 본다.

STEP 2
대/표/작/품 ①

핵심 정리

• **화자** | 눈보라 속의 ☐☐☐를 바라보고 있는 사람
• **주제** | 억압적 현실에 대한 비판
• **특징** | 우의적 표현으로 주제를 나타냄. 추상적 관념을 시각화함. 이미지가 동일한 시행을 반복함. 군사 용어를 사용하여 억압적 현실을 ☐☐함.

다른 작품과 엮어 읽기

김광규, 「어린 게의 죽음」

「어린 게의 죽음」은 '어린 게'의 죽음을 바라보는 화자의 시선을 통해 현대 물질문명과 시대적 상황에 대한 인식을 드러낸 작품이다. '게', '개펄', '바다' 등 자연을 의미하는 소재와 '게 장수', '아스팔트', '군용 트럭' 등 문명을 의미하는 소재를 대비하여 문명의 폭력성을 강조하였다. 「대설주의보」와 「어린 게의 죽음」은 군사 독재에 의해 억압당하는 현실을 비판한다는 점에서 유사하다.

론놎ᄊᄇ 머교

[01~03] 다음 글을 읽고 물음에 답하시오.

해일처럼 굽이치던 백색의 산들,
제설차 한 대 올 리 없는 / 깊은 백색의 골짜기를 메우며
굵은 눈발은 휘몰아치고, / 쪼그마한 숯덩이만 한 게 짧은 날개를 파닥이며……
㉠굴뚝새가 눈보라 속으로 날아간다.

길 잃은 등산객들 있을 듯 / 외딴 두메마을 길 끊어 놓을 듯
은하수가 펑펑 쏟아져 날아오듯 덤벼드는 눈,
다투어 몰려오는 힘찬 ㉡눈보라의 군단, / 눈보라가 내리는 ㉢백색의 계엄령

쪼그마한 숯덩이만 한 게 짧은 날개를 파닥이며……
날아온다 꺼칠한 굴뚝새가 / 서둘러 ㉣뒷간에 몸을 감춘다.
그 어디에 부리부리한 ㉤솔개라도 도사리고 있다는 것일까.

길 잃고 굶주리는 산짐승들 있을 듯 / 눈더미의 무게로 소나무 가지들이 부러질 듯
다투어 몰려오는 힘찬 눈보라의 군단, / 때죽나무와 때 끓이는 외딴집 굴뚝에
해일처럼 굽이치는 백색의 산과 골짜기에
눈보라가 내리는 백색의 계엄령.

– 최승호, 「대설주의보」

♦ 최승호(1954~)

1977년 『현대 시학』에 「비발디」를 발표하며 등단하였다. 소멸·파괴·고통의 정서를 바탕으로 하여 현실에 대한 고발 의식을 드러낸 작품을 주로 창작하였다. 대표 작품으로 「대설주의보」(2010학년도 6월), 「북어」, 「아마존 수족관」 등이 있다.

01 윗글의 표현상 특징으로 적절하지 않은 것은?

① 시구의 반복을 통해 시적 상황을 부각하고 있다.
② 감각의 전이를 활용하여 시적 여운을 획득하고 있다.
③ 활유적 표현을 통해 시적 대상에 생동감을 부여하고 있다.
④ 계절을 드러내는 시어를 활용하여 시적 상황을 구체화하고 있다.
⑤ 비유적 표현을 활용하여 현실에 대한 화자의 인식을 드러내고 있다.

02 ㉠~㉤에 대한 설명으로 적절하지 <u>않은</u> 것은?

① ㉠: 연약성을 매개로 부정적 상황의 심각성을 강조하는 시적 대상이다.
② ㉡: 특정 집단을 연상하게 만드는 시어를 활용하여 '눈보라'에 대한 화자의 인식을 표현하고 있다.
③ ㉢: 은유법을 사용하여 '눈보라'의 폭력성을 비유적으로 형상화하고 있다.
④ ㉣: 눈보라를 막아 주고 따뜻함을 제공하는 곳으로, 시적 대상이 지향하는 이상향이라 할 수 있다.
⑤ ㉤: 시적 대상인 '굴뚝새'가 위기를 느끼는 원인으로 추측할 수 있다.

03 〈보기〉를 참고하여 윗글을 감상한 내용으로 가장 적절한 것은?

| 보기 |

　시 「대설주의보」는 군사 독재 정권의 억압과 폭력이 존재하던 1980년대의 시대적 상황을 반영하고 있다. 민중들의 민주화 운동은 군사 정권의 폭력에 의해 좌절되고 민중들의 민주화에 대한 열망은 무참히 짓밟히고 말았다. 이 시는 이러한 부정적 현실을 자연의 현상으로 형상화하여 표현하고 있다.

① '제설차 한 대 올 리 없는'이라는 표현을 통해 문제 해결의 주체가 외부적 존재가 아니라 민중들이어야 한다는 확신을 드러내고 있다.
② '깊은 백색의 골짜기를 메우며'를 통해 부정적인 상황에 대한 민중들의 인식이 점점 무뎌지고 있음을 표현하고 있다.
③ '굴뚝새가 눈보라 속으로 날아간다.'는 치열한 자기 성찰이 문제 해결의 실마리가 될 수 있음을 보여 주고 있다.
④ '다투어 몰려오는 힘찬'은 독재 정권의 억압과 폭력의 정도를 보여 주는 표현으로 이해할 수 있다.
⑤ '길 잃고 굶주리는 산짐승들 있을 듯'은 군사 정권의 폭력성이 환경 파괴로까지 이어질 수 있다는 의미로 해석할 수 있다.

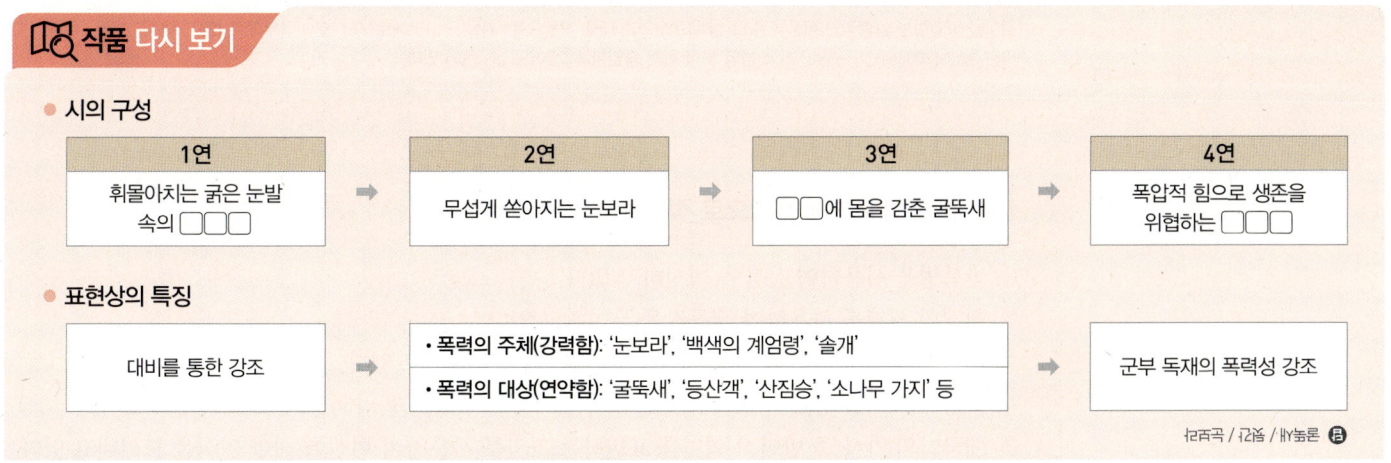

📖🔍 **작품 다시 보기**

● **시의 구성**

1연		2연		3연		4연
휘몰아치는 굵은 눈발 속의 □□□	⇒	무섭게 쏟아지는 눈보라	⇒	□□에 몸을 감춘 굴뚝새	⇒	폭압적 힘으로 생존을 위협하는 □□□

● **표현상의 특징**

| 대비를 통한 강조 | ⇒ | • 폭력의 주체(강력함): '눈보라', '백색의 계엄령', '솔개'
• 폭력의 대상(연약함): '굴뚝새', '등산객', '산짐승', '소나무 가지' 등 | ⇒ | 군부 독재의 폭력성 강조 |

정답과 해설 / 27쪽 / 최승호 답

핵심 정리

- **화자** | 현실에 대한 비판 의식을 지닌 사람
- **주제** | 억압된 현실에서 벗어나고 싶은 소망과 ☐☐
- **특징** | ☐☐를 통해 주제를 형상화함. ☐☐적 표현과 냉소적 어조를 사용함. 부정적 현실에 대한 화자의 비판적 태도가 담김.

[04~06] 다음 글을 읽고 물음에 답하시오.

영화(映畫)가 시작하기 전에 우리는
일제히 일어나 **애국가**를 경청한다.
삼천리 화려 강산의
을숙도에서 일정한 군(群)을 이루며
갈대숲을 이룩하는 **흰 새떼**들이
자기들끼리 끼룩거리면서
자기들끼리 낄낄대면서
일렬 이열 삼렬 횡대로 자기들의 세상을
이 세상에서 떼어 메고
이 세상 밖 어디론가 날아간다.
우리도 우리들끼리
낄낄대면서
깔쭉대면서
우리의 대열을 이루며
한 세상 떼어 메고
이 세상 밖 어디론가 날아갔으면
하는데 대한 사람 대한으로
길이 보전하세로
각자 **자기 자리**에 앉는다.
주저앉는다.

— 황지우, 「새들도 세상을 뜨는구나」

♦ **황지우(1952~)**

1980년 『중앙일보』 신춘문예에 「연혁」이 입선하고, 같은 해 『문학과 지성』에 「대답 없는 날들을 위하여」를 발표하며 등단하였다. 기존 시 형식을 파괴하는 실험적인 작품을 주로 창작하였으며, 대표 작품으로 「겨울 – 나무에로부터 봄 – 나무에로」(2015학년도 9월), 「너를 기다리는 동안」(2006학년도 9월), 「한국 생명 보험 회사 송일환 씨의 어느 날」 등이 있다.

다른 작품과 엮어 읽기

김지하, 「타는 목마름으로」

「타는 목마름으로」는 민주주의에 대한 애타는 갈망을 노래한 작품이다. 「새들도 세상을 뜨는구나」와 「타는 목마름으로」는 획일화되고 억압된 현실에 대한 비판을 담고 있다는 점에서 유사하다. 그러나 「새들도 세상을 뜨는구나」는 풍자를 통해 우회적인 방식으로 자신의 소망을 드러내는 반면, 「타는 목마름으로」는 자신의 소망을 직접적으로 표현한다는 점에서 차이가 있다.

핵심 / 출좌 / 금마

04 윗글의 표현상 특징으로 적절하지 <u>않은</u> 것은?

① 반복법을 사용하여 운율을 형성하고 있다.
② 현재형 시제를 사용하여 생동감을 부여하고 있다.
③ 시적 대상과 시적 상황의 대조를 통해 주제를 형상화하고 있다.
④ 하강 이미지를 통해 부정적인 현실에서 벗어나고자 하는 화자의 의지를 드러내고 있다.
⑤ 애국가의 가사 중 반어적 의미를 표현하는 가사를 사용하여 현실에 대한 인식을 드러내고 있다.

05 윗글과 〈보기〉를 비교하여 감상한 내용으로 가장 적절한 것은?

┤ 보기 ├

네가 오기로 한 그 자리, / 내가 미리 와 있는 이 곳에서
문을 열고 들어오는 모든 사람이 / 너였다가 / 너였다가, 너일 것이었다가 / 다시 문이 닫힌다.
사랑하는 이여 / 오지 않는 너를 기다리며 / 마침내 나는 너에게 간다.

– 황지우, 「너를 기다리는 동안」 중

① 청준: 윗글은 〈보기〉와 달리 시구의 반복을 통해 운율을 형성하고 있어.
② 유정: 윗글은 〈보기〉와 달리 청자를 설정하여 화자의 정서를 드러내고 있어.
③ 순원: 〈보기〉는 윗글과 달리 음성 상징어와 현재형 어미를 사용하여 시적 상황을 생동감 있게 드러내고 있어.
④ 세희: 〈보기〉는 윗글과 달리 부정적인 상황을 극복하려는 화자의 의지를 드러내고 있어.
⑤ 만식: 윗글과 〈보기〉는 모두 반어를 통해 시적 상황에 대한 화자의 현실 인식을 드러내고 있어.

> **작품 플러스**
> • 황지우, 「너를 기다리는 동안」
> **갈래** | 자유시, 서정시
> **화자** | '나'(사랑하는 이를 기다리는 사람)
> **주제** | '너'에 대한 간절한 그리움
> **특징** | 반복법, 대구법, 역설법을 사용하여 간절한 기다림과 의지를 표현함.

06 〈보기〉를 참고하여 윗글을 감상한 내용으로 가장 적절한 것은?

┤ 보기 ├

이 시의 시대적 배경은 1980년대이다. 개인의 자유를 억압하고 강압 통치를 했던 그 당시에는 영화 상영 전 자리에서 일어나 애국가를 경청해야 하는 문화가 있었다.

① '애국가'는 우리나라에 대한 화자의 예찬적 태도를 보여 준다.
② '을숙도'는 화자가 지향하는 공간으로 중의적인 의미를 지닌다.
③ '흰 새떼'는 화자가 동일시하는 대상이자 화자가 지향하는 존재이다.
④ '일렬 이열 삼렬 횡대'는 획일적인 군사 문화를 보여 준다.
⑤ '자기 자리'는 주어진 운명에 저항하는 화자의 태도를 상징한다.

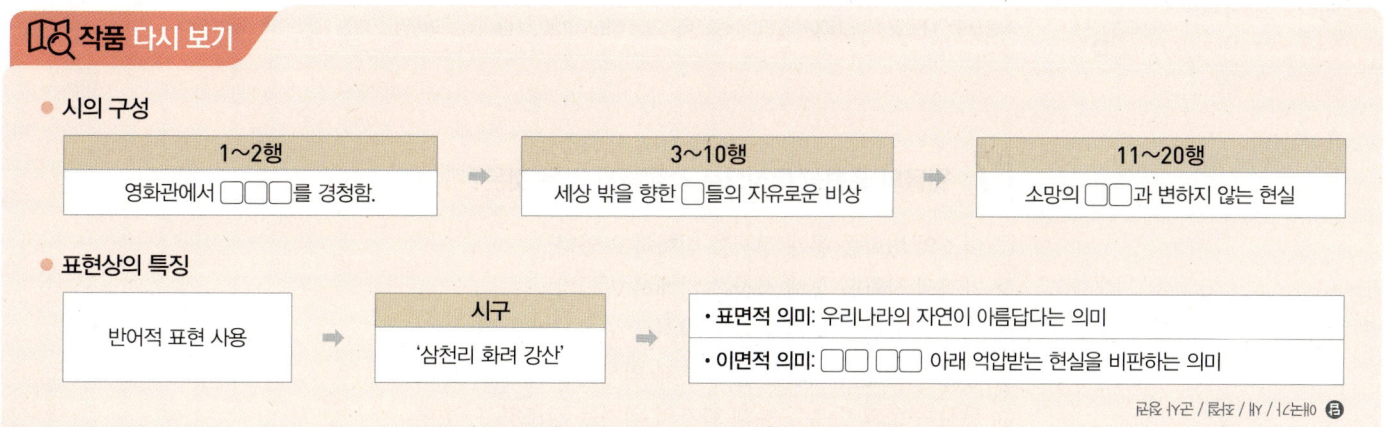

🔍 **작품 다시 보기**

• **시의 구성**

1~2행		3~10행		11~20행
영화관에서 □□□를 경청함.	➡	세상 밖을 향한 □들의 자유로운 비상	➡	소망의 □□과 변하지 않는 현실

• **표현상의 특징**

반어적 표현 사용	➡	시구	➡	• 표면적 의미: 우리나라의 자연이 아름답다는 의미
		'삼천리 화려 강산'		• 이면적 의미: □□ □□ 아래 억압받는 현실을 비판하는 의미

🖪 애국가 / 새 / 절망 / 군사 독재 정권

핵심 정리

• **화자** | '나'(자신의 삶을 □□하는 사람)

• **주제** | □□ 있는 삶을 되찾고 싶은 열망

• **특징** | 대립적 이미지를 통해 주제를 부각함. '□□'라는 서술어의 반복을 통해 무가치한 삶을 반성하고 가치 있는 삶을 추구하는 태도를 표현함.

[07~09] 다음 글을 읽고 물음에 답하시오.

제 손으로 만들지 않고
한꺼번에 싸게 사서
마구 쓰다가
망가지면 내다 버리는
㉠플라스틱 물건처럼 느껴질 때
나는 당장 버스에서 뛰어내리고 싶다
㉡현대 아파트가 들어서며
홍은동 사거리에서 사라진
㉢털보네 대장간을 찾아가고 싶다
     풀무질로 이글거리는 불 속에
     시우쇠처럼 나를 달구고
[A] 모루 위에서 벼리고
     숫돌에 갈아
시퍼런 무쇠 낫으로 바꾸고 싶다
땀 흘리며 두들겨 하나씩 만들어 낸
㉣꼬부랑 호미가 되어
소나무 자루에서 송진을 흘리면서
대장간 벽에 걸리고 싶다
지금까지 살아온 인생이
온통 부끄러워지고
㉤직지사 해우소
아득한 나락으로 떨어져 내리는
똥덩이처럼 느껴질 때
나는 가던 길을 멈추고 문득
어딘가 걸려 있고 싶다

– 김광규, 「대장간의 유혹」

다른 작품과 엮어 읽기

최승호, 「아마존 수족관」
「아마존 수족관」은 도시의 물질문명 속에서 상품으로 전락하여 생명력을 상실해 가는 현대인들이 생명력을 회복하기 위해서는 정신적인 가치가 필요하다고 노래하는 작품이다. 「대장간의 유혹」과 「아마존 수족관」은 현대 문명을 부정적으로 인식하고, 대립되는 대상을 제시하여 주제 의식을 강화한다는 점에서 유사하다.

♦ 김광규(1941~)
1975년 『문학과 지성』에 「물의 소리」 등이 추천되어 등단하였다. 평범한 일상 속에서 자신의 소시민성을 비판하는 시를 주로 썼다. 대표 작품으로 「나뭇잎 하나」(2009학년도 수능), 「때」(2005학년도 9월), 「서울 꿩」, 「묘비명」, 「어린 게의 죽음」 등이 있다.

07 윗글의 표현상 특징으로 적절하지 <u>않은</u> 것은?

① 어조의 변화를 통해 정서를 심화하고 있다.
② 가정의 상황을 통해 시상을 전개하고 있다.
③ 비유적 표현을 통해 화자의 정서를 고조시키고 있다.
④ 공간의 이원적 대립을 통해 주제 의식을 드러내고 있다.
⑤ 통사 구조의 반복을 통해 화자의 의지를 강조하고 있다.

08 〈보기〉의 ⓐ~ⓔ 중, 윗글의 [A]와 함축적 의미가 가장 유사한 것은?

┤ 보기 ├

ⓐ나의 지식이 독한 회의를 구하지 못하고 / 내 또한 삶의 애증을 다 짐지지 못하여 / ⓑ병든 나무처럼 생명이 부대낄 때 / 저 머나먼 아라비아의 사막으로 나는 가자

거기는 한번 뜬 백일(白日)이 불사신같이 작열하고 / 일체가 모래 속에 사멸한 영겁의 허적(虛寂)에 / 오직 알라의 신만이 / ⓒ밤마다 고민하고 방황하는 열사(熱沙)의 끝

그 열렬한 고독 가운데 / 옷자락을 나부끼고 호올로 서면 / ⓓ운명처럼 반드시 '나'와 대면케 될지니 / 하여 '나'란 나의 생명이란 / 그 ⓔ원시의 본연한 자태를 다시 배우지 못하거든 / 차라리 나는 어느 사구(沙丘)에 회한(悔恨) 없는 백골을 쪼이리라

– 유치환, 「생명의 서·일장」

① ⓐ   ② ⓑ   ③ ⓒ   ④ ⓓ   ⑤ ⓔ

> **작품 플러스**
> • 유치환, 「생명의 서·일장」
> **| 갈래 |** 자유시, 서정시
> **| 화자 |** '나'(삶의 본질을 추구하며 극한의 공간으로 가는 사람)
> **| 주제 |** 강인한 생명의 본질을 추구하려는 의지
> **| 특징 |** 인생의 허무를 극복하고자 극한의 상황을 설정함. 강인한 어조를 사용함.

09 〈보기〉를 참고하여 윗글의 ㉠~㉤을 이해한 내용으로 적절하지 않은 것은?

┤ 보기 ├

김광규의 시에는 평범한 일상 속에서 자신의 소시민성을 비판하는 화자가 존재한다. 이 화자는 언어의 압축성을 배제한 일상어로 사회의 한 단면을 드러내며 현실 세계에 대한 부정적 인식을 표현한다. 이로써 부정적 현실 세계를 살아가는 화자는 자신의 인생에 대한 치열한 반성과 성찰을 통해 현실에 대한 날카로운 비판을 표출하며 가치 있고 진정성 있는 삶의 필요성을 역설한다.

① ㉠: 화자가 성찰을 통해 깨달은 자신의 삶을 비유하는 대상이다.
② ㉡: 같은 모양의 개성 없는 아파트는 획일화된 현대 사회의 부정적 모습을 드러낸다.
③ ㉢: 가치 없는 사물들을 가치 있는 존재로 만드는 생산적 공간을 의미한다.
④ ㉣: 자신이 지향하는 정신적 가치를 의탁한 감정 이입의 소재이다.
⑤ ㉤: 무가치한 삶을 비우는 배출의 공간을 의미한다.

> **감정 이입**
> • 화자의 직접적인 감정 표출 없이 대상을 통해 화자의 정서를 간접적으로 드러내는 경우를 말한다.
> ㉮ 어디서 외기러기는 울고 울고 가느니 / 산꿩도 섧게 울은 날이 있었다

📖 작품 다시 보기

• **시의 구성**

1~6행	→	7~9행	→	10~18행	→	19~25행
▢▢▢▢ 물건 같은 무가치한 삶에 대한 회의		사라진 대장간에 대한 ▢▢▢		진정성 있는 삶에 대한 열망		지난 삶에 대한 회한과 가치 있는 삶에 대한 ▢▢

• **표현상의 특징**

▢▢▢ 이미지의 활용	→	반성: 무가치한 삶	↔	소망: 가치 있는 삶
		'플라스틱 물건', '똥덩이'		'시퍼런 무쇠 낫', '꼬부랑 호미'
		'현대 아파트'		'털보네 대장간'

동경 / 소망 / 대조적 / 구체적 답

[01~03] 다음 글을 읽고 물음에 답하시오.

[6월 모의평가]

(가)

검은 벽에 기대선 채로
해가 스무 번 바뀌었는디
내 **기린(麒麟)**은 영영 울지를 못한다

그 가슴을 통 흔들고 간 **노인의 손**
지금 어느 끝없는 향연(饗宴)에 높이 앉았으려니
땅 우의 외론 기린이야 하마 잊어졌을라

바깥은 거친 들 **이리떼**만 몰려다니고
사람인 양 꾸민 **잔나비떼**들 쏘다니어
내 기린은 맘둘 곳 몸둘 곳 없어지다

문 아주 굳이 닫고 벽에 기대선 채
해가 또 한 번 바뀌거늘   [A]
이 밤도 내 기린은 맘 놓고 울들 못한다

– 김영랑, 「거문고」

• 기린: 성인이 이 세상에 나올 징조로 나타난다는 상상 속의 동물.

(나)

해일처럼 굽이치는 백색의 산들,
제설차 한 대 올 리 없는
깊은 백색의 골짜기를 메우며
굵은 눈발은 휘몰아치고,
쪼그마한 숯덩이만 한 게 짧은 날개를 파닥이며……
굴뚝새가 눈보라 속으로 날아간다.

길 잃은 등산객들 있을 듯
외딴 두메마을 길 끊어 놓을 듯
은하수가 펑펑 쏟아져 날아오듯 덤벼드는 눈,
다투어 몰려오는 힘찬 눈보라의 군단,
눈보라가 **내리는** 백색의 계엄령

쪼그마한 숯덩이만 한 게 짧은 날개를 파닥이며……
날아온다 꺼칠한 **굴뚝새**가
서둘러 뒷간에 몸을 감춘다.

그 어디에 부리부리한 **솔개**라도 도사리고 있다는
것일까.

길 잃고 굶주리는 산짐승들 있을 듯
눈더미의 무게로 소나무 가지들이 부러질 듯
다투어 몰려오는 힘찬 눈보라의 군단,   [B]
때죽나무와 때 끓이는 외딴집 굴뚝에
해일처럼 굽이치는 백색의 산과 골짜기에
눈보라가 내리는 백색의 계엄령.

– 최승호, 「대설주의보」

01 (가), (나)의 표현에 대한 설명으로 가장 적절한 것은?

① (가)와 (나)는 동일한 시행을 반복하여 운율감을 느끼게 한다.
② (가)와 (나)는 명사로 끝맺은 시행을 반복하여 시적인 여운을 준다.
③ (가)와 (나)는 의인화된 사물을 등장시켜 독자에게 친근감을 느끼게 한다.
④ (가)와 (나)는 어순의 도치를 통해 긴장감을 드러내고 있다.
⑤ (가)와 (나)는 대상의 현재 상황을 부각하여 시적 정서를 형성하고 있다.

02 〈보기〉의 설명을 듣고, 학생들이 (가)와 (나)에 대해 보일 반응으로 적절하지 <u>않은</u> 것은?

┤ 보기 ├

김 선생님: 순수 서정 시인 김영랑은 1930년대 후반에 이르러 더 이상 마음속 울림을 맑은 가락으로 빚어낸 시를 쓸 수 없었어요. 모국어로 시를 쓰는 것 자체가 어려웠기 때문이지요. 「거문고」는 이런 현실을 우의적 표현으로 비판한 시라고 할 수 있습니다. 그럼, 비슷한 맥락에서 1980년대 초반 많은 독자들의 호응을 얻은 「대설주의보」를 읽어 보지요. 이 작품은 새로운 권력 집단이 등장해서 강압 통치를 했던 시대와 관련이 깊습니다.

① (가)와 (나) 모두 생각의 표현이 자유롭지 못했던 시기에 창작되었어.

② (가)와 (나) 모두 고난 극복 의지와 미래에 대한 전망이 나타나지 않아.

③ (가)의 '울지를 못한다'와 (나)의 '내리는'은 모두 중의적으로 해석할 수 있겠어.

④ (가)의 '기린'은 '노인'에게, (나)의 '굴뚝새'는 세상 사람들에게 외면당한 존재야.

⑤ (가)의 '이리떼'와 '잔나비떼'처럼, (나)의 '솔개'는 부당한 권력을 암시하는 소재야.

03 [A]와 [B]에 대한 설명으로 가장 적절한 것은?

① [A]와 [B]는 자아 성찰을 위한 내면의 공간이 나타난다.

② [A]와 [B]는 화자의 심리적 갈등이 해소되는 계기를 보여 준다.

③ [A]와 [B]는 표면에 드러난 화자가 대상을 관찰하여 묘사한다.

④ [A]에는 화자와 대상의 거리감이, [B]에는 화자와 대상의 일체감이 나타난다.

⑤ [A]에는 화자가 선택한 은거의 공간이, [B]에는 생명이 위협받는 고립의 공간이 암시된다.

📖 작품 다시 보기

(가) 김영랑, 「거문고」

● **시의 구성**

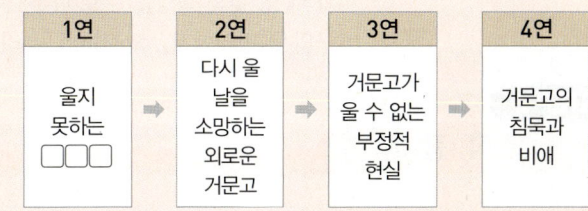

● **표현상의 특징**

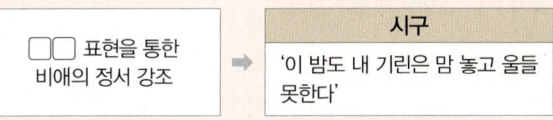

다른 작품과 엮어 읽기

오장환, 「소야의 노래」

「소야의 노래」는 억압적 현실을 살아가는 화자의 분노와 슬픔을 '도형수(조선 시대 형벌 중 도형(徒刑)에 처해진 죄수)'의 모습으로 형상화하여 표현한 작품이다. 「거문고」와 「소야의 노래」는 일제 강점기의 억압적 현실을 살아가는 식민지 지식인이 느끼는 슬픔과 좌절을 표현한다는 점에서 유사하다.

- -

(나) 최승호, 「대설주의보」

● **시의 구성**

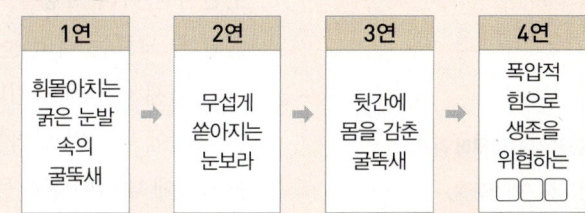

● **표현상의 특징**

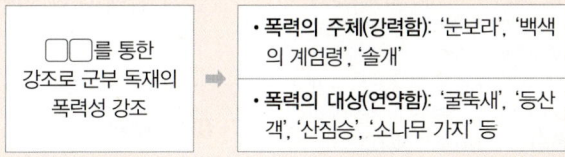

다른 작품과 엮어 읽기

김수영, 「눈」

「눈」은 순수를 표상하는 '눈'을 제재로 하여 순수하고 정의로운 삶을 살아가고자 하는 의지를 형상화한 작품이다. 「대설주의보」와 「눈」은 '눈'을 소재로 하고 폭압적인 시대 상황에 대한 인식을 담았다는 점에서 유사하다. 그러나 「대설주의보」에서 '눈'은 폭력적 현실을 나타내는 부정적 의미를 내포하는 반면, 「눈」에서 '눈'은 순수한 생명력이라는 긍정적 의미를 내포한다는 점에서 차이가 있다.

10강 인간 소외를 다룬 시

① 정호승, 「슬픔이 기쁨에게」 ② 곽재구, 「사평역에서」 ③ 고정희, 「우리 동네 구자명 씨」

| 감상 포인트 | 경제 개발 과정에서 사람들은 물질화·파편화되어, 인간으로서의 존엄성을 잃어 가는 현실을 맞는다. 이에 자기 성찰과 소외된 이들을 향한 연민을 형상화하는 시가 등장하여 소외된 이웃에 대한 따뜻한 시선과 애정, 삶의 희망을 주로 다루었다. 이러한 경향을 바탕으로 이 단원에서는 정호승의 「슬픔이 기쁨에게」, 곽재구의 「사평역에서」, 고정희의 「우리 동네 구자명 씨」를 감상해 본다.

STEP 2
대/표/작/품 ①

핵심 정리

• **화자** | '나'(소외된 이웃과 함께하려는 사람)

• **주제** | 이기적인 삶에 대한 반성, □□된 이웃과 함께하는 가치 있는 삶의 추구

• **특징** | '슬픔'과 '□□'에 새로운 의미를 부여하여 역설적으로 표현함. '나'가 '너'에게 말하는 □□체 형식을 취함. 추상적인 개념을 의인화하여 화자와 청자로 설정함.

다른 작품과 엮어 읽기

안도현, 「애기똥풀」

「애기똥풀」은 '애기똥풀'로 표현되는 소외된 존재와 자신의 관계성을 깨닫고, 자신의 무관심으로 애기똥풀을 소외시켜 온 삶의 태도에 대한 반성을 표현한 작품이다. 「슬픔이 기쁨에게」와 「애기똥풀」은 소외된 존재에 대한 연민을 표현하고, 자신의 이기적인 삶의 자세를 반성하고 있다는 점에서 유사하다.

답 | 소외 / 기쁨 / 말하기

[01~03] 다음 글을 읽고 물음에 답하시오.

나는 이제 너에게도 슬픔을 주겠다.
사랑보다 소중한 슬픔을 주겠다.
겨울밤 거리에서 **귤 몇 개** 놓고
살아온 추위와 떨고 있는 **할머니**에게
귤 값을 깎으면서 기뻐하던 너를 위하여
나는 **슬픔의 평등한 얼굴**을 보여 주겠다.
내가 어둠 속에서 너를 부를 때
단 한 번도 평등하게 웃어 주질 않은
가마니에 덮인 **동사자**가 다시 얼어 죽을 때
가마니 한 장조차 덮어 주지 않은
무관심한 **너의 사랑**을 위해
흘릴 줄 모르는 너의 눈물을 위해
나는 이제 너에게도 기다림을 주겠다.
이 세상에 내리던 함박눈을 멈추겠다.
보리밭에 내리던 봄눈들을 데리고
추워 떠는 사람들의 슬픔에게 다녀와서 / 눈 그친 눈길을 너와 함께 걷겠다.
슬픔의 힘에 대한 이야길 하며 / 기다림의 슬픔까지 걸어가겠다.

– 정호승, 「슬픔이 기쁨에게」

♦ **정호승(1950~)**

1973년 『대한일보』 신춘문예에 「첨성대」가 당선되며 등단하였다. 정치적·사회적으로 소외된 사람들에 대한 애정을 슬프고도 따뜻한 시어들로 그려 내었다. 대표 작품으로 「폭풍」(2016학년도 6월), 「슬픔이 기쁨에게」, 「봄길」, 「달팽이」, 「맹인 부부 가수」 등이 있다.

---

01 윗글의 표현상 특징으로 가장 적절한 것은?

① 첫 행과 끝 행을 대응시켜 화자의 정서를 심화하고 있다.
② 색채 대비를 통해 대상의 인상을 분명하게 표현하고 있다.
③ 화자의 현재 상황을 부각하여 애상적 정서를 드러내고 있다.
④ 과거와 현재의 대비를 통해 화자의 변화된 정서를 부각하고 있다.
⑤ 역설적 표현을 통해 화자가 가치 있게 여기는 삶의 모습을 표현하고 있다.

02 윗글에 대한 감상으로 적절하지 <u>않은</u> 것은?

① '할머니'가 '귤 몇 개'를 파는 행위를 보고 '나'가 '슬픔'을 느꼈음을 짐작할 수 있다.

② '슬픔의 평등한 얼굴'은 '할머니'를 바라보는 '나'의 따뜻한 사랑을 표현한 것으로 볼 수 있다.

③ '나'는 '너'가 '동사자'에게 '너의 사랑'을 주기를 바라고 있다.

④ '가마니 한 장'은 '나'가 '너'에게 주고 싶은 '슬픔'과 유사한 의미로 볼 수 있다.

⑤ '눈 그친 눈길'은 '나'가 궁극적으로 바라는 공동체적 삶을 공간적으로 형상화한 것이라고 할 수 있다.

03 윗글과 〈보기〉를 비교하여 감상한 내용으로 가장 적절한 것은?

┤ 보기 ├

지는 저녁 해를 바라보며
오늘도 그대를 사랑하였습니다.
날 저문 하늘에 별들은 보이지 않고
잠든 세상 밖으로 새벽달 빈 길에 뜨면
사랑과 어둠의 바닷가에 나가
저무는 섬 하나 떠올리며 울었습니다.
외로운 사람들은 어디론가 사라져서
해마다 첫눈으로 내리고
새벽보다 깊은 새벽 섬 기슭에 앉아
오늘도 그대를 사랑하는 일보다
기다리는 일이 더 행복하였습니다.

― 정호승, 「또 기다리는 편지」

> **작품 플러스**
>
> • 정호승, 「또 기다리는 편지」
> | **갈래** | 자유시, 서정시
> | **화자** | '그대(사랑하는 이)'를 기다리는 사람
> | **주제** | '그대(사랑하는 이)'를 향한 절실한 사랑과 기다림
> | **특징** | 시간의 흐름에 따라 시상이 전개되며 외로움과 단절감을 나타내는 시어로 시적 분위기를 형성함.

① 윗글과 〈보기〉는 모두 진정한 사랑을 위한 '기다림'의 과정을 말하고 있군.

② 윗글은 〈보기〉와 달리 시간의 흐름에 따라 시상이 전개되어 있군.

③ 윗글은 〈보기〉와 달리 긍정적 상황을 자연물을 사용하여 표현하고 있군.

④ 〈보기〉는 윗글과 달리 화자와 대상 간의 문답으로 이루어져 있군.

⑤ 〈보기〉는 윗글과 달리 '울음'에 담긴 긍정적인 측면을 부각하고 있군.

📖 작품 다시 보기

• **시의 구성**

1~6행		7~13행		14~19행
소외된 이웃의 슬픔을 알지 못하는 '너'에게 □□을 주고자 함.	⇒	소외된 이웃에게 무관심한 '너'에게 □□□을 주고자 함.	⇒	'□'와 함께 이웃을 진정으로 사랑하며 살아가고자 함.

• **표현상의 특징**

• 슬픔: 긍정적 가치	⇒	일반적이지 않은 새로운 의미 부여
• 기쁨: □□적 가치		

정답 슬픔 / 기다림 / 나 / 부정

핵심 정리

• 화자 | '나'(사평역 □□□ 안을 바라보는 사람)

• 주제 | 서민들의 고단한 삶과 그에 대한 □□과 위로

• 특징 | □□적 이미지를 활용하여 시적 대상을 나타냄. 간결하고 절제된 어조를 사용함.

다른 작품과 엮어 읽기

김혜순, 「별을 굽다」

「별을 굽다」는 복잡한 도시를 살아가는 무표정한 현대인들의 모습을 관찰하고 그에 대한 인상을 드러낸 작품이다. 현대인의 무표정한 얼굴을 '붉은 흙 가면'에 비유하며 현대인의 몸속에 내재된 삶의 원동력을 찾고 있다. 「사평역에서」와 「별을 굽다」는 화자가 각각 대합실, 지하철 환승역에서 마주치는 사람들을 관찰하고 그들에 관해 이야기하고 있다는 점에서 유사하다. 하지만 「사평역에서」는 대합실에서 마주치는 사람들에 대해 연민을 드러내고 있다면, 「별을 굽다」는 환승역에서 마주치는 사람들이 가지고 있는 삶의 원동력에 집중하고 있다는 점에서 차이가 있다.

[04~06] 다음 글을 읽고 물음에 답하시오.

㉠막차는 좀처럼 오지 않았다
대합실 밖에는 밤새 송이눈이 쌓이고
흰 보라 수수꽃 ㉡눈 시린 유리창마다
톱밥난로가 지펴지고 있었다
그믐처럼 몇은 졸고
몇은 감기에 쿨럭이고
그리웠던 순간들을 생각하며 **나는**
한 줌의 톱밥을 불빛 속에 던져 주었다
내면 깊숙이 할 말들은 가득해도
청색의 손바닥을 불빛 속에 적셔두고
모두들 아무 말도 하지 않았다
산다는 것이 때론 술에 취한 듯
한 두름의 굴비 한 광주리의 사과를
만지작거리며 귀향하는 기분으로
침묵해야 한다는 것을
모두들 알고 있었다
㉢오래 앓은 기침소리와
쓴 약 같은 입술 담배 연기 속에서
싸륵싸륵 눈꽃은 쌓이고
그래 지금은 모두들
눈꽃의 화음에 귀를 적신다
㉣자정 넘으면
낯설음도 뼈 아픔도 다 설원인데
단풍잎 같은 몇 잎의 차창을 달고 / ㉤밤 열차는 또 어디로 흘러가는지
그리웠던 순간들을 호명하며 나는 / **한 줌의 눈물**을 불빛 속에 던져 주었다

– 곽재구, 「사평역에서」

◆ 곽재구(1954~)
1981년 『중앙일보』 신춘문예에 「사평역에서」가 당선되며 등단하였다. 토착적인 정서를 바탕으로 사랑과 그리움을 노래하고 민중들의 삶을 형상화하였다. 대표 작품으로 「절망을 위하여」(2015년 4월), 「사평역에서」(2014학년도 수능), 「전장포 아리랑」, 「한국의 연인들」 등이 있다.

04 윗글의 표현상 특징으로 가장 적절한 것은?

① 대조적 심상을 사용하여 삶의 모습을 형상화한다.
② 설의적 표현을 통해 사물에 대한 새로운 인식을 드러낸다.
③ 상승의 이미지를 활용하여 화자의 현실적 관심을 나타낸다.
④ 스스로에게 묻는 질문을 반복하여 독백적 어조에 변화를 준다.
⑤ 시상이 전개됨에 따라 역동적인 분위기가 정적인 분위기로 바뀐다.

05 〈보기〉를 참고하여 윗글을 감상한 내용으로 적절하지 <u>않은</u> 것은?

┤ 보기 ├

「사평역에서」에서 '나'는 눈 내리는 추운 겨울 대합실 안을 묘사한다. 고단한 사람들은 대합실에 모여 막차를 기다리며 '톱밥난로'를 쬐고 있다. 사람들은 저마다의 사연을 가졌으나 모두 아무 말도 하지 않으며, 얼어붙은 손을 '불빛'에 적셔둘 뿐이다. 사람들은 침묵함으로써 각자의 아픔을 속으로 삭인다. 바깥에서는 '싸륵싸륵 눈꽃'이 쌓이고 지친 사람들은 '눈꽃의 화음'에 귀를 적신다.

① '톱밥난로'는 대합실 안 사람들이 추위를 견디게 해 준다.
② '불빛 속에 적셔두'는 '청색의 손바닥'은 사람들이 원래부터 가진 온기를 표현한다.
③ '모두들 아무 말도 하지 않'는 사람들의 모습은 힘겨운 삶을 견뎌 내는 태도를 보여 준다.
④ '싸륵싸륵 눈꽃'과 '눈꽃의 화음'은 차가운 현실에 지친 대합실 안 사람들을 위로한다.
⑤ 대합실 안의 사람들에게 느끼는 '나'의 감정은 '한 줌의 눈물'을 통해 짐작할 수 있다.

06 ㉠~㉤에 대한 설명으로 적절하지 <u>않은</u> 것은?

① ㉠은 막차를 기다리는 대합실 사람들의 삶이 순탄하지 않음을 나타낸다.
② ㉡은 차가운 이미지를 활용하여 대합실 사람들이 겪어야 할 시련과 고통을 나타낸다.
③ ㉢은 다양한 감각적 이미지를 활용하여 대합실 사람들이 소박한 꿈을 갖고 살아가는 모습을 나타낸다.
④ ㉣은 대합실 사람들이 겪는 현재의 고통이 시간이 지나고 나면 누그러질 것임을 나타낸다.
⑤ ㉤은 대합실 사람들이 앞으로 맞이하게 될 미래의 삶에 대한 막막함을 나타낸다.

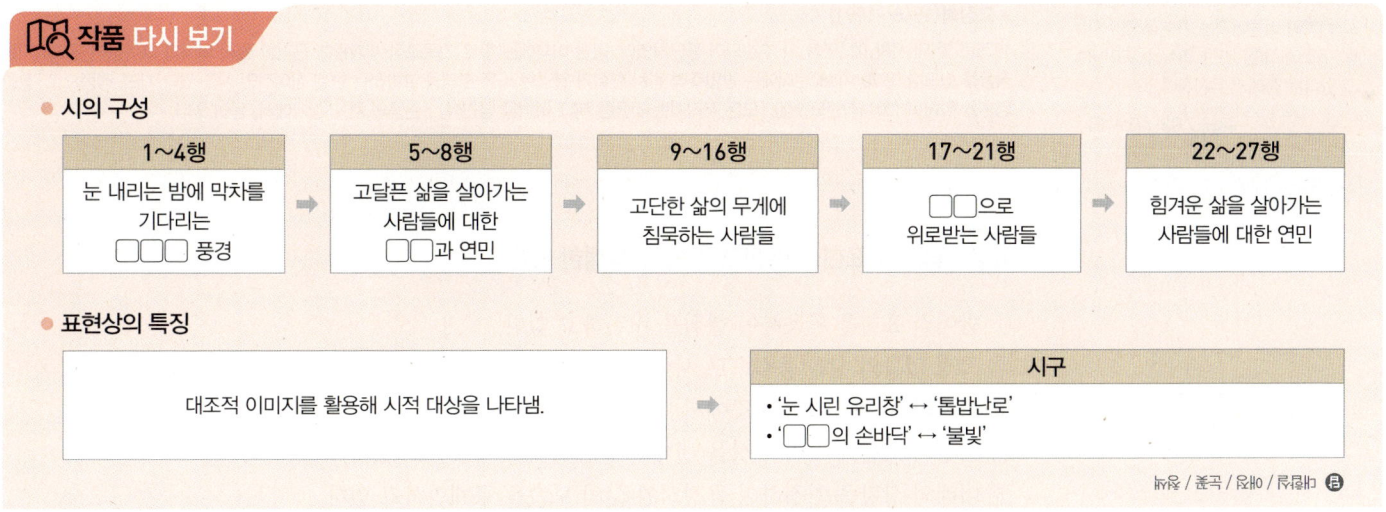

작품 다시 보기

● 시의 구성

1~4행	5~8행	9~16행	17~21행	22~27행
눈 내리는 밤에 막차를 기다리는 ◻◻◻ 풍경	고달픈 삶을 살아가는 사람들에 대한 ◻◻과 연민	고단한 삶의 무게에 침묵하는 사람들	◻◻으로 위로받는 사람들	힘겨운 삶을 살아가는 사람들에 대한 연민

● 표현상의 특징

대조적 이미지를 활용해 시적 대상을 나타냄.	⇒	시구
		• '눈 시린 유리창' ↔ '톱밥난로' • '◻◻의 손바닥' ↔ '불빛'

대합실 / 애정 / 온기 / 온기

핵심 정리

• **화자** | '구자명 씨'를 바라보는 사람

• **주제** | 여성의 희생을 일방적으로 강요하는 현실에 대한 □□과 여성의 고단한 삶에 대한 연민

• **특징** | 구체적인 한 인물의 삶을 통해 보편적인 □□의 문제를 다룸. 고단한 삶을 살아가는 '□□□ 씨'의 모습을 비유적으로 표현함.

다른 작품과 엮어 읽기

문정희, 「퇴근 시간」

「퇴근 시간」은 아내라는 이름으로 살아가고 있는 여성이 내면적 욕망을 드러내면서, 평화롭지만 억압적인 본성을 지닌 가정의 모순을 폭로한 작품이다. 주부의 일상을 묘사하는 가운데 여성의 가짜 행복과 위선적인 가정의 평화를 반어적으로 풍자하며 오랜 시간 당연하게 여겨졌던 남성 중심의 가부장적인 사유의 틀에 대해 성찰하고 있다. 「우리 동네 구자명 씨」와 「퇴근 시간」은 여성의 희생으로 행복이 이루어지는 가부장적인 사회 구조에 대한 비판 의식을 드러내고 있다는 점에서 유사하다.

읽는 / 어유 / 리우 🅑

[07~09] 다음 글을 읽고 물음에 답하시오.

[A]
맞벌이 부부 우리 동네 구자명 씨
일곱 달 된 아기 엄마 구자명 씨는
출근 버스에 오르기가 무섭게
아침 햇살 속에서 졸기 시작한다.

[B]
경기도 안산에서 서울 여의도까지
경적 소리에도 아랑곳없이
옆으로 앞으로 꾸벅꾸벅 존다.

[C]
차창 밖으로 사계절이 흐르고
진달래 피고 밤꽃 흐드러져도 꼭
부처님처럼 졸고 있는 구자명 씨.

[D]
그래 저 십 분은
간밤 아기에게 젖 물린 시간이고
또 저 십 분은
간밤 시어머니 약시중 든 시간이고
그래 그래 저 십 분은
새벽녘 만취해서 돌아온 남편을 위하여 버린 시간일 거야.

[E]
고단한 하루의 시작과 끝에서
잠 속에 흔들리는 팬지꽃 아픔
식탁에 놓인 안개꽃 멍에

[F]
그러나 부엌문이 여닫기는 지붕마다
여자가 받쳐든 한 식구의 안식이
아무도 모르게
죽음의 잠을 향하여
거부의 화살을 당기고 있다.

— 고정희, 「우리 동네 구자명 씨」

....

♦ **고정희(1948~1991)**

1975년 『현대 시학』에 「연가」가 추천되어 등단하였다. 등단 이후에는 주로 기독교적 세계관에 근거한 원죄 의식과 고독감이 두드러지는 작품을 썼으나, 1970~1980년대에는 반민주적 정치 현실과 열악한 노동 환경을 고발하는 현실 참여적인 시를 썼다. 대표 작품으로 「상한 영혼을 위하여」(2014학년도 9월), 「모든 사라지는 것들은 뒤에 여백을 남긴다」, 「춘풍의 처」, 「강가에서」 등이 있다.

07 윗글의 표현상 특징으로 가장 적절한 것은?

① 반어적 표현을 활용하여 현실을 비판하고 있다.
② 특정 인물의 삶을 중심으로 시상을 전개해 나가고 있다.
③ 화자의 시선이 가까운 곳에서 먼 곳으로 이동하고 있다.
④ 시간의 흐름에 따라 시상을 전개하며 통일성을 확보하고 있다.
⑤ 미래의 상황을 가정하며 긍정적인 삶의 모습을 구체화하고 있다.

08 [A]~[F]에 대한 감상으로 적절하지 <u>않은</u> 것은?

① [A]의 '맞벌이'와 '일곱 달 된 아기'는 구자명 씨가 처한 상황을 보여 주는 시어로, 이를 통해 구자명 씨의 힘겨운 삶을 짐작해 볼 수 있지.

② [B]의 '존다'는 구자명 씨의 고단함을 행동으로 나타낸 시어로, [C]의 '진달래', '밤꽃'과는 상반된 분위기를 환기하는군.

③ [C]의 '부처님'은 구자명 씨의 삶이 순탄치 않음을 강조하는 시어이고, [D]의 '그래 그래'는 그러한 구자명 씨의 삶에 대한 화자의 인식을 보여 주네.

④ [D]의 '시간'들은 화자가 관찰한 구자명 씨의 시간으로, [E]의 '팬지꽃'과 '안개꽃'은 이러한 시간의 고통을 감내하려는 구자명 씨의 의지를 형상화하고 있어.

⑤ [E]의 '식탁'은 구자명 씨의 매어 있는 삶을 드러내는 시어로, [F]의 '안식'이 어디로부터 오는지를 생각해 볼 수 있게 해.

09 윗글과 〈보기〉를 비교하여 감상한 내용으로 가장 적절한 것은?

┤ 보기 ├

그대가 아찔한 절벽 끝에서 / 바람의 얼굴로 서성인다면 그대를 부르지 않겠습니다.
옷깃 부둥키며 수선스럽지 않겠습니다. / 그대에게 무슨 연유가 있겠거니
내 사랑의 못으로 / 그대의 뒷모습을 마지막 순간까지 지켜보겠습니다.
손 내밀지 않고 그대를 다 가지겠습니다. //
아주 조금만 먼저 바닥에 닿겠습니다. / 가장 낮게 엎드린 처마를 끌고
추락하는 그대의 속도를 앞지르겠습니다. / 내 생을 사랑하지 않고는
다른 생을 사랑할 수 없음을 늦게 알았습니다. / 그대보다 먼저 바닥에 닿아
강보에 아기를 받듯 온몸으로 나를 받겠습니다.

– 김선우, 「낙화, 첫사랑」

> **작품 플러스**
>
> • 김선우, 「낙화, 첫사랑」
> | 갈래 | 자유시, 서정시
> | 화자 | '나'(사랑하는 이를 떠나보내는 사람)
> | 주제 | 이별의 수용을 통한 영원한 사랑과 성숙
> | 특징 | 이별의 상황에 처한 화자가 담담한 어조로 지극한 사랑을 드러냄. 경어체를 반복하여 운율을 형성함.

① 윗글과 〈보기〉는 모두 자기희생에 대한 긍정적인 인식을 드러내고 있다.

② 윗글과 달리 〈보기〉는 화자와 대상의 동일시를 통해 화자의 의지를 드러내고 있다.

③ 윗글과 달리 〈보기〉는 어조의 변화를 통해서 화자의 인식 전환을 드러내고 있다.

④ 〈보기〉와 달리 윗글은 화자나 대상의 구체적 행동을 비유적으로 드러내고 있다.

⑤ 〈보기〉와 달리 윗글은 역설적 표현을 통해 화자의 지난 삶에 대한 회한을 드러내고 있다.

📖 작품 다시 보기

• **시의 구성**

1~7행		8~16행		17~24행
가사와 직장 생활에 지쳐 출근 버스에서 졸고 있는 □□□ 씨	⇒	□□을 위해 희생과 인내의 삶을 살아가는 구자명 씨	⇒	여성의 희생으로 유지되는 가족의 안식에 대한 강한 □□

• **표현상의 특징**

| '구자명 씨'의 모습을 비유적으로 표현 | ⇒ | • '□□□': '구자명 씨'가 출근 버스에서 조는 모습을 비유하면서 가족을 위한 구자명 씨의 희생과 인내를 상징함.
• '죽음의 잠': 여자의 희생으로 유지되는 가정의 안식이 거부의 화살을 당기는 대상으로, 여성의 생존을 위협하는 일방적인 희생을 의미함. |

[01~03] 다음 글을 읽고 물음에 답하시오.

[수능 B형]

(가)

외로이 흘러간 한 송이 구름
이 밤을 어디메서 쉬리라던고.

성긴 빗방울
파초 잎에 후두기는* 저녁 어스름

창 열고 푸른 산과
마주 앉아라.

들어도 싫지 않은 물소리기에
날마다 바라도 그리운 산아

온 아침 나의 꿈을 스쳐간 구름
이 밤을 어디메서 쉬리라던고.

– 조지훈, 「파초우」

• 후두기는: 후두둑 떨어지는.

(나)

막차는 좀처럼 오지 않았다
대합실 밖에는 밤새 송이눈이 쌓이고
흰 보라 수수꽃 눈시린 유리창마다
톱밥난로가 지펴지고 있었다
그믐처럼 몇은 졸고   [A]
몇은 감기에 쿨럭이고
그리웠던 순간들을 생각하며 나는
한 줌의 톱밥을 불빛 속에 던져 주었다
내면 깊숙이 할 말들은 가득해도
청색의 손바닥을 불빛 속에 적셔두고
모두들 아무 말도 하지 않았다
산다는 것이 때론 술에 취한 듯
한 두름의 굴비 한 광주리의 사과를
만지작거리며 귀향하는 기분으로   [B]
침묵해야 한다는 것을
모두들 알고 있었다
오래 앓은 기침소리와

쓴 약 같은 입술 담배 연기 속에서
싸륵싸륵 눈꽃은 쌓이고
그래 지금은 모두들
눈꽃의 화음에 귀를 적신다
자정 넘으면
낮설음도 뼈 아픔도 다 설원인데   [C]
단풍잎 같은 몇 잎의 차창을 달고
밤 열차는 또 어디로 흘러가는지
그리웠던 순간들을 호명하며 나는
한 줌의 눈물을 불빛 속에 던져 주었다

– 곽재구, 「사평역에서」

01 (가), (나)에 대한 설명으로 가장 적절한 것은?

① (가)는 (나)와 달리 비유를 통해 사물에 대한 새로운 인식을 드러낸다.
② (나)는 (가)와 달리 시상이 전개되면서 역동적인 분위기가 정적인 분위기로 바뀐다.
③ (가)는 하강의 이미지를, (나)는 상승의 이미지를 활용하여 화자의 현실적 관심을 나타낸다.
④ (가)는 현재 마주하고 있는 대상에 대한, (나)는 과거의 순간들에 대한 화자의 그리움이 드러난다.
⑤ (가)와 (나)는 모두 스스로에게 묻는 질문을 반복하여 독백적 어조에 변화를 준다.

02 〈보기〉를 참고하여 (가)를 이해한 내용으로 적절하지 않은 것은?

| 보기 |

「파초우」는 조지훈이 스스로 '방랑시편'이라고 했던 작품들 중의 하나이다. 이 작품의 화자는 자연을 떠돌면서 자연과 교감하는 자로, 저녁에도 소리를 매개로 자연과 교감하면서 자신을 성찰한다. 그의 이런 태도는 자연과 하나가 되려는 것이지만, 현실에서 벗어나 자연에 은둔하려는 것이기도 하다.

① 제1연: '이 밤을 어디메서 쉬리라던고'는 화자가 '한 송이 구름'에 방랑자로서의 자신의 심정을 투영하고 있음을 보여 준다.
② 제2연: '성긴 빗방울'이 '후두기는' 소리가 '저녁 어스름'과 어우러져, 화자의 성찰이 이루어지는 배경이 감각적으로 제시된다.

③ 제3연~제4연: 화자가 '푸른 산'을 대하는 태도에서 화자가 자연 세계를 지향하고 있음이 잘 드러난다.

④ 제4연: '들어도 싫지 않은 물소리'는 화자와 자연과의 교감이 자연의 소리를 통해 지속되고 있음을 나타낸다.

⑤ 제5연: '어디메'는 자연 세계를 방랑하는 화자가 벗어나고자 했던 현실 공간을 가리킨다.

📖 작품 다시 보기

(가) 조지훈, 「파초우」

● 시의 구성

1연	2~3연	4연	5연
정처 없이 떠도는 구름	▢ 내리는 저녁의 푸른 산	▢▢ 속에서 살고 싶은 마음	나의 꿈을 스쳐 간 ▢▢

● 표현상의 특징

감각적 이미지를 활용하여 자연의 모습을 구체화함.	➡	시구
		'후두기는', '푸른 산', '물소리'

다른 작품과 엮어 읽기

정지용, 「조찬」

「조찬」은 비 갠 후 아침 햇살이 퍼지는 아침 풍경을 감각적으로 묘사한 작품이다. 「파초우」와 「조찬」은 자연을 초월과 은둔을 꿈꾸는 이상적 세계로 묘사하고 그에 대한 지향을 드러냈다는 점에서 유사하다.

---

03 〈보기〉를 참고하여 (나)를 감상한 내용으로 적절하지 <u>않</u>은 것은?

┤ 보기 ├

「사평역에서」의 화자는 대합실에서 막차를 기다리는 사람들의 모습을 공감 어린 시선으로 바라본다. 화자는 이런 시선으로 불빛, 눈 등을 바라보며 고단한 삶을 견디어 내는 사람들의 속내에 주목한다. '한 줌의 눈물'은 그들을 위해 화자가 바치는, 작지만 진심 어린 하나의 선물이라 할 수 있다.

① [A]의 '한 줌의 톱밥'이 불을 피우는 데 쓰여 추위를 견디게 해 주는 것처럼, '한 줌의 눈물'은 사람들이 자신의 힘든 상황을 견디는 데 위로가 된다고 할 수 있겠어.

② [B]에서 화자가 사람들의 속내를 잘 이해하는 것을 보면, '한 줌의 눈물'은 할 말이 있는데도 침묵하는 사람들의 속내에 화자가 공감하여 흘리는 것이라고 할 수 있겠어.

③ [B]에서 화자는 '눈꽃의 화음'이 열악한 상황을 드러낸다고 보고 있으므로, '한 줌의 눈물'은 그러한 상황을 극복해 내려는 화자의 의지를 담고 있는 것이라고 할 수 있겠어.

④ [C]에서 화자가 지난날을 '호명'하며 '한 줌의 눈물'을 흘리는 것을 보면, '한 줌의 눈물'은 고단한 현재를 견디어 내게 해 주는 힘이 과거의 추억처럼 소박한 데 있음을 암시한다고 할 수 있겠어.

⑤ [A]에서 [C]로 전개되면서 화자가 '불빛 속'에 '한 줌의 눈물'을 던지는 것을 보면, '한 줌의 눈물'은 삶의 고단함을 견디어 내는 데 힘을 보태고자 하는 화자의 진심이 담긴 것이라고 할 수 있겠어.

(나) 곽재구, 「사평역에서」

● 시의 구성

1~4행	눈 내리는 밤에 ▢▢를 기다리는 대합실 풍경

⬇

5~8행	고달픈 삶을 살아가는 사람들에 대한 애정과 연민

⬇

9~16행	고단한 삶의 무게에 ▢▢하는 사람들

⬇

17~21행	눈꽃으로 위로받는 사람들

⬇

22~27행	힘겨운 삶을 살아가는 사람들에 대한 연민

● 표현상의 특징

▢▢적 이미지를 활용해 시적 대상을 나타냄.	➡	시구
		• '눈 시린 유리창' ↔ '톱밥난로' • '청색의 손바닥' ↔ '불빛'

다른 작품과 엮어 읽기

최두석, 「성에꽃」

「성에꽃」은 서민들의 삶에 대한 애정과 시대 현실에 대한 아픔을 형상화한 작품이다. 「사평역에서」와 「성에꽃」은 서민들을 관찰하며 그들의 삶에 대한 연민의 정을 보이고 있다는 점에서 유사하다.

IV 1990년대 이후

시대적 배경

한국 사회는 민주화 시대를 맞이하였고 산업화의 과정에서 겪어야 했던 혼란을 되돌아보고 반성하는 시간을 갖게 되었다. 경제적으로는 외환 위기를 겪었지만, 단시간 내 극복하며 국제적 위상이 높아졌다. 구질서를 거부하는 젊은 세대가 만들어 내는 새로운 물결은 우리 사회를 다양성이 공존하는 사회로 이끌었다.

시의 경향

01 1990년대

정보화, 다양성의 시대로 문학 자체의 예술적 가치를 추구하려는 움직임이 자유롭고 다양하게 나타났다. 컴퓨터와 인터넷을 통해 대중적인 소통이 쉬워지자 오랜 시간 우리가 자연스럽게 받아들였던 지배적 이데올로기에 대한 반성과 비판의 목소리가 표출되었다. 전통적 이데올로기를 거부하고, 현대인의 실존적 가치를 추구하는 경향이 나타났다.

02 2000년대

한국 사회에는 보다 더 다양한 삶의 모습과 정서들이 나타났고 그동안 관심의 대상이 아니었던 다양한 영역들이 시의 주제로 나타났다. 자연과 환경, 여성, 소수자의 인권, 다문화 사회 등의 여러 문제를 다루며 작품 경향이 풍부해졌다.

11강 여성 중심의 시

① 문정희, 「작은 부엌 노래」 ② 나희덕, 「그 복숭아나무 ~」 ③ 정끝별, 「가지가 ~」

| **감상 포인트** | 다양한 영역의 시가 등장하는 가운데 여성 중심의 시가 나타났다. 단순히 시 쓰기의 주체가 여성임을 뜻하는 것을 넘어 여성 특유의 감수성을 바탕으로 소외된 사람들을 향한 관심을 표출하거나 사회 구조적으로 강요된 여성의 모습을 사실적으로 드러내었다. 이러한 경향을 바탕으로 이 단원에서는 문정희의 「작은 부엌 노래」, 나희덕의 「그 복숭아나무 곁으로」, 정끝별의 「가지가 담을 넘을 때」를 감상해 본다.

STEP 2
대/표/작/품 ①

핵심 정리

- **화자** | 자기 정체성을 가지고 살아가려는 □□
- **주제** | 불평등한 결혼 제도에 대한 비판과 여성의 자기 정체성 극복의 염원
- **특징** | 현실적이고 상징적인 공간인 □□을 통해 여성들의 삶의 본질을 포착함. 후각과 청각, 촉각의 이미지를 사용함. 신화적 이미지를 활용하여 남성 중심의 가부장적 결혼 제도를 비판함.

[01~03] 다음 글을 읽고 물음에 답하시오.

㉠부엌에서는
언제나 ㉡술 괴는 냄새가 나요.
한 여자의
㉢젊음이 삭아 가는 냄새
한 여자의 설움이 / 찌개를 끓이고
한 여자의 애모가 / 간을 맞추는 냄새
부엌에서는 / 언제나 바삭바삭 무언가 / 타는 소리가 나요.
세상이 열린 이래
똑같은 하늘 아래 선 두 사람 중에
한 사람은 큰방에서 큰소리치고
한 사람은 / 종신 동침 계약자, 외눈박이 하녀로
부엌에 서서
뜨거운 촛농을 제 발등에 붓는 소리.
부엌에서는 한 여자의 피가 삭은 / 빙초산 냄새가 나요.
㉣그런데 언제부터인가 모르겠어요.
촛불과 같이 / 나를 태워 너를 밝히는
저 천형의 덜미를 푸는 / 소름 끼치는 마고할멈의 도마 소리가
똑똑히 들려요.
㉤수줍은 새악시가 홀로 / 허물 벗는 소리가 들려와요.
㉥우리 부엌에서는…….

– 문정희, 「작은 부엌 노래」

다른 작품과 엮어 읽기

이향아, 「여자가 부엌에 있을 때」
「여자가 부엌에 있을 때」는 '부엌'이라는 공간적 배경을 중심으로 여성이 희생당하는 가부장적인 사회 구조에 대한 비판적 인식을 드러낸 작품이다. 「작은 부엌 노래」와 「여자가 부엌에 있을 때」는 전통적으로 여성의 공간으로 규정된 부엌을 배경으로 가부장적인 사회 구조를 비판하고 주체적인 여성의 삶을 고민하고 있다는 점에서 유사하다.

비연계 / 수능

♦ **문정희(1947~)**
1969년 『월간 문학』에 「불면」과 「하늘」이 당선되며 등단하였다. 여성의 삶과 사랑, 생명력 등을 노래한 작품을 주로 창작하였다. 대표 작품으로 「찔레」(2018년 4월), 「아우내의 새」, 「남자를 위하여」, 「새떼」 등이 있다.

01 윗글의 표현상 특징으로 적절하지 않은 것은?

① 말줄임표를 사용하여 시적 여운을 남기고 있다.
② 대조적인 상황을 제시하여 문제점을 부각하고 있다.
③ 부드럽고 담담한 어조를 통해 화자의 정서를 표현하고 있다.
④ 다양한 감각적 이미지를 통해 시적 대상의 의미를 구체화하고 있다.
⑤ 설화적 요소를 차용하여 화자의 현실 인식이 부족함을 드러내고 있다.

02 ㉠~㉕에 대한 설명으로 적절하지 않은 것은?

① ㉠은 여성의 정체성이 상실된 억압의 공간을 의미한다.
② ㉡과 ㉢은 젊음과 생기를 잃은 여성의 모습을 나타낸다.
③ ㉣은 삶을 바라보는 화자의 인식에 변화가 생겼음을 암시한다.
④ ㉤은 억압적 속박에서 화자를 구해 줄 구원자를 가리킨다.
⑤ ㉥은 자기 정체성을 찾은 여성의 주체적 공간을 상징한다.

03 윗글의 화자와 〈보기〉의 화자가 처한 상황의 공통점으로 가장 적절한 것은?

┤ 보기 ├

삼오 이팔(三五二八) 겨오 지나 천연 여질(天然麗質) 절로 이니,
이 얼골 이 태도(態度)로 백년기약(百年期約) ᄒᆞ얏더니,
연광(年光)이 훌훌ᄒᆞ고 조물(造物)이 다시(多猜)ᄒᆞ야, / 봄바람 가을 믈이 뵈오리 북 지나ᄃᆞᆺ
설빈 화안(雪鬢花顔) 어ᄃᆡ 두고 면목가증(面目可憎) 되거고나. 〈중략〉
삼삼오오(三三五五) 야유원(冶遊園)의 새 사람이 나단 말가.
곳 피고 날 저믈 제 정처(定處) 업시 나가 잇어, / 백마 금편(白馬金鞭)으로 어ᄃᆡ어ᄃᆡ 머무는고.
원근(遠近)을 모르거니 소식(消息)이야 더욱 알랴.
인연(因緣)을 긋쳐신들 ᄉᆡᆼ각이야 업슬소냐. ─ 허난설헌, 「규원가(閨怨歌)」 중

작품 플러스

● 허난설헌, 「규원가(閨怨歌)」
┃ 갈래 ┃ 규방 가사, 내방 가사
┃ 화자 ┃ 집을 나간 남편을 기다리는 여성
┃ 주제 ┃ 봉건 제도하에서 독수공방하는 여성의 삶과 한
┃ 특징 ┃ 비유와 영탄 등 다양한 표현법과 고사를 활용함.

① 남편의 사랑을 잃고 홀로 외로이 살아가고 있다.
② 과거를 반성하며 남편과의 결혼을 후회하고 있다.
③ 시집살이로 괴로워하며 부모님을 그리워하고 있다.
④ 가부장적 사회에서 불행한 결혼 생활로 인해 고통을 받고 있다.
⑤ 계속된 시련 속에서도 남편에 대한 변함없는 애정을 드러내고 있다.

📖🔍 작품 다시 보기

● 시의 구성

1~11행		12~20행		21~29행
□□에서 자기 정체성을 상실해 가는 여성	⇨	불평등한 결혼 제도에 고통받는 □□	⇨	자기 정체성을 찾아가는 새로운 여성의 모습

● 표현상의 특징

□□(여성의 가사 공간)의 상징적인 의미	⇨	• 억압적 공간: 힘든 가사 노동과 불평등한 남녀 관계에서 정체성을 상실함.
		• 주체성의 공간: 억압과 구속에서 벗어나 자기 정체성을 되찾음.

방주 / 여자 / 방주 ⑤

핵심 정리

- **화자** | '나'(☐☐☐☐☐를 바라보는 사람)
- **주제** | 타인에 대한 ☐☐의 극복과 공감의 필요성
- **특징** | 동일한 지시어의 ☐☐을 통해 중심 소재를 부각함. 대상에 인격을 부여함. 도치법을 통해 대상의 속성을 강조함.

다른 작품과 엮어 읽기

안도현, 「간격」

「간격」은 나무와 나무 사이의 거리에 대한 새로운 접근과 깨달음을 노래한 작품이다. 화자는 숲을 이루는 것이 나무와 나무 사이의 적당한 간격임을 깨닫고 이를 인간관계에 적용하여 진정한 사랑이나 우정도 한 발짝 떨어진 곳에서 관조할 수 있는 여유와 기다림이 있을 때 완성되는 것이라는 삶의 깨달음을 전달하고 있다. 「그 복숭아나무 곁으로」와 「간격」은 각각 '복숭아나무'와 '숲'을 관찰하며 인간관계의 깨달음을 얻고 있다는 점에서 유사하다.

높임 / 교류 / 남거이웅놈 🅡

[04~05] 다음 글을 읽고 물음에 답하시오.

너무도 여러 겹의 마음을 가진
그 복숭아나무 곁으로
나는 왠지 가까이 가고 싶지 않았습니다
흰꽃과 분홍꽃을 나란히 피우고 서 있는 그 나무는 아마
사람이 앉지 못할 그늘을 가졌을 거라고
멀리로 멀리로만 지나쳤을 뿐입니다
흰꽃과 분홍꽃 사이에 수천의 빛깔이 있다는 것을
나는 그 나무를 보고 멀리서 알았습니다
눈부셔 눈부셔 알았습니다
피우고 싶은 꽃빛이 너무 많은 그 나무는
그래서 외로웠을 것이지만 외로운 줄도 몰랐을 것입니다
그 여러 겹의 마음을 읽는 데 참 오래 걸렸습니다

흩어진 꽃잎들 어디 먼 데 닿았을 무렵
조금은 심심한 얼굴을 하고 있는 그 복숭아나무 ㉠그늘에서
가만히 들었습니다 저녁이 오는 소리를

– 나희덕, 「그 복숭아나무 곁으로」

♦ 나희덕(1966~)

1989년 『중앙일보』 신춘문예에 「뿌리에게」가 당선되며 등단하였다. 인간과 자연의 조화로운 관계를 모색하는 작품과 상처를 입은 사람들의 슬픔과 고통을 감싸 안는 내용의 작품을 주로 창작하였다. 대표 작품으로 「땅끝」(2016년 7월), 「방을 얻다」, 「쓰러진 나무」 등이 있다.

04 윗글의 표현상 특징으로 가장 적절한 것은?

① 경어체를 사용하여 웅장한 분위기를 자아내고 있다.
② 지시어를 반복하여 중심 소재로 초점을 모으고 있다.
③ 도치된 문장으로 마무리하여 상황의 긴박성을 강조하고 있다.
④ 의인법을 사용하여 현실에 대한 비판적 관점을 나타내고 있다.
⑤ 색채어를 활용하여 신화적 세계에 대한 동경을 드러내고 있다.

05 윗글의 ㉠과 〈보기〉의 ⓐ를 비교하여 감상한 것으로 가장 적절한 것은?

┤ 보기 ├

내 창작도 태반은 여기서 되었다. 직접 이 철학자를 두고 짜여진 것은 아직 한 편도 없으나, 이 철학자와 벗하여 상(想)이 닦였던 것만은 사실이다. 상이 막히어 붓대가 내키지 않을 때, 나는 나도 모르게 책상을 떠나 이 철학자의 그늘 밑으로 나왔다. 그리하여 그 밑에서 고요히 눈을 감고 뒷짐을 지고 거닐면서 매듭진 상을 골라서 풀곤 했다. 생각이 옹색해도 이 그늘을 찾았고 독서와 붓놀음에 지친 피로가 몸에 미칠 때에도 이 그늘을 찾았다. 실로 이 늙은 철학자 밤나무는 나에게 있어 내 생명의 씨를 밝혀 주는 씨앗터였다.

이러한 씨앗터를 내 이제 떠나 살게 되니 해마다 버들잎에 기름이 지면 이 늙은 철학자의 그늘 밑이 더할 수 없이 그리워진다. 인제 그 밤나무에도 잎이 아마 푸르렀겠지. 비바람에 고삭은 가지들은 어떻게 됐을까 그 안부가 지극히 알고 싶어지고, 그 밑에서 고요히 눈을 감고 사색에 잠겨 보고 싶어진다.

더욱이 생각의 가난에 원고를 자꾸만 찢게 될 땐, 어쩐지 그 ⓐ그늘 밑 자연석 위에 잠깐만 앉아 눈을 감아 보아도 매듭진 상의 눈앞은 훤히 트여질 것만 같게 그 품속이 생각난다.
— 계용묵, 「율정기(栗亭記)」 중

① ㉠은 화자의 기대에 어긋나는 장소이고, ⓐ는 필자의 휴식을 방해하는 장소이다.
② ㉠은 화자가 복숭아나무의 영향을 받았던 장소이고, ⓐ는 필자가 밤나무에 영향을 주었던 장소이다.
③ ㉠은 화자가 복숭아나무에 대해 사색에 잠겼던 장소이고, ⓐ는 필자가 밤나무에 대한 글을 썼던 장소이다.
④ ㉠은 복숭아나무가 스스로 문제를 해결하는 장소이고, ⓐ는 밤나무에 대한 필자의 고민이 저절로 해소되는 장소이다.
⑤ ㉠은 곁에 있는 복숭아나무에 대한 화자의 친밀감을, ⓐ는 떠나온 밤나무에 대한 필자의 그리움을 강화하는 장소이다.

작품 플러스

• 계용묵, 「율정기(栗亭記)」
| 갈래 | 경수필
| 화자 | '나'(밤나무를 떠올리고 있는 사람)
| 주제 | 고향 밤나무에 대한 예찬과 그리움
| 특징 | 일상적 소재(밤나무=자연물)에서 교훈과 깨달음을 얻고 있음.

작품 다시 보기

● 시의 구성

1연 1~6행		1연 7~12행		2연
화자가 그 복숭아나무에 □□□을 느낌.	→	화자가 그 복숭아나무를 새롭게 □□하고 이해함.	→	그 복숭아나무와의 참된 □□을 느낌.

● 표현상의 특징

□□□ 어조와 경어체 사용으로 자신의 생각을 차분하게 고백함.	→	시구
		'나는 왠지 가까이 가고 싶지 않았습니다'

핵심 정리

• **화자** | 가지가 ☐을 넘는 과정
을 상상하는 사람

• **주제** | 가지가 담을 넘는 과정에
서 필요한 용기와 협력

• **특징** | 수양 가지가 담을 넘을
때 자극이 되고 도움이 되는 것
이 무엇인지를 상상하는 방법으
로 시상이 전개됨. 수양 가지와
협력하는 여러 소재들을 ☐☐
☐하여 시적 상황을 효과적으
로 나타내고, '~을 것이다'를 반
복하여 각운의 효과를 살리고
☐☐을 형성함.

다른 작품과 엮어 읽기

이준관, 「가을 떡갈나무 숲」

「가을 떡갈나무 숲」은 화해와 조화의
공간인 '떡갈나무 숲'을 통해 자연이
가진 포용력과 다른 생명체를 배려하
고 상생하는 공동체적 유대감을 따뜻
한 시선으로 표현한 작품이다. 이 공
간에서 화자는 외로움과 쓸쓸함을 위
로받는다. 「가지가 담을 넘을 때」와
「가을 떡갈나무 숲」은 모두 자연을
의인화하여 대상들이 갖는 특성을 보
다 효과적으로 형상화한다는 점에서
유사하다.

[06~08] 다음 글을 읽고 물음에 답하시오.

이를테면 수양의 늘어진 가지가 담을 넘을 때
그건 ⊙수양 가지만의 일은 아니었을 것이다
얼굴 한 번 못 마주친 ⓒ애먼 뿌리와
잠시 살 붙였다 적막히 손을 터는 ⓒ꽃과 잎이
혼연일체 믿어 주지 않았다면
가지 혼자서는 한없이 떨기만 했을 것이다

한 닷새 내리고 내리던 고집 센 ⓔ비가 아니었으면
밤새 정분만 쌓던 도리 없는 ⓜ폭설이 아니었으면
ⓑ담을 넘는다는 게
가지에게는 그리 신명 나는 일이 아니었을 것이다
무엇보다 가지의 마음을 머뭇 세우고
담 밖을 가둬 두는
저 금단의 담이 아니었으면
담의 몸을 가로지르고 담의 정수리를 타 넘어
담을 열 수 있다는 걸
수양의 늘어진 가지는 꿈도 꾸지 못했을 것이다

그러니까 ⊗목련 가지라든가 감나무 가지라든가
줄장미 줄기라든가 ⊙담쟁이 줄기라든가

가지가 담을 넘을 때 가지에게 담은
무명에 획을 긋는
도박이자 도반이었을 것이다

– 정끝별, 「가지가 담을 넘을 때」

┈┈┈┈┈┈┈┈┈┈┈┈┈┈┈┈┈┈┈┈┈┈┈┈┈┈┈┈

♦ **정끝별(1964~)**

1988년 『문학사상』 신인 발굴 시 부문에 「칼레의 바다」 외 여섯 편이, 1994년 『동아일보』 신춘문예에 평론 「서늘한 패로디스트의 절망과
모색」이 당선되며 등단하였다. 리듬과 이미지가 충만한 독특한 작품을 주로 발표하였다. 대표 작품으로 「나도 음악 소리를 낸다」, 「밥이
쓰다」 등이 있다.

06 윗글의 표현상 특징으로 적절하지 **않은** 것은?

① 상징적인 시어를 사용하여 시적 의미를 강조하고 있다.
② 열거법을 활용하여 시적 대상의 행위를 일반화하고 있다.
③ 현재형 시제를 사용하여 상황을 현장감 있게 표현하고 있다.
④ 동일한 종결 표현을 반복적으로 사용하여 운율을 형성하고 있다.
⑤ 자연물에 인격을 부여하여 대상에 대한 친근함을 나타내고 있다.

07 ㉠~㉺에 대한 설명으로 적절하지 <u>않은</u> 것은?

① ㉠은 어려움을 극복하고 목표를 실천하려는 존재이다.
② ㉡과 ㉢은 ㉠을 믿어 주면서도 ㉠을 방해하는 부정적 존재들이다.
③ ㉣과 ㉤은 외적 시련이지만 ㉠의 성장을 도와주는 긍정적 존재이다.
④ ㉥ 너머 세상은 ㉠이 경험하지 못한 세계로 꿈과 목표를 가지게 하는 존재이다.
⑤ ㉦과 ㉧은 ㉠처럼 담을 넘어 자라는 식물로 ㉠과 유사한 존재들이다.

08 <보기>를 참고하여 윗글을 감상한 내용으로 적절하지 <u>않은</u> 것은?

┤ 보기 ├

좋은 시를 창작하기 위해서는 먼저 우리 주변에 있는 사물에 관심을 두고 성찰하는 자세가 필요하다. 이를 통해 주제 의식을 연상해 내고 다양한 감각적인 표현 방법을 사용하여 감정을 표현하는 것이다. 시를 창작하는 과정은 '주제 및 소재 선택하기 – 시어의 의미 연상하기 – 시상 전개하기 – 표현하기'의 4단계로 나누어 볼 수 있다. 시 「가지가 담을 넘을 때」는 시인이 우리 주변에서 쉽게 발견할 수 있는 일상적인 소재에서 시상을 찾고 주제를 형상화한 작품이다.

① 영은: 가지가 담을 넘는 상황은 우리가 주변에서 쉽게 발견할 수 있는 소재라고 할 수 있군.
② 수호: 담에서 사람들이 일반적으로 떠올리는 '도전과 목표'의 의미를 연상했겠군.
③ 조은: 수양 가지가 담을 넘을 때 협력하는 존재들을 상상하는 것으로 시상을 전개하고 있군.
④ 하람: 수양 가지를 화자로 설정하여 의지적이고 능동적인 주체로 표현해서 시적 상황을 효과적으로 표현하고 있군.
⑤ 은지: 이중 부정 표현을 사용하여 다른 대상의 협력이 없으면 수양 가지는 결코 담을 넘지 못하였을 것을 강조하여 주제를 형상화하고 있군.

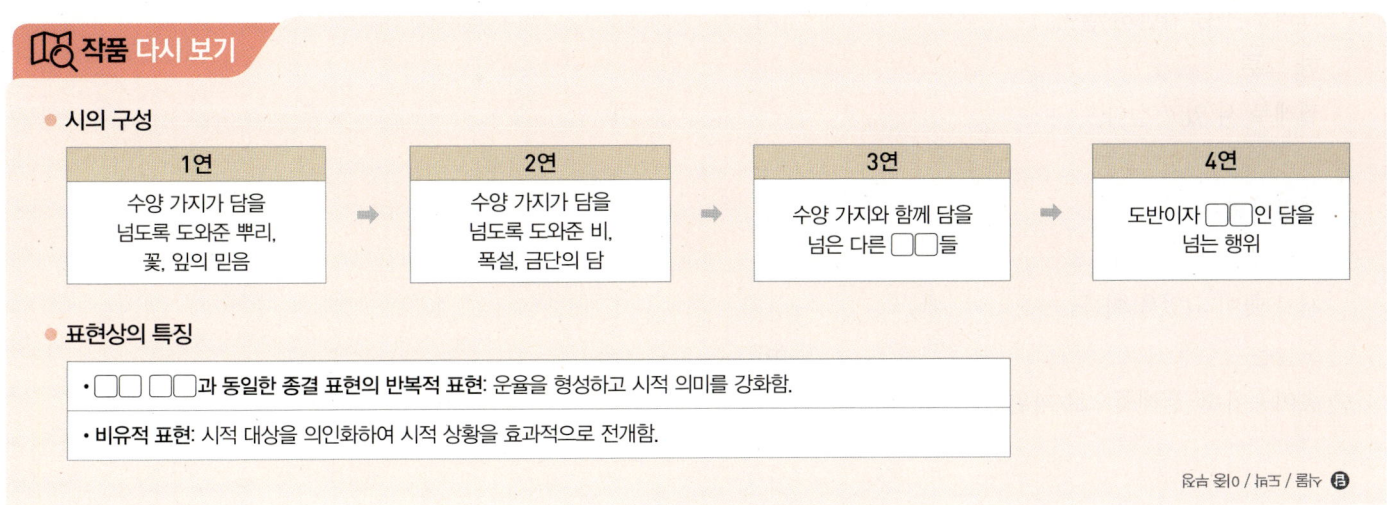

📖 작품 다시 보기

• **시의 구성**

1연		2연		3연		4연
수양 가지가 담을 넘도록 도와준 뿌리, 꽃, 잎의 믿음	➡	수양 가지가 담을 넘도록 도와준 비, 폭설, 금단의 담	➡	수양 가지와 함께 담을 넘은 다른 ☐☐들	➡	도반이자 ☐☐인 담을 넘는 행위

• **표현상의 특징**

• ☐☐ ☐☐과 동일한 종결 표현의 반복적 표현: 운율을 형성하고 시적 의미를 강화함.
• **비유적 표현**: 시적 대상을 의인화하여 시적 상황을 효과적으로 전개함.

[01~03] 다음 글을 읽고 물음에 답하시오.

[4월 학력평가]

(가)

나는 당신의 옷을 다 지어 놓았습니다.
심의도 짓고 도포도 짓고 자리옷도 지었습니다.
짓지 아니한 것은 작은 주머니에 수놓는 것뿐입니다.

그 주머니는 **나의 손때가 많이 묻었습니다.**
짓다가 놓아두고 짓다가 놓아두고 한 까닭입니다.
다른 사람들은 나의 바느질 솜씨가 없는 줄로 알지마는
그러한 비밀은 나밖에 아는 사람이 없습니다.
나의 마음이 아프고 쓰린 때에 주머니에 수를 놓으려면
나의 마음은 수놓는 금실을 따라서 바늘구멍으로 들어가고
주머니 속에서 **맑은 노래가 나와서 나의 마음이 됩니다.**
그리고 아직 이 세상에는 그 주머니에 넣을 만한 무슨 보물이 없습니다.
이 작은 주머니는 짓기 싫어서 짓지 못하는 것이 아니라 **짓고 싶어서 다 짓지 않는 것입니다.**

– 한용운, 「수의 비밀」

• **심의**: 예전에, 신분이 높은 선비들이 입던 웃옷.

(나)

꿈결처럼
초록이 흐르는 이 계절에
그리운 가슴 가만히 열어   [A]
한 그루
찔레로 서 있고 싶다.

사랑하던 그 사람
조금만 더 다가서면
서로 꽃이 되었을 이름   [B]
오늘은
송이송이 흰 찔레꽃으로 피워놓고

먼 여행에서 돌아와
이슬을 털 듯 추억을 털며
초록 속에 가득히 서 있고 싶다.

그대 사랑하는 동안
내겐 우는 날이 많았었다.
                                [C]
아픔이 출렁거려
늘 말을 잃어갔다.

오늘은 그 아픔조차
예쁘고 뾰족한 가시로
꽃 속에 매달고
                                [D]
슬퍼하지 말고
꿈결처럼
초록이 흐르는 이 계절에
무성한 사랑으로 서 있고 싶다.

– 문정희, 「찔레」

01 **(가), (나)의 공통점으로 가장 적절한 것은?**

① 명암의 대비를 통해 시상을 전개하고 있다.
② 수미상관의 방식으로 시상을 마무리하고 있다.
③ 자연물에 인격을 부여하여 대화의 상대로 삼고 있다.
④ 추상적인 관념을 구체적인 이미지로 형상화하고 있다.
⑤ 근경에서 원경으로 시선을 이동하여 대상을 포착하고 있다.

02 〈보기〉를 통해 (가)를 감상한 내용으로 적절하지 않은 것은?

┤ 보기 ├

「수(繡)의 비밀」에서 역설(逆說)은 화자가 대상의 부재를 인식하면서도 이를 인정하고 싶지 않은 마음에서 비롯된다. 즉 임의 부재라는 자신의 현실을 인식하면서도 그 현실을 부인(否認)하고 있는 것이다. 이러한 부인은 화자가 일상적 행위를 반복하면서도 그것을 종결짓지 않음으로써 임의 부재가 환기되는 상황을 지연시키면서 드러난다. 하지만 행위의 과정에서 자기 정화가 동반된다는 점에서 그것은 현실 도피라기보다는 주체적 선택이자 극복 의지의 발현이라고 할 수 있다.

① '나의 손때가 많이 묻었습니다'를 통해 화자의 일상적 행위가 오랫동안 지속되었음을 짐작할 수 있군.
② '짓다가 놓아두고 짓다가 놓아두고'에는 임의 부재라는 현실을 부인하고 싶은 화자의 심리가 내재되어 있다고 할 수 있군.
③ '나의 마음이 아프고 쓰린'에는 화자의 주체적 선택과 극복 의지가 드러나 있다고 할 수 있군.
④ '맑은 노래가 나와서 나의 마음이 됩니다'에서 수를 놓는 과정을 통해 화자의 자기 정화가 이루어졌다고 할 수 있군.
⑤ '짓고 싶어서 다 짓지 않는 것입니다'에는 임의 부재가 환기되는 상황을 지연시키려는 화자의 태도가 드러나 있다고 할 수 있군.

03 [A]~[D]에 대한 설명으로 적절하지 않은 것은?

① [A]의 '서 있고 싶다'가 [B]와 [D]에서도 반복되면서 현재의 화자가 느끼는 간절함을 부각한다고 볼 수 있다.
② [A]의 '그리운 가슴'은 과거의 대상과 관련된 정서를, [D]의 '꿈결'은 현재 상황에 대한 느낌을 구체화한다고 볼 수 있다.
③ [B]의 서로 '꽃'이 되지 못한 아쉬움은 [D]의 내적으로 성숙한 모습의 '꽃'이 되고자 하는 소망으로 변모된다고 볼 수 있다.
④ [C]의 '우는 날이 많았었다'는 [B]의 '추억' 속에 있는 과거 화자의 모습을 드러낸다고 볼 수 있다.
⑤ [C]의 '말을 잃어갔다'는 것은 [D]의 '무성한 사랑'으로 인해 슬퍼하는 화자의 모습을 나타낸다고 볼 수 있다.

🔍 작품 다시 보기

(가) 한용운, 「수의 비밀」

● 시의 구성

1연	2연
옷을 지어 놓았으나 주머니에 수놓는 것은 미루는 화자	주머니를 짓다가 놓아두는 까닭

● 표현상의 특징

□□□ 사용으로 임에 대한 존중과 변함없는 사랑을 드러냄.	시구
	'지어 놓았습니다.' 등

다른 작품과 엮어 읽기

김소월, 「님의 노래」
「님의 노래」는 부재하는 임에 대한 그리움과 사랑을 표현한 작품이다. 「수의 비밀」과 「님의 노래」는 떠난 임을 그리워하고 기다리는 화자의 모습이 드러난다는 점에서 유사하다. 그러나 「수의 비밀」이 떠난 임을 다시 만날 수 있는 대상으로 설정하였다면, 「님의 노래」는 임을 다시 만날 수 없는 대상으로 설정하였다는 점에서 차이가 있다.

(나) 문정희, 「찔레」

● 시의 구성

1연	□□가 되고 싶은 마음
2연	찔레로 피운 이루지 못한 사랑
3연	아픈 □□을 털어 내고 싶은 마음
4~5연	지난날의 아픈 □□을 떠올림.
6~7연	아픔마저 □□하는 사랑을 소망함.

● 표현상의 특징

유사한 문장 구조 반복을 통한 운율 확보 및 주제 강화	시구
	'서 있고 싶다.'

다른 작품과 엮어 읽기

고재종, 「첫사랑」
「첫사랑」은 겨울 나뭇가지에 눈꽃이 피는 모습을 모든 것을 다 바쳐 이루어 낸 첫사랑에 빗대어 노래한 작품이다. 「찔레」와 「첫사랑」은 사랑의 아픔을 겪고, 이별의 상처를 승화하는 과정을 그렸다는 점에서 유사하다.

12강 다양한 삶의 모습을 담은 시

① 문태준, 「평상이 있는 국숫집」 ② 고재종, 「면면함에 대하여」 ③ 하종오, 「동승」

| 감상 포인트 | 정보화가 이루어짐에 따라 적극적인 소통이 가능해지면서 다양한 삶의 모습과 정서를 나타내는 시가 등장하였다. 평범한 사람들의 이야기를 통해 서로를 이해하고 위로하는 민중들의 삶을 노래하기도 하고, 다문화 사회에서 약자로 살아가는 이주민들의 삶을 표현하기도 하였다. 이러한 경향을 고려하면서 이 단원에서는 문태준의 「평상이 있는 국숫집」, 고재종의 「면면함에 대하여」, 하종오의 「동승」을 감상해 본다.

STEP 2
대 / 표 / 작 / 품 ①

핵심 정리

- **화자 |** 국숫집 □□에 앉아 □□ 먹는 사람들을 바라보고 있는 사람

- **주제 |** 평범한 사람들이 주고받는 위로와 교감

- **특징 |** □□□에 모인 사람들을 묘사하며 시상을 전개함. 소박하고 정겨운 공간과 소재를 통해 사람들 간의 인정을 표현함. 푸근한 느낌의 자연물을 이용하여 주제 의식을 강조함.

다른 작품과 엮어 읽기

백석, 「국수」

「국수」에는 일상적 소재인 '국수'를 만들어 먹는 고향의 풍경이 나타나 있다. 전통 음식인 국수를 통해 공동체의 이미지를 감각적으로 형상화하며, 국수를 좋아하는 우리 민족의 심성을 국수처럼 소박하고 순박한 심성으로 드러내고 있는 작품이다. 「평상이 있는 국숫집」과 「국수」는 유사한 소재를 다루고 있으며 감각적 이미지를 사용했다는 점, 정겨운 공동체의 모습을 주제로 담았다는 점에서 유사하다.

평가원 / 수능 / 유용 **E**

[01~03] 다음 글을 읽고 물음에 답하시오.

㉠평상이 있는 국숫집에 갔다
붐비는 국숫집은 삼거리 슈퍼 같다
평상에 마주 앉은 사람들
세월 넘어온 ㉡친정 오빠를 서로 만난 것 같다
국수가 찬물에 헹궈져 건져 올려지는 동안
쯧쯧쯧쯧 쯧쯧쯧쯧,
손이 손을 잡는 말
㉢눈이 눈을 쓸어 주는 말
병실에서 온 사람도 있다
식당 일을 손 놓고 온 사람도 있다
사람들은 평상에만 마주 앉아도
마주 앉은 사람보다 먼저 더 서럽다
세상에 이런 짧은 말이 있어서 / 세상에 이런 깊은 말이 있어서
국수가 **찬물에 헹궈져** 건져 올려지는 동안 / 쯧쯧쯧쯧 쯧쯧쯧쯧,
큰 ㉣푸조나무 아래 ㉤우리는
모처럼 평상에 마주 앉아서

– 문태준, 「평상이 있는 국숫집」

♦ **문태준(1970~)**
1994년 『문예 중앙』 신인 문학상에 「처서」 외 아홉 편이 당선되며 등단하였다. 소외된 계층에 대한 따뜻한 시선을 담은 작품과 더불어 살아가는 관계를 긍정적으로 그린 작품을 주로 창작하였다. 대표 작품으로 「산수유나무의 농사」, 「가재미」, 「맨발」 등이 있다.

01 윗글의 표현상 특징으로 적절하지 **않은** 것은?

① 서술어를 의도적으로 생략하여 여운을 남기고 있다.
② 음성 상징어를 활용하여 시적 상황을 드러내고 있다.
③ 감각적 심상을 활용하여 시적 의미를 구체화하고 있다.
④ 유사한 통사 구조를 반복하여 리듬감을 형성하고 있다.
⑤ 독자의 공감을 높이기 위해 대화적 구성으로 시상을 전개하고 있다.

02 ⊙~⊙에 대한 설명으로 적절하지 <u>않은</u> 것은?

① ⊙: 평등하고 수평적인 공간으로 화자의 긍정적 체험을 담은 공간이다.
② ⓒ: 국숫집에 모인 사람들이 서로 우호적인 관계임을 나타낸다.
③ ⓒ: 상대방의 처지에 대한 위로와 공감이 담긴 말을 의미한다.
④ ⓔ: 국숫집에 모인 이들에게 푸근한 그늘을 제공해 주는 존재이다.
⑤ ⓜ: 이기적인 사람들이 태도의 변화를 보여 정서적으로 하나가 됨을 의미한다.

03 윗글과 〈보기〉를 비교하여 감상한 내용으로 가장 적절한 것은?

| 보기 |

　새끼 오리도 헌신짝도 소똥도 갓신창도 개니빠디도 너울쪽도 짚검불도 가랑잎도 머리카락도 헝겊 조각도 막대꼬치도 기왓장도 닭의 짗도 개 터럭도 타는 모닥불

　재당도 초시도 문장(門長) 늙은이도 더부살이 아이도 새 사위도 갓사둔도 나그네도 주인도 할아버지도 손자도 붓장사도 땜쟁이도 큰 개도 강아지도 모두 모닥불을 쪼인다

　모닥불은 어려서 우리 할아버지가 **어미아비 없는** 서러운 아이로 불쌍하니도 몽둥발이가 된 슬픈 역사가 있다

— 백석, 「모닥불」

- **새끼 오리**: 새끼줄.
- **갓신창**: 가죽신의 밑창.
- **개니빠디**: 개의 이빨.
- **재당**: 재실(齋室)에서 제사를 지내거나 문중 회의를 할 때 일을 주관하던 학덕 높은 집안의 어른.
- **문장(門長)**: 한 문중에서 항렬과 나이가 제일 위인 사람.
- **몽둥발이**: 딸려 붙었던 것이 다 떨어지고 몸뚱이만 남은 물건. 발가락이 없는 발.

작품 플러스

- 백석, 「모닥불」
- | **갈래** | 자유시, 서정시
- | **화자** | 모닥불을 쬐는 사람
- | **주제** | 평등과 어울림의 정신과 할아버지의 슬픈 역사
- | **특징** | 평안도 방언을 사용하여 사실성과 향토성을 높임. 열거의 방식으로 대상을 제시함.

① 윗글과 〈보기〉는 모두 방언을 사용하여 향토성을 높이고 있다.
② 윗글과 〈보기〉는 모두 공동체적 삶을 구체적으로 담아내고 있다.
③ 윗글은 〈보기〉와 달리 열거의 방식으로 중심 대상을 제시하고 있다.
④ 〈보기〉는 윗글과 달리 공간의 대비를 통해 바람직한 삶의 자세를 드러내고 있다.
⑤ 윗글의 '찬물에 헹궈져'와 〈보기〉의 '어미아비 없는'은 시적 대상이 현실에서 겪는 시련을 의미하고 있다.

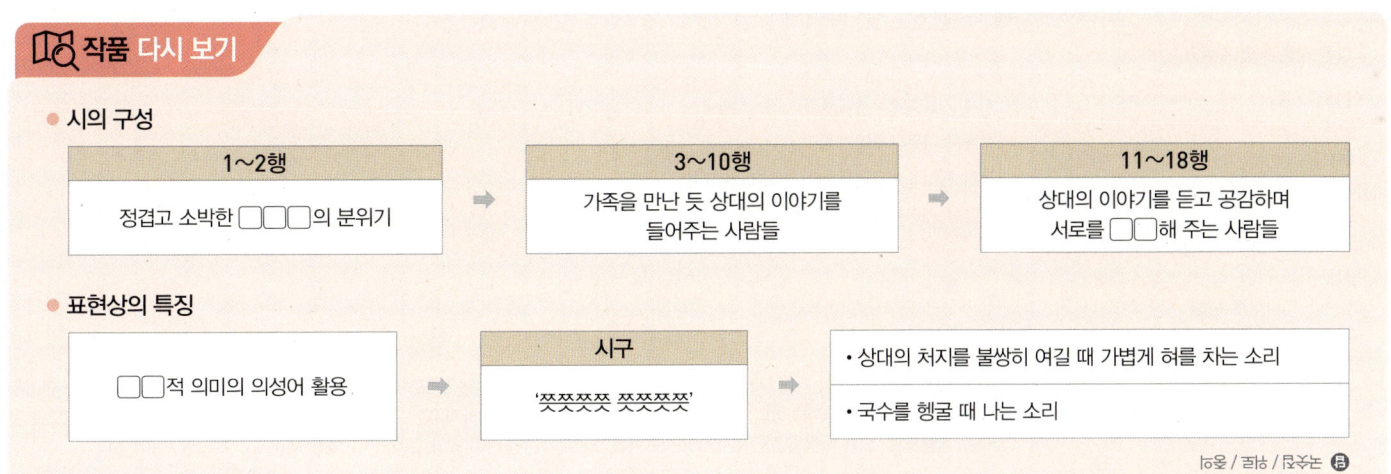

📖 작품 다시 보기

● 시의 구성

1~2행		3~10행		11~18행
정겹고 소박한 ☐☐☐의 분위기	⇒	가족을 만난 듯 상대의 이야기를 들어주는 사람들	⇒	상대의 이야기를 듣고 공감하며 서로를 ☐☐해 주는 사람들

● 표현상의 특징

| ☐☐적 의미의 의성어 활용 | ⇒ | 시구 '쯧쯧쯧쯧 쯧쯧쯧쯧' | ⇒ | • 상대의 처지를 불쌍히 여길 때 가볍게 혀를 차는 소리
• 국수를 헹굴 때 나는 소리 |

• **화자** | ☐☐☐☐의 면면함에 대해 이야기하는 사람

• **주제** | 시련 속에서도 희망을 잃지 않으려는 면면함

• **특징** | 의인화된 대상을 통해 삶의 자세를 드러냄. 명사로 끝맺는 시행을 반복하여 주제 의식을 부각함. 대상에게 말을 건네는 어투를 사용하여 친근감을 형성함. 동일한 시구를 반복하여 운율을 형성함. 어순을 도치하여 시적 의미를 강조함.

다른 작품과 엮어 읽기

이성부, 「봄」

「봄」은 부조리한 시대가 가고 새 시대가 올 것이라는 신념을 봄으로 형상화한 작품이다. 「면면함에 대하여」와 「봄」은 현재를 시련의 시간으로 보고 희망적인 미래를 기다린다는 점에서 유사하다. 즉 「면면함에 대하여」는 느티나무를 통해 시련 속에서도 희망을 잃지 않는 모습을 제시하고 있고, 「봄」은 민주와 자유를 봄으로 형상화함으로써 새로운 시대에 대한 강한 신념을 드러내고 있다.

숨기고 🄵

[04~06] 다음 글을 읽고 물음에 답하시오.

너 들어 보았니
저 동구 밖 느티나무의
푸르른 울음소리

날이면 날마다 ㉠삭풍˚ 되게는 치고
우듬지˚ 끝에 별 하나 매달지 못하던
지난겨울
온몸 상처투성이인 저 나무
제 상처마다에서 뽑아내던
푸르른 울음소리

너 들어 보았니
다 청산하고 떠나 버리는 마을에
잔치는 아직 끝나지 않았다고
그래도 지킬 것은 지켜야 한다고
소리 죽여 흐느끼던 소리
㉡가지 팽팽히 후리던 소리

오늘은 그 ㉢푸르른 울음
모두 이파리 이파리에 내주어
저렇게 생생한 ㉣초록의 광휘를
저렇게 생생히 내뿜는데

앞들에서 모를 내다
허리 펴는 사람들
왜 저 나무 한참씩이나 쳐다보겠니
어디선가 북소리는
왜 ㉤둥둥둥둥 울려나겠니

— 고재종, 「면면함에 대하여」

• **삭풍**: 겨울철에 북쪽에서 불어오는 찬바람.

• **우듬지**: 나무의 꼭대기 줄기.

• **광휘**: 환하고 아름답게 눈이 부심. 또는 그 빛.

• **면면함**: 끊어지지 않고 죽 잇따라 있음.

♦ **고재종(1957~)**

1984년 『실천 문학』의 신작 시집 『시여 무기여』에 「동구 밖 집 열두 식구」를 발표하며 등단하였다. 농촌의 내밀한 정경을 질박한 언어로 형상화하는 작품을 주로 창작하였다. 그의 시 세계는 인간에 의해 훼손당하지 않은 자연에 대한 깊은 사랑을 표현하는 것을 중심으로 한다. 대표 작품으로 「초록 바람의 전언」(2020학년도 9월), 「나무 속엔 물관이 있다」(2018년 10월), 「세한도」, 「첫사랑」 등이 있다.

04 윗글의 표현상 특징으로 적절하지 않은 것은?

① 특정한 상대에게 말하는 방식으로 친밀감을 주고 있다.

② 시어나 시구를 반복하여 운율감과 의미를 강하게 드러내고 있다.

③ 상징적인 시어를 통해 느티나무의 삶에서 사람들의 미래를 전망하고 있다.

④ 어순을 도치하여 해체된 농촌 공동체로 인한 절망적 상황을 강조하고 있다.

⑤ 화자가 실제 느낀 감각을 다른 감각으로 전이하여 시어가 지닌 의미의 폭을 확장하고 있다.

05 ㉠~㉤에 대한 설명으로 적절하지 않은 것은?

① ㉠: 느티나무에게 큰 고통을 주는 한편 강한 생명력을 불어넣어 준다.

② ㉡: 느티나무가 겪는 시련과 고통을 청각적으로 보여 주고 있다.

③ ㉢: 공감각적 이미지로, 희망을 갖고 고통을 인내하는 나무의 모습을 드러내고 있다.

④ ㉣: 시각적 이미지로, 시련을 이겨 낸 나무의 생명력을 초록의 빛으로 그려 내고 있다.

⑤ ㉤: 의성어를 통해 농촌 공동체의 시련이 고조되는 것을 청각적 이미지로 나타내고 있다.

06 〈보기〉를 참고하여 윗글을 감상한 내용으로 가장 적절한 것은?

┌─ 보기 ┐
　문학 작품은 현실 세계의 반영이므로 작품을 이해하기 위해서는 재현의 대상이 된 현실과 작
중 현실을 비교 검토해야 하며, 사회적 요인이 작품의 형성에 관여한 내용을 파악해야 한다.
└──┘

① 연재: 윗글을 읽으니 시련을 면면하게 이겨 내는 것이 우리의 숙명이라는 생각이 드는군.

② 민서: 작품 안에 드러나지는 않지만 화자는 한 마을에서 일어나는 변화를 지켜보는 사람이겠군.

③ 민아: 마을 사람들도 느티나무처럼 시련을 극복하고 밝은 미래를 맞이할 것이라고 유추할 수 있겠군.

④ 이슬: 윗글의 작가는 실제로도 농업에 종사한 적이 있다던데 이 경험이 농촌에 대한 시를 쓰게 된 배경으로 작용했겠군.

⑤ 송이: 산업화의 영향으로 농촌 사회가 해체되던 시기에 쓰인 것으로 볼 때, 사람들이 농촌 생활을 청산하고 마을을 떠나는 이유는 산업화 때문이겠군.

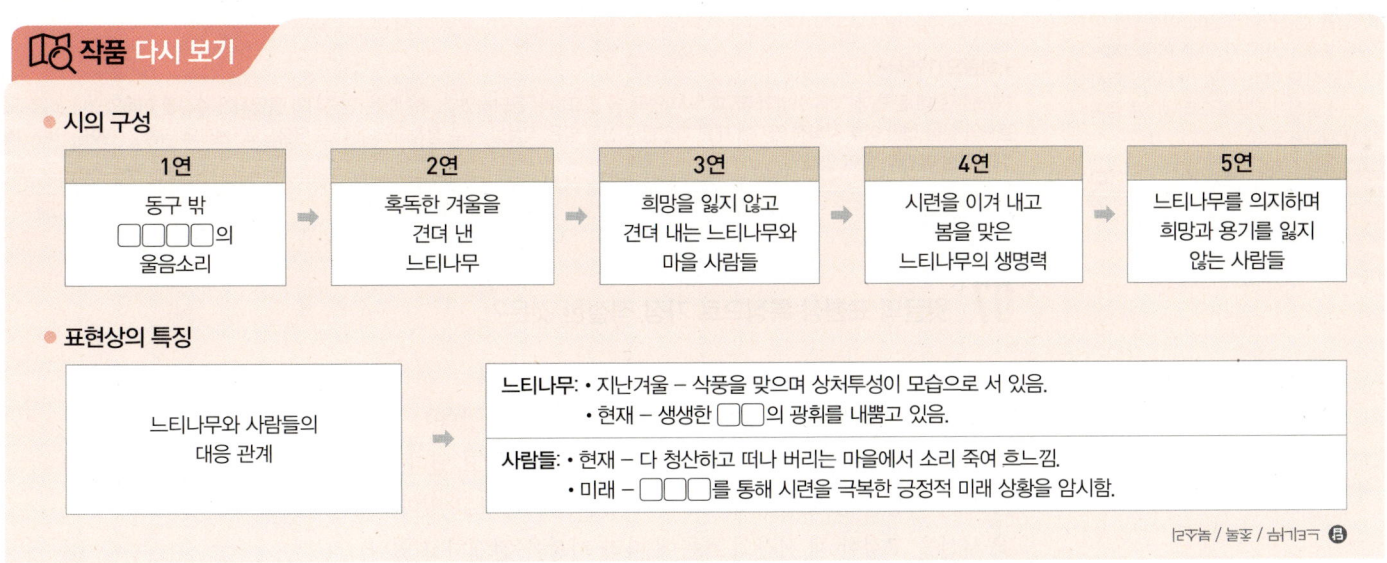

📖🔍 **작품 다시 보기**

● **시의 구성**

1연	2연	3연	4연	5연
동구 밖 □□□□의 울음소리	혹독한 겨울을 견뎌 낸 느티나무	희망을 잃지 않고 견뎌 내는 느티나무와 마을 사람들	시련을 이겨 내고 봄을 맞은 느티나무의 생명력	느티나무를 의지하며 희망과 용기를 잃지 않는 사람들

● **표현상의 특징**

느티나무와 사람들의 대응 관계	**느티나무:** • 지난겨울 – 삭풍을 맞으며 상처투성이 모습으로 서 있음. • 현재 – 생생한 □□의 광휘를 내뿜고 있음.
	사람들: • 현재 – 다 청산하고 떠나 버리는 마을에서 소리 죽여 흐느낌. • 미래 – □□□를 통해 시련을 극복한 긍정적 미래 상황을 암시함.

다른 작품과 엮어 읽기

하종오, 「밴드와 막춤」
「밴드와 막춤」은 소외된 존재들인 이주 노동자와 노인들이 함께하는 무대를 그린 작품이다. 「동승」과 「밴드와 막춤」은 이주민이라는 소외 계층을 다룬다는 점에서 유사하다. 하지만 「동승」은 정주민인 화자가 이주민을 차별하는 자신의 태도를 부끄러워하고, 이주민을 대하는 바람직한 태도를 시사하는 데 반해, 「밴드와 막춤」은 정주민인 노인과 이주민인 이주 노동자 밴드가 함께 어우러지는 경험을 묘사함으로써 이주민을 대하는 바람직한 태도를 드러낸다는 점에서 차이가 있다.

아시안 / 원어 / 빈 **B**

[07~09] 다음 글을 읽고 물음에 답하시오.

㉠국철 타고 앉아 가다가
문득 ㉡알아들을 수 없는 말이 들려 살피니
아시안 젊은 남녀가 건너편에 앉아 있었다
늦은 봄날 더운 공휴일 오후
나는 ㉢잔무하러 사무실에 나가는 길이었다
저이들이 무엇하려고
국철을 탔는지 궁금해서 쳐다보면
서로 마주 보며 떠들다가 웃다가 귓속말할 뿐
나를 쳐다보지 않았다
모자 장사가 모자를 팔러 오자
천 원 주고 사서 번갈아 머리에 써 보고
만년필 장사가 만년필을 팔러 오자
천 원 주고 사서 번갈아 손바닥에 써 보는 저이들
문득 나는 ㉣천박한 호기심이 발동했다는 생각이 들어서
황급하게 차창 밖으로 고개 돌렸다
국철은 강가를 달리고 너울거리는 수면 위에는
깃털 색깔이 다른 새 여러 마리가 물결을 타고 있었다
나는 아시안 젊은 남녀와 천연하게
㉤동승하지 못하고 있어 낯짝 부끄러웠다
국철은 회사와 공장이 많은 노선을 남겨 두고 있었다
저이들도 일자리로 돌아가는 중이지 않을까

– 하종오, 「동승」

● **국철**: 국가가 소유, 운영하는 철도.
● **잔무**: 모두 처리하지 못하고 남은 일.
● **동승**: 탈것을 함께 탐.

‥‥‥‥‥‥‥‥‥‥‥‥‥‥‥‥‥‥‥‥‥‥‥‥‥‥‥‥

◆ **하종오(1954~)**
1975년 『현대 문학』에 「허수아비의 꿈」과 「사미인곡」을 발표하며 등단하였다. 초기에는 민중시와 통일시가 주류를 이루었으나, 이주 노동자의 삶을 접한 이후 사회적 약자에 대한 다양한 시선을 담은 작품을 주로 창작하였다. 대표 작품으로 「밴드와 막춤」, 「원어」, 「벼는 벼끼리 피는 피끼리」 등이 있다.

---

07 윗글의 표현상 특징으로 가장 적절한 것은?

① 계절의 흐름을 통해 대상의 특성을 부각하고 있다.
② 보조사의 활용으로 대상과의 동질감을 드러내고 있다.
③ 색채 이미지를 활용하여 대상의 영속성을 드러내고 있다.
④ 과거 회상을 통해 반성적으로 화자 자신을 바라보고 있다.
⑤ 시선을 고정한 채 시간의 흐름에 따라 시상을 전개하고 있다.

08 ㉠~㉤에 대한 설명으로 적절하지 <u>않은</u> 것은?

① ㉠: 시상이 전개되는 공간으로, 화자가 부끄러움을 느끼고 깨달음을 얻는 공간이다.
② ㉡: 화자가 대상에게 관심을 갖게 되는 계기로 작용하고 있다.
③ ㉢: 화자가 국철을 타게 되는 계기이자, 화자와 '아시안 젊은 남녀'가 공감대를 형성할 수 없었던 이유이다.
④ ㉣: 화자가 '아시안 젊은 남녀'에게 가진 호기심이 적절하지 못한 것임을 직접적으로 표현하고 있다.
⑤ ㉤: 형식적으로 이루어지고 있으나 내면적으로는 이루어지지 않은 것으로 화자가 추구하는 가치를 상징적으로 드러내고 있다.

09 윗글과 〈보기〉를 비교하여 감상한 내용으로 적절하지 <u>않은</u> 것은?

┤ 보기 ├

숲에 가 보니 나무들은 / 제가끔 서 있더군 / 제가끔 서 있어도 나무들은
숲이었어 / 광화문 지하도를 지나며 / 숱한 사람들이 만나지만
왜 그들은 숲이 아닌가
이 메마른 땅을 외롭게 지나치며 / 낯선 그대와 만날 때
그대와 나는 왜 / 숲이 아닌가

— 정희성, 「숲」

작품 플러스

● 정희성, 「숲」
| **갈래** | 자유시
| **화자** | '나'(인간적 관계 형성을 소망하는 사람)
| **주제** | 공동체적 삶을 소망함.
| **특징** | 대화체를 통해 친근감을 드러냄. 인간과 자연의 대비를 통해 주제를 강조함.

① 〈보기〉는 윗글과 달리 대화체가 나타나 친근감이 느껴지는군.
② 〈보기〉는 윗글과 달리 민족이나 인종에 대한 언급이 나타나지는 않는군.
③ 〈보기〉는 윗글과 달리 인간과 자연의 대비를 통해 주제를 강조하고 있군.
④ 윗글의 '동승'과 〈보기〉의 '숲'은 화자가 실현하고 있지 못하지만 화자가 추구하는 가치라는 점에서 유사하군.
⑤ 윗글은 이주민인 아시안 젊은 남녀와 정주민인 '나'를 통해, 〈보기〉는 숲을 이루지 못하는 '그대'와 '나'를 통해 공동체적 삶에 대해 다루고 있군.

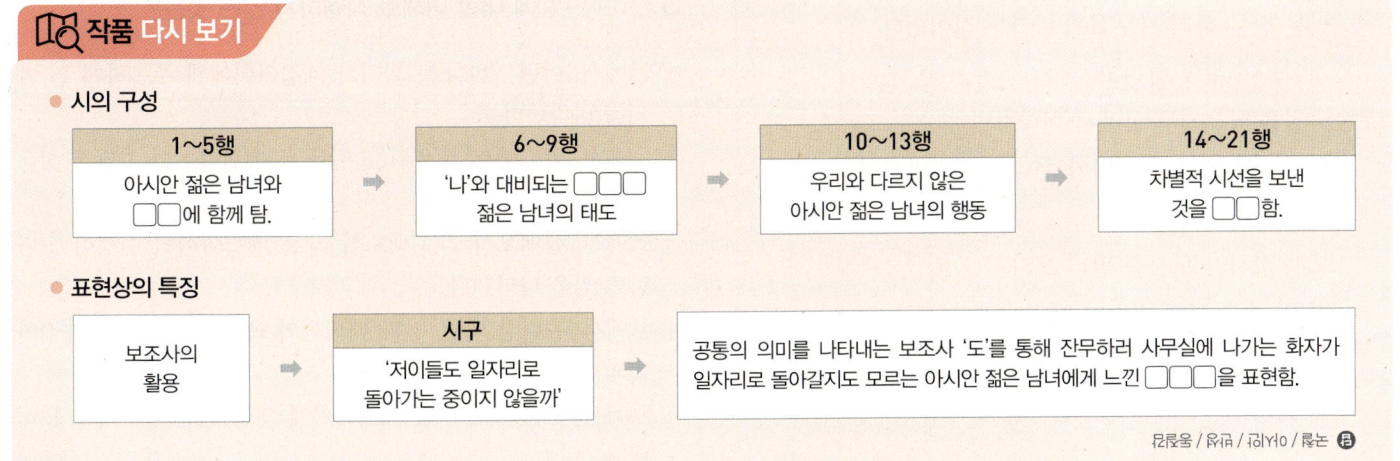

📖 **작품 다시 보기**

● **시의 구성**

1~5행		6~9행		10~13행		14~21행
아시안 젊은 남녀와 ☐☐에 함께 탐.	→	'나'와 대비되는 ☐☐☐ 젊은 남녀의 태도	→	우리와 다르지 않은 아시안 젊은 남녀의 행동	→	차별적 시선을 보낸 것을 ☐☐함.

● **표현상의 특징**

보조사의 활용	→	**시구** '저이들도 일자리로 돌아가는 중이지 않을까'	→	공통의 의미를 나타내는 보조사 '도'를 통해 잔무하러 사무실에 나가는 화자가 일자리로 돌아갈지도 모르는 아시안 젊은 남녀에게 느낀 ☐☐☐을 표현함.

[01~03] 다음 글을 읽고 물음에 답하시오.

6월 모의평가 B형

(가)

차디찬 아침인데

묘향산행 승합자동차는 텅 하니 비어서

㉠나이 어린 계집아이 하나가 오른다

옛말속같이 진진초록 새 저고리를 입고

㉡손잔등이 밭고랑처럼 몹시도 터졌다

계집아이는 자성(慈城)으로 간다고 하는데

㉢자성은 예서 삼백오십 리 묘향산 백오십 리

묘향산 어디메서 삼촌이 산다고 한다

㉣새하얗게 얼은 자동차 유리창 밖에

내지인 주재소장 같은 어른과 어린아이 둘이 내임을

낸다

계집아이는 운다 느끼며 운다

㉤텅 비인 차 안 한구석에서 어느 한 사람도 눈을

씻는다

계집아이는 몇 해고 내지인 주재소장 집에서

밥을 짓고 걸레를 치고 아이보개를 하면서

이렇게 추운 아침에도 손이 꽁꽁 얼어서

찬물에 걸레를 쳤을 것이다

— 백석, 「팔원—서행시초 3」

• **내임**: 냄. '배웅'의 평안 방언.

(나)

국철 타고 앉아 가다가

문득 알아들을 수 없는 말이 들려 살피니

아시안 젊은 남녀가 건너편에 앉아 있었다

늦은 봄날 더운 공휴일 오후

나는 잔무 하러 사무실에 나가는 길이었다

저이들이 무엇 하려고

국철을 탔는지 궁금해서 쳐다보면

서로 마주 보며 떠들다가 웃다가 귓속말할 뿐

나를 쳐다보지 않았다

모자 장사가 모자를 팔러 오자

천 원 주고 사서 번갈아 머리에 써 보고

만년필 장사가 만년필을 팔러 오자

천 원 주고 사서 번갈아 손바닥에 써 보는 저이들

문득 나는 천박한 호기심이 발동했다는 생각이 들어서

황급하게 차창 밖으로 고개 돌렸다

국철은 강가를 달리고 너울거리는 수면 위에는

깃털 색깔이 다른 새 여러 마리가 물결을 타고 있었다

나는 아시안 젊은 남녀와 천연하게

동승하지 못하고 있어 낯짝 부끄러웠다

국철은 회사와 공장이 많은 노선을 남겨 두고 있었다

저이들도 일자리로 돌아가는 중이지 않을까

— 하종오, 「동승」

01 (가), (나)의 공통점으로 적절한 것은?

① 대상에 대한 관찰을 통해 시상을 전개하고 있다.

② 인간과 자연을 대비하여 주제 의식을 부각하고 있다.

③ 일상적 삶에 대한 반성을 역설적으로 드러내고 있다.

④ 계절적 배경을 통해 애상적 분위기를 환기하고 있다.

⑤ 부정적 현실을 포용하려는 여유로운 태도를 보여 주고 있다.

02 ㉠~㉤에 대한 이해로 적절하지 않은 것은?

① ㉠에서 '어린', '하나'는 화자가 계집아이에게 주목하게 된 계기를 나타낸다.

② ㉡에서 '밭고랑'에 비유된 '손잔등'은 계집아이의 고달픈 삶을 드러낸다.

③ ㉢에서 '삼백오십 리', '백오십 리'는 계집아이의 여정이 고단할 것임을 나타낸다.

④ ㉣에서 '유리창 밖'은 안과 대비되어 육친과 이별하는 계집아이의 슬픔을 강조한다.

⑤ ㉤에서 '눈을 씻는다'는 계집아이에 대한 연민의 정서를 드러낸다.

03 〈보기〉를 참고할 때, (나)에 대한 감상으로 적절하지 않은 것은?

┤ 보기 ├

현대 사회의 인간관계에서 시선은 여러 가지 의미를 지닌다. 시선은 관심을 표하는 것이기도 하지만, 가치 평가의 의미를 띨 경우 상대방에게 부담감을 줄 수도 있다. 그런 의미에서 시선을 보내지 않는 것은 긍정적인 무관심으로 이해된다. 조화로운 공동체를 만들기 위해서는 때로 가치 평가적 시선을 거두는 지혜가 필요하다.

① '국철'은 서로 다른 성격의 시선들이 드러나는 공간이겠군.
② '나'의 쳐다보는 행위는 '아시안 젊은 남녀'에게 부담감을 줄 수 있겠군.
③ '저이들'은 '서로'에게 긍정적인 무관심을 가지고 있겠군.
④ '나'가 황급히 '고개 돌렸'던 것은 가치 평가적 시선을 거두는 행위겠군.
⑤ '동승'은 조화로운 공동체를 만들자는 뜻이 담긴 것이겠군.

작품 다시 보기

(가) 백석, 「팔원－서행시초 3」

● 시의 구성

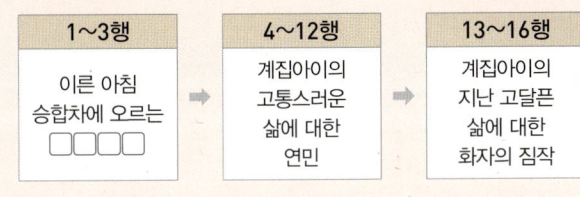

1~3행	4~12행	13~16행
이른 아침 승합차에 오르는 □□□	계집아이의 고통스러운 삶에 대한 연민	계집아이의 지난 고달픈 삶에 대한 화자의 짐작

● 표현상의 특징

□□□ 배경을 통해 비극적 상황을 보다 심화함.	→	시구 '차디찬 아침, 손이 꽁꽁 얼어서'

다른 작품과 엮어 읽기

이용악, 「오랑캐꽃」
「오랑캐꽃」은 고려 때 우리 민족에게 쫓겨 간 오랑캐의 모습과 일제에 의해 설움을 겪는 우리 민족의 모습을 동일시하여 '오랑캐꽃'으로 형상화된 우리 민족에 대한 연민과 비애를 노래한 작품이다. 「팔원－서행시초 3」과 「오랑캐꽃」은 우리 민족에 대한 연민과 비애를 각각 '계집아이'와 '오랑캐꽃'으로 형상화하였다는 점에서 유사하다.

(나) 하종오, 「동승」

● 시의 구성

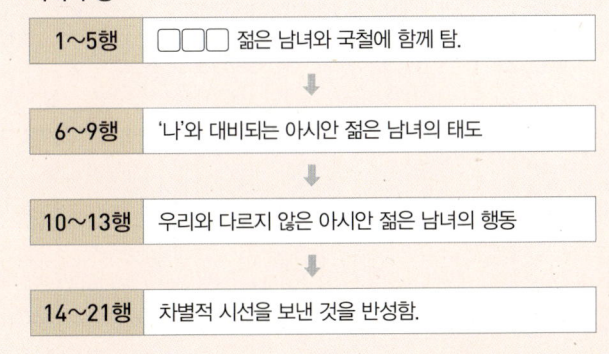

1~5행	□□□ 젊은 남녀와 국철에 함께 탐.
6~9행	'나'와 대비되는 아시안 젊은 남녀의 태도
10~13행	우리와 다르지 않은 아시안 젊은 남녀의 행동
14~21행	차별적 시선을 보낸 것을 반성함.

● 표현상의 특징

보조사 '□'의 활용으로 동질감을 표현함.	→	시구 '저이들도 일자리로 돌아가는 중이지 않을까'

다른 작품과 엮어 읽기

한명희, 「힘내라, 네팔－외국인을 위한 한국어 초급반 1」
「힘내라, 네팔－외국인을 위한 한국어 초급반 1」은 국제 역학 관계에 대한 비판과 네팔인 부부에 대한 연민을 보여 주는 작품이다. 「동승」과 「힘내라, 네팔－외국인을 위한 한국어 초급반 1」은 각각 '아시안 젊은 남녀', '네팔인 부부'로 표현되는 외국인을 바라보는 화자의 시각이 나타난다는 점에서 유사하다.

정답 / 아이가 / 개찰구 / 서너 / 도

· MEMO ·

531
PROJECT

효과 빠른 약점 처방전

국어 현대시 감상S

정답과 해설

이투스북

531 PROJECT

국어 현대시 감상S

정답과 해설

현대시의 출발 ~ 광복 이전 Ⅰ

01강 전통적 서정시와 낭만주의 시

01 정답 ③ ──────────────── [표현상의 특징 이해하기]

정답 풀이
윗글에서는 의문형 어미를 사용하여 자문자답의 형식을 보여 주고 있다. 이러한 표현은 자신이 처해 있는 암담한 상황을 보다 효과적으로 부각하고 있으나, 화자의 지향에 대한 궁금증과는 관련이 없다.

오답 풀이
① '삼수갑산 / 내 왜 왔노 / 삼수갑산이 / 어디뇨' 등 4음보의 전통적 율격을 반복하여 리듬감을 형성하고 있다.
② '삼수갑산'이라는 공간적 배경이 가지고 있는 단절감과 고립감의 특성을 바탕으로 하여 시상을 전개하고 있다.
④ '아하', '아하하' 등 감탄사의 규칙적 반복과 '내 못 가네', '삼수갑산이 날 가두었네' 등 일정한 통사 구조의 반복으로 운율을 형성하고 의미를 심화하고 있다.
⑤ 3연의 '불귀로다 내 고향'에서 문장의 순서를 바꾸어 표현하는 도치법을 사용하여 화자의 절망적 상황을 부각하고 있다.

02 정답 ④ ──────────────── [다른 작품과 비교하여 감상하기]

정답 풀이
ⓐ인 '삼수갑산'은 고향으로 가고 싶어 하는 화자를 벗어날 수 없게 가둔 공간적 배경이고, ⓑ인 '난'은 화자가 고향으로 돌아갈 수 없게 하는 시대적 배경이므로 ⓐ와 ⓑ 모두 화자의 비극적인 정서를 심화시킨다고 할 수 있다.

오답 풀이
① ⓐ와 ⓑ는 각각의 화자가 지향하는 공간인 고향에 갈 수 없게 하는 요인이 되므로 모두 부정적 대상이라고 할 수 있다.
② ⓐ는 화자가 벗어나고 싶은 공간이고 〈보기〉의 화자는 ⓑ 때문에 고향에 갈 수 없는 상황에 놓여 있으므로, ⓐ와 ⓑ 모두 화자가 거리감을 두고 있는 소재이다. 따라서 화자와의 일체감을 드러낸다고 할 수 없다.
③ ⓑ는 〈보기〉의 화자가 현재 있는 곳으로 도피한 이유가 되는 소재이다. 하지만 ⓐ는 이것만으로 화자의 처지를 짐작할 수는 없으며, 화자의 처지를 짐작할 수 있게 하는 것은 시의 전반적인 내용이다.

⑤ 윗글과 〈보기〉의 화자는 둘 다 현재 고향으로 갈 수 없는 처지에 있으므로 두 화자 모두 갈등이 해소되지 않은 상황이다. 따라서 ⓐ와 ⓑ 모두 갈등이 해소되는 공간이라고 할 수 없다.

03 정답 ③ ──────────────── [자료를 통해 감상하기]

정답 풀이
'촉도지난'은 '촉나라로 가는 길의 어려움'이라는 의미로 고향으로 돌아가는 길이 매우 어렵다는 것을 의미한다. 일제 강점기에 고향을 떠난 우리 민족의 암울한 상황을 극복하려는 의지와는 관련이 없다.

오답 풀이
① '아하', '아하하'와 같은 감탄사의 반복적 사용은 고향에 갈 수 없다는 화자의 탄식과 안타까움을 강조한다.
② '내 고향을 내 못 가네'는 '산에 갇혀 고향에 갈 수 없다'는 인식을 드러내므로 부정적인 현실을 의미한다고 볼 수 있다.
④ '새가 되면'은 현실적으로는 자신이 처한 상황에서 벗어날 수 없다고 인식하고 있는 화자가 '새'가 된다. 불가능한 상황을 가정함으로써 귀향에 대한 소망을 더 절절하게 표현한 것으로 볼 수 있다.
⑤ '삼수갑산이 날 가두었네'에서는 '삼수갑산'을 의지가 있는 능동적인 존재로 형상화하고 화자를 피동적인 존재로 표현해서 절망감을 더욱 심화하고 있음을 확인할 수 있다.

04 정답 ② ──────────────── [표현상의 특징 이해하기]

정답 풀이
윗글은 '-ㅂ니다'라는 종결 어미를 반복하여 운율을 형성하고 있다.

오답 풀이
① 선경후정이란 풍경을 먼저 제시하고 정서를 나중에 드러내는 시상 전개 방식이다. 윗글의 전개 방식은 선경후정과는 거리가 멀다.
③ 윗글은 '-라면'과 같이 상황을 가정하여 서술하는 가정법의 표현은 사용하고 있지 않다.
④ 윗글의 화자는 임과 이별한 후에도 임의 절대성을 드러낸다. 이때 대조적 이미지를 사용한 것은 아니며, '나는 향기로운 님의 말소리에 ~ 눈멀었습니다'와 같이 대구법과 역설법을 사용하여 표현하였다.
⑤ 관조적 자세란 어떤 상황이나 사건을 거리를 두고 차분히 바라보며 그 의미나 본질을 찾는 태도이다. 윗글은 임과의 이별에 의한 슬픔과 재회에 대한 희망을 고도의 상징을 통해 노래하고 있는 작품으로 현실에 대한 관조적 자세를 드러내고 있지 않다.

05 정답 ③ ──────────── [다른 작품과 비교하여 감상하기]

정답 풀이

윗글과 〈보기〉는 모두 임을 그리는 마음을 독백조로 표현하고 있다는 점에서 화자가 노래를 하는 것으로도 이해할 수 있다. 하지만 어디에도 이러한 화자의 모습이 시각적으로 드러나 있지는 않다.

오답 풀이

① 윗글에서는 3음보 율격을 확인할 수 없지만, 〈보기〉에서는 '그리운 / 우리 님의 / 맑은 노래는'과 같이 3음보 율격을 확인할 수 있다.

② 윗글의 화자는 '님은 갔지마는 나는 님을 보내지 아니하였다'고 역설적으로 표현하면서 언젠가 다시 임과 재회할 것이라는 믿음을 드러내고 있다. 하지만 〈보기〉에서는 이러한 역설적 표현을 찾아볼 수 없다.

④ 윗글과 〈보기〉의 화자는 모두 경어체를 사용하고 있고, 임에 대한 사랑을 섬세하고 부드러운 느낌으로 표현하고 있다.

⑤ 윗글은 '−ㅂ니다'와 같은 격식체를, 〈보기〉는 '−요'와 같은 비격식체를 사용하고 있다.

06 정답 ⑤ ──────────── [자료를 통해 감상하기]

정답 풀이

〈보기〉에서 윗글은 임에 대한 변함없는 사랑을 노래한 것이라고 하였다. 이를 통해 윗글을 볼 때, '제 곡조를 못 이기는 사랑의 노래'는 임에 대한 북받치는 사랑을 드러낸 것이라고 해석할 수 있다. 이러한 노래가 '님의 침묵'을 휩싸고 돈다고 표현한 것은 임에 대한 감격스러운 사랑의 노래가 계속될 것임을 나타낸 것이며 화자의 답답한 심정을 표현한 것으로 볼 수 있다.

오답 풀이

① 〈보기〉에서 시인의 불교적 사상이 일제 강점기의 현실 속에서 형성된 것이라고 했으므로, 윗글의 '님'은 잃어버린 조국을 의미한다고 해석해 볼 수 있다.

② 〈보기〉에 따르면, 화자는 역설적 깨달음을 통해 슬픔을 희망으로 역전시킨 것으로 볼 수 있다. 화자가 '슬픔의 힘'을 '새 희망의 정수박이'에 들어붓는 것은 이러한 화자의 태도 변화를 의미하는 것으로, 화자의 의지를 드러낸 것이라 할 수 있다.

③ 〈보기〉에서는 '만남은 헤어짐이요, 헤어짐은 곧 만남'이라는 것을 불교적 윤회관이라고 설명하였다. 따라서 윗글에서 '만날 때에 떠날 것을 염려'하고, '떠날 때에 다시 만날 것'을 믿는 화자의 믿음은 이러한 불교적 윤회관이 반영된 것으로 볼 수 있다.

④ 화자가 '님은 갔지마는 나는 님을 보내지 아니하였다'고 표현한 것은 '님'과의 재회에 대한 강한 믿음의 표현으로 볼 수 있다. 화자는 '만남은 헤어짐이요, 헤어짐은 곧 만남'이라는 불교적 진리를 깨닫고 현실에는 부재한 임과의 만남을 확신하고 있는 것이다.

07 정답 ④ ──────────── [표현상의 특징 이해하기]

정답 풀이

화자인 '나'가 청자인 '마돈나'에게 말을 건네는 방식으로 작품이 진행되고 있으나, 이 방식이 시적 대상과 화자의 거리감을 강조하고 있지는 않다.

오답 풀이

① '−도다'라는 종결 표현을 반복하여 작품 전체적으로 리듬감을 부여하고 있다.

② 모든 연이 '마돈나'라는 대상을 부르는 말로 시작하고 있으며, 이것은 작품에 통일감을 부여하고 있다.

③ '아', '없으니!' 등의 격정적인 어조를 통하여 시적 대상인 '마돈나'에 대한 화자의 간절한 마음을 표현하고 있다.

⑤ '수밀도의 네 가슴에 이슬이 맺도록', '네 손이 내 목을 안아라' 등의 관능적인 표현과 '첫닭이 울고 ― 뭇 개가 짖도다', '피란 ― 피 가슴의 샘' 등과 같은 감각적 표현을 통해 작품 전체에 낭만적이고도 퇴폐적인 분위기를 형성하고 있다.

08 정답 ⑤ ──────────── [시어·시구의 의미 파악하기]

정답 풀이

화자는 '마돈나'가 '침실'로 오기를 갈구하고 있는데, '마돈나'와 '나'가 함께하는 시간인 '밤'은 화자에게 부활의 시간을 뜻한다. 따라서 '마돈나'가 오는 밤에 '꿈'을 통해 영원한 안식을 얻게 되고, '밤'이 사라진다면 안식을 얻기 어렵게 된다. '안개'는 어둠이 남아 있는 은밀한 분위기를 나타내는 시어이기 때문에 '안개'가 사라지기 전에 '마돈나'가 와야 한다는 것은 '밤'이 사라지기 전에 마돈나가 와야 하고, 그래야 영원한 안식을 얻을 수 있다는 것을 의미한다.

오답 풀이

① '첫닭이 울고 ― 뭇 개가 짖'는 것은 시간이 경과하여 새벽이 가까웠음을 나타내는 표현이므로 '마돈나'와 함께할 수 있는 시간인 '밤'이 끝나 간다는 것을 의미한다.

② 시적 화자인 '나'가 '마돈나'와 가고자 하는 곳인 '오랜 나라'는 '침실'로, 화자에게 안식과 평화의 세계이다. 이를 통해 시적 화자는 오랫동안 쉴 만한 안식처를 찾고 있음을 알 수 있다.

③ 끌려간다는 것은 수동적인 태도를, 우리가 간다는 것은 능동적인 태도를 나타낸다. 화자가 지향하는 곳은 '마돈나'와 함께하는 '침실'이고, 이 장소에 대한 화자의 능동적 태도를 드러내고 있다고 할 수 있다.

④ 애정의 대상인 '마돈나'를 '마리아'로 바꾸어 부름으로써 '마돈나'가 가톨릭의 성모 마리아와 같은 구원의 여성을 뜻할 수 있음을 암시한다. 따라서 대상의 의미가 다양함을 드러내는 표현이라 할 수 있다.

09 정답 ②　　　　　　　　　　　　　［ 다른 작품과 비교하여 감상하기 ］

정답 풀이

　윗글에서 ㉠ '침실'은 애정의 대상인 '마돈나'와 함께할 수 있는 공간이다. 〈보기〉에서 '애인이 맨발로 서서 기다리는 언덕' 역시 시적 화자의 애정의 대상인 '애인'과 함께할 수 있는 공간이기 때문에 '침실'과 가장 유사한 역할을 한다고 볼 수 있다.

오답 풀이

① '물살 빠른 대동강'은 '언덕'으로 가기 위해 거슬러 올라가야 하는 장애물과 같은 의미를 지닌다.
③ '사랑 잃은 청년의 어두운 가슴속'은 〈보기〉의 시적 화자가 처한 이별의 상황과 그에서 파생된 화자의 감정을 드러내는 것이다.
④ '네 확실한 오늘'은 오늘, 즉 현재 화자의 삶에 대한 의지와 욕구를 나타내는 구절로 볼 수 있다.
⑤ '너의 발간 눈물'은 붉은 이미지를 나열한 시구 중 하나로, 삶에 대한 열정을 시각적 이미지로 표현한 것으로 볼 수 있다.

실/전/기/출/문/제

김소월, 삼수갑산 + 문정희, 율포의 기억

| **01** ③ | **02** ① | **03** ④ |

---

01 정답 ③　　　　　　　　　　　　［ 작품 간의 공통점·차이점 파악하기 ］

정답 풀이

　(가)는 화자가 '삼수갑산'의 공간적 제약에 막혀 고향으로 돌아가지 못하는 상황을 묘사하며 시상을 전개하고 있다. (나) 역시 어머니가 데려간 '바다'라는 공간의 특성을 설명하는 것을 바탕으로 시상을 전개하고 있다.

오답 풀이

① (가)는 '아하하'와 같은 특정 시구와 유사한 통사 구조가 반복되고 있을 뿐, 첫 구절과 끝 구절이 반복되는 수미상관의 표현법이 사용되지 않았다. (나) 역시 '일찍이 어머니가 나를 바다에 데려간 것은 ~ 위해서가 아니었다.'와 같이 유사한 통사 구조가 반복되고 있을 뿐, 수미상관의 기법이 사용되지 않았다.
② (가)는 고향에 돌아가지 못하는 처지를 한탄하고 있을 뿐, 대화의 형식을 활용하고 있다고 할 수 없다. (나) 또한 의문형 어미를 사용하여 화자의 사색을 드러내고 있을 뿐 대화의 형식을 활용하고 있지는 않다.
④ (가)는 전반적으로 삼수갑산에 막혀 고향에 가지 못하는 화자의 안타까움이 주를 이루고 있고, (나)는 뻘밭에서 느끼는 화자의 깨달음에 대해 이야기하고 있다. 따라서 (가)와 (나) 모두 화자의 심리가 변하는 과정은 드러나 있지 않다.
⑤ (가)와 (나)에서 반어적 표현이 사용된 부분은 찾아볼 수 없다.

---

02 정답 ①　　　　　　　　　　　　　［ 자료를 통해 감상하기 ］

정답 풀이

　삼수갑산은 화자가 고향으로 가지 못하게 가로막는 장애물이다. 1연에서 화자는 이런 삼수갑산을 '물도 많고 산 첩첩'이라 묘사하고 있다. 따라서 화자가 돌아가지 못하는 고향의 아름다움을 형상화하였다는 설명은 적절하지 않다.

오답 풀이

② 2연에서 화자는 삼수갑산에서 고향으로 향하는 길을 '촉도지난'에 비유하여 표현하고 있다. 〈보기〉를 통해 볼 때, 이러한 화자의 처지는 고향에 돌아가지 못하는 실향민의 처지를 암시하고 있는 것으로 볼 수 있다.
③ 3연에서 화자는 현실에서는 돌아갈 수 없는 고향을 새가 되면 갈 수 있으리라 생각하고 있다. 화자가 새가 된다는 설정은 현실적으로 이루어질 수 없는 것이므로, 이를 통해 귀향할 수 없는 절망적 현실을 드러내고 있다고 할 수 있다.
④ 4연에서 화자는 '삼수갑산이 날 가두었'다고 표현하고 있다. 〈보기〉를 통해 볼 때, 이러한 화자의 인식은 실향민이 된 것이 식민지 시대의 외적인 상황에 의한 것임을 강조하기 위한 것으로 볼 수 있다.
⑤ 5연에서 화자는 삼수갑산을 '못 벗어난다'라고 단정적으로 표현하고 있다. 〈보기〉를 통해 볼 때, 이는 식민지 시대에 삶의 터전을 빼앗기고 귀향하지 못하는 실향민의 좌절감을 드러낸 것이라 할 수 있다.

---

03 정답 ④　　　　　　　　　　　　　［ 시어·시구의 의미 파악하기 ］

정답 풀이

　화자는 어머니가 자신을 바다에 데려간 것은 '소금기 많은 푸른 물'을 보여 주거나 '무위한 해조음'을 들려주기 위해서가 아니고, '검은 뻘밭'에서 위험을 무릅쓰고 치열하게 살아가는 생명들의 가치를 보여 주기 위한 것이라고 이야기하고 있다. 또한 화자는 '검은 뻘밭'에서 움직이는 생명들의 경건함을 깨닫고 있으므로, ㉠과 대비되는 ㉡은 치열하게 살아가는 생명들을 통해 깨달음을 얻게 하는 공간이라 할 수 있다.

오답 풀이

① ㉠은 생명력이 없는 공간으로 표현되고 있으므로 아름다움을 느끼게 한다고 볼 수 없다. 또한 ㉡은 위험이 도사리고 있으나 생명력이 약동하는 공간이므로 공포를 느끼게 하는 것과는 관련이 없다.
② ㉠은 생명력이 없는 공간이므로 생명과 희망을 환기한다고 할 수 없다. 또한 ㉡은 검은 이미지를 활용하고 있기는 하지만, 이때의 검은 이미지는 허무와 어둠의 정서가 아닌 생명력을 표현한 것으로 볼 수 있다.
③ ㉠은 생명력이 없는 공간이므로 부정적 이미지를 갖고 있다. 힘겨운 삶을 극복한 사람들이 얻게 되는 환희를 상징하는 것은 ㉡에 가깝다.
⑤ ㉠은 부정적 이미지를 가진 공간이므로, 미래에 살아갈 모습과는 직접적 관련성이 없다. ㉡은 어머니와의 추억을 떠올리게 해 주는 소재이다.

02_강 순수 서정시와 생명시

대/표/작/품 ①

김영랑, 모란이 피기까지는

| 01 ② | 02 ④ | 03 ③ |

01 정답 ② ——————————[표현상의 특징 이해하기]

정답 풀이

선경후정은 먼저 자연 경관을 제시하고 다음으로 화자의 정서를 나타내는 방식이다. 윗글은 화자의 소망이 먼저 제시되고 이후 봄날의 풍경이 나타나며, 다시 화자의 정서가 이어진다. 따라서 선경후정의 방식으로 화자의 정서를 드러낸다고 할 수 없다.

오답 풀이

① '-테요'라는 특정한 종결 표현을 반복하여 운율을 형성하고 있다.
③ 수미상관의 표현법을 말하는 것으로 수미상관은 구조적 안정성과 여운을 주며, 의미를 강조하고 운율을 형성하는 등의 효과가 있다. 윗글은 비슷한 시행인 1~2행과 11~12행을 작품의 시작과 끝에 배치하여 여운을 주고 있다.
④ 마지막 행에서 일반적인 어순을 바꾸어 표현한 도치법이 사용되었다.
⑤ '찬란한 슬픔의 봄'은 '슬픔'이라는 부정적인 감정과 '찬란한'이라는 긍정적인 관형어가 함께 사용된 역설적 표현으로 화자의 정서를 강조한다.

02 정답 ④ ——————————[시어·시구의 의미 파악하기]

정답 풀이

'내 한 해'는 일 년의 기다림을 의미하므로 모란이 지는 것은 '봄 전체'가 아니라 '일 년'을 잃는 것과 같다는 의미에 가깝다.

오답 풀이

① '아직'은 화자가 소망을 포기하지 않고 기다린다는 것을 보여 주는 표현이다.
② '뚝뚝'은 음성 상징어로 모란이 떨어지는 상황을 강조하여 화자의 슬픔과 절망감을 드러낸 표현이다.
③ '무덥던 날'은 꽃잎이 다 시들어 버리고 천지에 모란도 자취가 없어지는 시기로 이제 봄이 지나가고 여름이 오는 것을 의미한다. 화자는 봄과 모란, 보람을 동일하게 인식하고 있으니 모란이 지는 '무덥던 날'은 화자의 '봄, 모란, 보람'이 모두 무너진 날로 볼 수 있다.
⑤ '일 년'이라고 표현하지 않고 '삼백예순 날'로 표현하여 기다림의 정서를 효과적으로 드러내어 화자의 서러운 정서를 강조하고 있다.

03 정답 ③ ——————————[다른 작품과 비교하여 감상하기]

정답 풀이

〈보기〉에서는 산봉우리를 의인화하여 화자가 말을 건네는 대상으로 삼고 있으나, 윗글에서는 자연물에게 말을 건네는 것을 찾을 수 없다. 또한 〈보기〉에는 기다림의 자세도 나타나 있지 않다.

오답 풀이

① 윗글은 시간의 흐름에 따라, 즉 계절의 변화에 따라 시상이 전개되고, 〈보기〉는 '들길', '마을 골목' 등 화자의 시선의 이동에 따라 시상이 전개된다.
② 윗글과 〈보기〉는 모두 '봄'이라는 동일한 시간적 배경을 활용하고 있다.
④ 윗글에서는 '설움, 서운케, 섭섭해, 슬픔' 등 화자의 정서가 직접적으로 나타나고 있으나, 〈보기〉에는 화자의 정서가 직접적으로 드러나지 않는다.
⑤ 〈보기〉의 '보리도 허리통이 부끄럽게 드러났다'에서 여성적 이미지가 나타나며, '산봉우리'를 '엷은 단장하고 아양 가득 차 있는' 등의 여성의 이미지로 표현함을 확인할 수 있다. 그러나 윗글은 여성적 어조가 나타나 있지만 어떤 대상을 여성적 이미지로 묘사하지는 않았다.

대/표/작/품 ②

유치환, 바위

| 04 ② | 05 ④ | 06 ④ |

04 정답 ② ——————————[표현상의 특징 이해하기]

정답 풀이

화자는 '애련', '희로' 등의 인간적인 감정이나 '비와 바람' 등의 외부적 시련이 존재하는 상황을 부정적으로 인식하여 그것을 초월한 존재가 되고자 한다. 따라서 윗글은 상황에 대한 부정적 인식을 바탕으로 시상을 전개한다고 볼 수 있다.

오답 풀이

① 화자는 '흐르는 구름'과 '머언 원뢰'와 같은 유혹에도 흔들리지 않는 초월적 존재인 '바위'가 되어 내적 갈등을 해소하려고 하지만, 일정한 공간이 형상화되어 있지는 않다.
③ 화자의 구체적 경험을 드러내지 않으며 고백적 어조가 아닌 강인하고 단호한 남성적 어조를 사용하고 있다.
④ 구도적인 자세는 종교적 깨달음의 경지를 구하는 자세이다. 윗글은 '바위'의 단단하고 흔들림 없는 일반적 속성을 통해 현실 초극의 의지를 형상화하였기 때문에 구도적 자세나 사물의 새로운 의미를 발견하는 것과는 거리가 멀다.
⑤ 윗글은 생경한 한자어와 관념적 어휘를 사용하고 있기 때문에 시적 상상력을 자극하는 표현을 사용하였다고 볼 수 없으며, 화자의 감정도 직접적으로 드러나지 않았다.

05 정답 ④ ——————————[시어·시구의 의미 파악하기]

정답 풀이

화자는 스스로를 '채찍질하'며 시련을 온몸으로 견디고 마침내 '생명도 망각하'는 초월적 경지에 이르게 되는 것을 가정하는데, 이 부분에서 현실에 좌절하고 굴복하는 화자의 모습은 찾을 수 없다.

오답 풀이

① 화자는 애처롭고 가엾게 여기는 마음과 같은 '애련'이나 기쁨과 노여움과 같은 '희로'에 흔들리지 않는 모습을 보이며 인간적인 감정에 휘둘리지 않고 있다.
② 화자는 '바위'가 되기 위해 '바위'처럼 '비와 바람에 깎이는 대로' 자신을 단련하려는 모습을 보이고 있다.
③ 화자는 '안으로 안으로만 채찍질하'며 내적이고 정신적인 단련을 하고 있다.
⑤ 화자는 '노래하지 않고', '소리하지 않'으며 인간의 세속적이고 허무한 감정에서 벗어나 절대적인 초월의 경지에 도달하려는 의지를 보이고 있다.

06 정답 ④ ——————————[시어·시구의 의미 파악하기]

정답 풀이

윗글의 화자는 '애련'이나 '희로'와 같은 인간적인 감정과 '비와 바람'과 같은 외부의 자극에 흔들리지 않는 '바위' 같은 초월적 존재가 되고 싶다고 노래하고 있다. 또한 〈보기〉의 화자는 쉽게 져 버리는 '꽃'이나 누렇게 변하는 '풀'처럼 순간적인 존재가 아닌, 변하지 않는 '바위'의 모습을 예찬하고 있다. 따라서 ⓐ와 ⓑ는 모두 화자가 추구하는 가치나 신념을 형상화한 것이라고 볼 수 있다.

오답 풀이

① ⓐ는 표면적으로는 '비와 바람'에 깎이거나 '두 쪽으로' 깨질 수 있기 때문에 가변적 존재이지만, 내면적으로는 흔들리지 않고 단련된 불변적 존재라고 할 수 있다. ⓑ 또한 변하지 않는 존재로 형상화되어 있기 때문에 불변적 존재라고 할 수 있다.
② ⓐ는 생명의 유한성조차 뛰어넘는 초월적 존재이고, ⓑ는 화자가 지향하는 가치나 신념이 투영된 이상적 존재라고 할 수 있다.
③ ⓐ와 ⓑ는 모두 불변적 존재라는 속성을 갖는데, 이는 화자가 지향하는 모습과 동일시된다. 따라서 ⓐ와 ⓑ는 모두 긍정적인 존재라고 해석할 수 있다.
⑤ ⓐ와 ⓑ는 모두 화자가 긍정적으로 평가하는 대상이지만, 밝은 미래나 그에 대한 확신과는 거리가 멀다.

07 정답 ④ ——————————[표현상의 특징 이해하기]

정답 풀이

윗글은 자신의 삶을 되돌아보며 치열한 삶의 의지를 자기 고백의 형식으로 담고 있다. 특정 대상에게 이야기를 하는 시상 전개 방식은 드러나지 않았다.

오답 풀이

① '세상은 가도가도 부끄럽기만 하더라'와 같이 화자의 정서를 직접적으로 드러내고 있다.
② '애비는 종이었다', '풋살구가 꼭 하나만 먹고 싶다 하였으나' 등을 통해 화자는 고백적인 어조로 가난했던 어린 시절과 천한 신분에 대해 이야기하며 정서를 드러내고 있다.
③ 고난과 시련에 맞서 온 지난날의 삶을 성찰하며 현실을 초극하려는 의지를 보여 주고 있다.
⑤ '종', '파뿌리', '바람벽', '풋살구', '죄인', '천치' 등으로 화자의 불우한 가정 환경(천한 신분, 가난)과 외부의 부정적 시선에 대해 형상화하고 있다.

08 정답 ⑤ ——————————[시어·시구의 의미 파악하기]

정답 풀이

ⓜ의 '병든 수캐'는 화자가 굴욕적인 현실과 치열한 삶에 대한 고통을 견디기가 녹록지 않음을 드러낸다. 그럼에도 불구하고 '헐떡거리며 나는 왔다'는 것은, 현실에 맞서다 실패하여 절망하는 모습을 의미하는 것이 아니라 현실이 고통스러울수록 강인한 의지를 가지고 지금까지 살아왔다는 것을 의미한다고 볼 수 있다.

오답 풀이

① ㉠은 화자의 입장에서 밝히기 어려운 가족사이지만 화자는 과감하면서도 솔직하게 고백하고 있다.
② ㉡은 만삭의 어머니가 '풋살구' 하나도 사 먹을 수 없을 정도로 가난했던 화자의 어린 시절 모습을 드러내고 있다.
③ ㉢ 뒤에 '죄인(동학 혁명에 가담했던 외할아버지의 손자로서의 평가)'과 '천치(종의 아들로서의 평가)'라는 시어가 이어지는 것으로 보아, 화자가 가난과 천한 신분으로 인한 부정적 평가에서 벗어나기가 쉽지 않았음을 짐작할 수 있다.
④ ㉣은 화자를 '죄인'과 '천치'로 보는 외부의 부정적 평가에 굴하지 않겠다는 의미로, 시련과 고난에 맞서 당당하게 살아가고자 하는 화자의 굳은 신념과 강인한 의지를 드러낸다.

09 정답 ② ——————————[다른 작품과 비교하여 감상하기]

정답 풀이

윗글은 고통스럽지만 치열하게 살아온 자신의 삶을 되돌아보며 앞으로 다가올 미래에 대한 의지를 보여 주고 있으며, 〈보기〉는 '가난'과 같은 현실적 어려움은 아무것도 아니라는 의연한 자세를 드러내고 있다. 그러므로 윗글과 〈보기〉의 화자는 모두 자신이 처한 상황에 대해 낙담하고 한계를 느끼고 있는 것이 아니라, 삶의 여유와 긍정적 자세를 통해 이를 극복하고자 하므로 화자가 처한 상황의 현실적 한계로 미래를 비관한다는 설명은 적절하지 않다.

오답 풀이

① 윗글과 〈보기〉는 모두 가난으로 인한 삶의 슬픔을 담고 있다.
③ 윗글은 '나는 아무것도 뉘우치진 않을란다'를 통해 과거의 삶에 대한 당당한 태도를 보여 주며, 삶의 시련과 고통에 맞서려는 의지를 드러내고 있다. 〈보기〉는 가난과 같은 시련에 굴하지 말 것을 당부하지만 지나온 삶 즉, 과거에 대해 언급하고 있지는 않다.
④ 윗글은 '애비는 종이었다'와 같은 고백적 어조를 사용하여 과거를 고백하고 있다. 〈보기〉에는 과거에 대한 고백은 드러나지 않는다.
⑤ 윗글은 고난과 시련에 맞서 온 과거의 삶을 성찰하며 삶에 대한 의지를 드러내고 있고, 〈보기〉는 자식의 양육을 중요하게 여기는 전통적인 정서를 통해 현실의 어려움을 초월하고 극복해 나가고자 하는 의지를 담고 있다.

실/전/기/출/문/제

김영랑, 모란이 피기까지는 + 김종길, 고고

| **01** ② | **02** ③ | **03** ① |

---

01 정답 ② ──────────── 〔 작품 간의 공통점·차이점 파악하기 〕

정답 풀이

수미상관은 첫 연과 끝 연이 같거나 비슷하게 구성하여 반복되게 하거나 일부 행이 비슷한 문장 구조로 반복되게 하는 표현법으로, 운율을 형성하고 의미와 주제를 강조하는 등의 효과가 있다. (가)는 1~2행과 11~12행의 수미상관 구성을 통해 모란이 피기까지는 자신의 봄을 기다린다는 주제 의식을 강조하고, (나)는 1연과 6연에서 변형되어 나타난 수미상관 구성을 통해 고고한 삶의 자세를 지향하겠다는 주제 의식을 강조하고 있다.

오답 풀이

① (가)와 (나)에는 모두 공간의 이동이 나타나 있지 않다.
③ (가)의 마지막 행은 일반적인 어순을 따른다면 '나는 아직 찬란한 슬픔의 봄을 기다리고 있을 테요'가 맞지만, 어순 도치를 사용하고 있다. 그러나 이렇게 어순을 도치하는 것은 봄을 기다리는 화자의 태도를 강조하고 있을 뿐 상황의 긴박감을 표현하는 것은 아니다. (나)에는 어순의 도치가 나타나 있지 않다.
④ (나)는 '수묵(水墨)'이라는 표현과 화자가 바라보는 풍경에서 눈으로 덮인 부분과 그렇지 않은 부분을 통해 흑백의 대비를 드러내고 있다고 볼 수 있다. 그러나 (가)에는 모란의 모습만 나타나 있을 뿐 흑백의 대비가 나타나 있지 않다.
⑤ (나)의 '-려면'이라는 표현을 가상의 상황으로 볼 수도 있지만 이를 통해 자기반성의 태도를 보여 주고 있지는 않다. 또한 (가)에는 모란이 피기를 기다리는 모습이 나타날 뿐 가상의 상황이 나타나 있지 않다.

---

02 정답 ③ ──────────── 〔 자료를 통해 감상하기 〕

정답 풀이

〈보기〉에서 (나)에서는 겨울날 볼 수 있는 시적 대상의 고고함이 드러나는 순간을 통해 대상의 아름다움이 드러난다고 하였다. 이는 (나)의 2연 '높은 봉우리만이 엷은 화장을 하듯 / 가볍게 눈을 쓰고'에 해당한다. 따라서 대상의 높이는 고고한 아름다움을 완성하는 조건 중 하나일 뿐 유일한 조건은 아니다.

오답 풀이

① (가)에서는 모란의 아름다움을 경험하는 '나'라는 주체를 직접 노출하여 정서를 표현하고 있다.
② 〈보기〉에서는 소멸을 앞둔 대상을 통해 대상의 아름다움이 경험된다고 하였다. (가)의 모란은 '삼백예순 날'을 제외한 아주 짧은 기간 동안만 피어 있기 때문에 이러한 속성이 대상의 아름다움을 강화하고 있다고 볼 수 있다.
④ (나)의 2연과 3연은 대상의 고고한 모습을 통해 아름다움을 드러내고 있으나, 4연과 5연에는 대상의 고고한 아름다움이 드러나 있지 않다. 따라서 대상의 고고한 아름다움이 드러나는 순간과 그렇지 않은 순간을 대비하고 있음을 알 수 있다.
⑤ (가)는 봄, (나)는 겨울이라는 특정한 계절적 배경을 통해 '모란'과 '북한산'이라는 대상의 아름다움을 표현하고 있다.

---

03 정답 ① ──────────── 〔 시어·시구의 의미 파악하기 〕

정답 풀이

(가)의 '설움'은 ㉠ '나의 봄'이 끝나서 느끼는 감정일 뿐 ㉠ '나의 봄'을 경험하지 못하게 방해하는 요인이 아니다.

오답 풀이

② (가)에서 화자가 모란이 지고 나면 '내 한 해는 다 가고 말아'라고 이야기하는 것은 그만큼 ㉠ '나의 봄'에 모란이 핀 모습을 본 경험이 화자의 삶에서 차지하는 비중이 크다는 것을 나타낸다.
③ (가)의 '찬란한 슬픔'은 모란이 피었을 때의 기쁨과 지고 났을 때의 슬픔을 동시에 나타내는 역설적인 표현이다. 역설적 표현은 의미를 강조하는 효과가 있다. 따라서 '찬란한 슬픔'은 화자가 ㉠ '나의 봄'에서 경험한 정서를 강렬하게 전달하고 있는 것이다.
④ (나)의 '어느 겨울날 이른 아침'은 백운대와 인수봉이 ㉡ '고고한 높이'를 회복할 때까지 기다려야 하는 시간으로, 이 시간이 지나야 화자는 그 고고함을 볼 수 있다. 따라서 '어느 겨울날 이른 아침'은 ㉡ '고고한 높이'를 경험할 수 있는 특정한 시간을 나타내는 것이다.
⑤ (나)에서 ㉡ '고고한 높이'를 회복하려면 백운대와 인수봉이 가볍게 눈을 쓰는 겨울날 이른 아침까지 기다려야 한다고 하였다. 따라서 '가볍게 눈을 쓰는'은 ㉡ '고고한 높이'를 경험하기 위한 대상의 요건을 나타낸다.

03강 새로운 형상화 기법의 모더니즘 시

01 정답 ② ──────── [표현상의 특징 이해하기]

정답 풀이

종결 어미 '-오, -소'를 반복적으로 사용하여 리듬감을 형성하고 있다.

오답 풀이

① 첫 연과 끝 연의 형식이나 내용이 유사한 수미상관의 표현법은 윗글에서 사용되지 않았다.

③ 윗글에는 사람이 아닌 것을 사람처럼 표현하는 의인법이 사용되지 않았다. 자연 친화 의식 또한 윗글에 나타나 있지 않다.

④ 윗글의 소재인 '거울'은 '자연물'이 아닌 '인공물'에 해당한다. 또한 이를 통해 사회 비판 의식을 드러내고 있지 않다.

⑤ 화자인 '나'는 거울을 바라보며 거울 속 자신에게 말을 건네고 악수를 시도하는 등의 행동을 하지만 거울 속의 '나'와 소통이 되지 않는 안타까움을 고백적 어조로 제시하고 있다. 윗글에서 대화체는 활용하지 않았다.

02 정답 ① ──────── [다른 작품과 비교하여 감상하기]

정답 풀이

윗글에서 화자는 시각적 이미지를 사용하여 거울을 보며 거울 속 '나'의 모습을 주로 묘사하고 있다. 반면 〈보기〉는 '귀뚜리'의 울음소리라는 청각적 이미지를 주로 사용하고 있다.

오답 풀이

② 윗글에는 감정 이입이 나타나지 않지만, 〈보기〉에서 화자는 '귀쏘리'에 자신의 외로움과 슬픔을 이입하고 있다.

③ 윗글의 '거울'은 거울 속의 '나'를 만나게 하기도 하고 만남을 방해하기도 하는 이중적 속성을 가지고 있다. 하지만 〈보기〉의 '귀뚜리'는 화자가 잠드는 것을 방해하기만 하고 있다.

④ 윗글은 '거울'을 소재로 내면의 무의식을 연상의 흐름 그대로 기술하고 있다. 하지만 〈보기〉는 '귀뚜리' 소리를 듣는 화자의 감정을 진술하게 드러낼 뿐 의식의 흐름에 따라 시상을 전개하는 것으로 볼 수 없다.

⑤ 윗글에는 5연과 6연에 논리적 모순이 드러나는 역설법이, 〈보기〉에는 '살뜰히도 깨우는고야'에서 '살뜰히'라는 표현 속에 반어법이 드러나 있다.

03 정답 ⑤ ──────── [자료를 통해 감상하기]

정답 풀이

윗글이 일제 강점기에 창작된 것은 맞지만, 윗글은 시인의 현실적 자아와 내면적 자아의 분열에 대해 표현한 작품이지 무기력한 삶에 대한 성찰과 극복 의지를 담아내고 있는 작품은 아니다.

오답 풀이

① 악수를 청하고 만져 보려 하는 등, 거울 밖의 '나'는 거울 안의 '나'와 소통을 하기 위해 노력을 기울이고 있다.

② '거울'이라는 만남과 단절의 양면성을 지닌 소재를 통해 자아 분열 의식이라는 주제를 드러내고 있다.

③ 표면적 자아와 내면적 자아의 만남이라는 상황을 설정하여 자신의 내면 의식을 드러내고 있다.

④ 띄어쓰기를 무시한 표현은 규칙을 따르지 않음으로써 기존 질서에 대한 거부와 저항 의식, 논리를 거스르는 무의식을 표현하기 위한 것으로 이해할 수 있다.

04 정답 ⑤ ──────── [표현상의 특징 이해하기]

정답 풀이

윗글에서는 자연물 '낙엽, 길, 구름'을 인공물 '지폐, 넥타이, 세로팡지'에 빗대어 화자가 도시에서 느끼는 삭막함과 황량함을 부각하고 있으므로 이들은 같은 맥락의 시어라고 할 수 있다. 따라서 자연물과 인공물을 대조하고 있다고 볼 수 없다.

오답 풀이

① 화자는 '낙엽-길-급행차-포플라나무-공장의 지붕-철책-구름'을 따라 시선을 이동하면서 풍경을 묘사하고 있다.

② 은유법('낙엽은 폴란드 망명 정부의 지폐'), 직유법('길은 한 줄기 구겨진 넥타이처럼'), 의인법('포플라나무의 근골'), 활유법('공장의 지붕은 흰 이빨을 드러내인 채') 등의 다양한 비유법을 통해 도시의 가을 풍경을 구체적으로 표현하고 있다.

③ 3행의 '생각케 한다', 7행의 '급행차가 들을 달린다', 16행의 '잠기어 간다' 등에서 현재형 시제를 사용하여 시적 상황에 현실감을 부여하고 있다.

④ '낙엽'을 통해 가을의 쓸쓸한 분위기를 조성하고 있다.

05 정답 ④ ──────── [자료를 통해 감상하기]

정답 풀이

ⓔ에서 보이지 않는 '풀벌레 소리'를 '발길'로 차는 것은 도시의 황량함과 그로 인한 고독감으로 인해 방황하는 화자의 무기력한 모습을 드러내

는 행위이지, 자연을 통해 고독감에서 벗어나고자 하는 의지를 드러내는 행위가 아니다.

오답 풀이

① ㉠은 '낙엽'을 '망명 정부의 지폐'에 빗댄 표현으로, 낙엽과 더 이상 쓸모가 없어진 망명한 정부가 발행한 지폐에서 연상되는 쓸쓸함과 모든 것이 덧없다 느끼는 무상감을 시각적으로 드러내고 있다.

② ㉡은 '급행차'의 연기를 금세 사라지고 마는 '담배 연기'에 빗대어 현대 물질문명의 허무함을 시각적으로 드러내고 있다.

③ ㉢은 '공장의 지붕'을 '흰 이빨'에 빗대어 도시의 삭막함을 시각적으로 드러내고 있다.

⑤ ㉣의 '고독한 반원'을 그리며 잠기어 가는 '돌팔매'는 숙명적으로 하강할 수밖에 없는 한계를 지닌 사물로, 황량함을 극복할 수 없는 화자의 고독감을 시각적으로 표현하고 있다.

06 정답 ⑤ ────────────── [시어·시구의 의미 파악하기]

정답 풀이

〈보기〉의 '창(窓)'은 고달픈 세상살이의 답답함에서 벗어나고자 하는 화자의 의지를 드러내는 매개체이다. 윗글의 시어 중 '돌팔매'는 도시의 가을 풍경에서 느끼는 황량함과 고독감을 해소하고자 하는 화자의 의지가 담긴 행위이다. 따라서 〈보기〉의 '창(窓)'과 윗글의 '돌팔매'는 모두 부정적 현실에서 벗어나고자 하는 화자의 의지를 드러내는 기능을 하는 시어이다.

오답 풀이

① '낙엽'은 화자의 무상감과 가을날의 쓸쓸한 정서를 드러내는 시어이다.

② '넥타이'는 구불구불한 가을 길을 빗댄 시어로, 황폐한 가을 풍경을 드러내는 시어이다.

③ '급행차'는 물질문명의 속성을 지닌 대상으로, 급히 사라지는 소멸의 이미지를 드러내는 시어이다.

④ '발길'은 보이지 않는 '풀벌레 소리'를 향한 것으로, 방황하는 화자의 모습을 드러내는 시어이다.

대/표/작/품 ③

정지용, 유리창 1		
07 ⑤	**08** ④	**09** ①

07 정답 ⑤ ────────────── [표현상의 특징 이해하기]

정답 풀이

'새까만 밤'과 '별'이 대비되어 선명한 시각적 이미지를 드러내고 있다. 또한 시각, 촉각 등의 감각적 이미지는 대상의 속성을 구체적으로 묘사하고 화자의 정서를 효과적으로 드러낸다.

오답 풀이

① 어순을 뒤바꾸어 화자의 심정을 부각시킨 부분을 찾아볼 수 없다.

② 전통적 율격은 나타나지 않았다.

③ 시적 대상의 공간 이동은 나타나지 않았다.

④ 윗글에 등장하는 자연물인 '새', '별'은 죽은 아이의 모습을 비유한 대상으로 화자의 감정이 이입된 대상으로 볼 수 없다.

08 정답 ④ ────────────── [시어·시구의 의미 파악하기]

정답 풀이

㉣의 '외로운 황홀한 심사'는 자식과의 단절로 인한 외로움과 유리창을 통해 죽은 아이를 만나면서 느끼는 황홀한 감정이 교차하는 상황을 표현한 것이다. 따라서 ㉣을 외로움이 황홀함으로 바뀌는 순간을 표현한 것으로 보는 것은 적절하지 않다.

오답 풀이

① ㉠에서 화자는 유리창에 입김을 불었다가 그것이 사라지면 다시 입김을 부는 행위를 반복함으로써 죽은 아이를 만나고 싶은 감정을 표현하고 있다.

② ㉡에서 '물 먹은 별'은 화자의 눈물 속에 담긴 죽은 아이의 모습(별)이 담겨 있고, 이 모습이 반짝하고 보석이 되어 박힌다. 이때 쉼표를 통해 호흡을 표현함으로써 감정의 절제를 보여 주고 있다.

③ ㉢에서는 밤에 유리창을 닦는 화자의 행동이 직접 제시되는데, 이것은 유리창을 닦으며 화자는 죽은 아이를 다시 만나는 소망을 이룰 수 있기 때문이다.

⑤ ㉤에서는 '아아'라는 탄식을 통해 화자가 느끼는 슬픔과 그리움을 높이고 있다.

09 정답 ① ────────────── [다른 작품과 비교하여 감상하기]

정답 풀이

윗글의 '유리창'은 삶과 죽음의 경계에서 화자의 소망(죽은 아이와의 만남)을 충족시켜 주는 동시에, '단절'의 이미지를 통해 그 소망의 한계를 인식하게 하는 이중적 상징물이다. 〈보기 2〉의 ㉮ '그넷줄' 역시 올라갈 때에는 답답한 현실 세계에서 벗어나고자 하는 화자의 열망을 잠시나마 충족시켜 주지만, 한번 올라가면 반드시 다시 내려와야만 하는 속성으로 인해 머지않아 내려오며 화자를 다시 현실로 돌아오게 만드는 매개체로서의 기능과 역할을 수행하고 있다.

오답 풀이

② ㉯ '향단'은 시적 상황에서 청자 역할과 함께 화자의 욕망 추구를 위한 조력자 역할을 수행하고 있다.

③ ㉰ '하늘'은 억압과 구속이 없는 자유롭고 이상적인 공간을 상징한다.

④ ㉱ '달'은 화자와 상반된 존재로, 이상적인 공간에 자유롭게 다다를 수 있는 존재를 상징한다.

⑤ ㉲ '파도'는 운명적 한계를 인식하였지만 결코 포기하지 않고 초월적 세계에 닿으려 하는 화자의 모습과 관련된 시어이다.

김광균, 추일서정 + 오규원, 하늘과 돌멩이

01 ⑤   **02** ④   **03** ①

---

01 정답 ⑤ ─────────────── [표현상의 특징 이해하기]

정답 풀이

　(가)에서는 자연물인 '낙엽', '길', '구름'을 인공물인 '폴-란드 망명 정부의 지폐', '구겨진 넥타이', '세로팡지'에 빗대어 표현하고 있다. 이는 가을날의 정경을 인공물에 빗대어 풍경이 화자에게 주는 고독하고 황량한 인상을 드러낸 것으로 볼 수 있다.

오답 풀이

① (가)의 첫 구절과 마지막 구절에 동일하거나 유사한 내용이 반복되고 있지 않으므로 수미상관의 기법이 사용되었다고 할 수 없다.
② (가)에서는 유사한 문장 형태가 반복되어 드러나지 않는다. 또한 '가을', '일광', '두 시' 등의 시어를 통해 시간을 짐작할 수 있을 뿐, 시간의 흐름이 나타나 있다고는 할 수 없다.
③ (가)에서 '폴-란드'나 '자욱-한' 등을 의도적인 시어의 변형으로 볼 수는 있지만, 이는 현실 극복 의지와는 관련이 없다. (가)의 주된 정서는 현실 극복 의지가 아니라 '가을날의 풍경 속에서 느끼는 고독과 우수'이다.
④ (가)에서 추측을 나타내는 표현은 찾아볼 수 없다.

---

02 정답 ④ ─────────────── [감상의 적절성 평가하기]

정답 풀이

　(가)에서는 '길'을 '구겨진 넥타이'에 비유하여 도시적 이미지와 연결 짓고 있다. 하지만 이를 도시에서 느껴지는 소외감을 표현한 것으로 해석하는 것은 무리가 있다. 또한 (나)에서는 '길 밖'과 '길 한켠'처럼 중심에서 벗어난 공간의 이미지를 활용하고 있기는 하지만, 이는 대상들 간의 거리감을 드러내기 위한 것으로 볼 수 없다.

오답 풀이

① 화자는 '낙엽'을 '폴-란드 망명 정부의 지폐'에 빗대어 표현하고 있다. '폴-란드 망명 정부의 지폐'는 가치를 잃어버린 화폐로 볼 수 있으므로, 낙엽의 이미지에서 연상되는 무상감을 드러내고 있다고 볼 수 있다.
② 화자는 자신이 던진 '돌팔매'가 하강 곡선을 그리며 떨어지는 이미지를 '고독한 반원'으로 표현하고 있는데, 이는 화자가 느끼는 외로움의 정서를 부각하기 위한 것으로 볼 수 있다.
③ '빈자리'는 '들찔레'가 '하얀 꽃을 버리며' 만든 공간이다. 이는 하늘이 돌멩이 위에 앉도록 하기 위해 들찔레가 만들어 준 공간으로 볼 수 있다. 따라서 '빈자리'는 들찔레가 의도적으로 만들어 낸 대상이며, 화자는 이러한 표현을 통해 비어 있는 공간의 이미지를 떠올릴 수 있도록 의미를 부여하고 있음을 알 수 있다.
⑤ (가)에서 화자가 '허공'을 향해 '돌팔매'를 던지는 것은 '황량한 생각'을 버리기 위한 것으로 볼 수 있다. 따라서 여기에서 '허공'은 '황량한 생각'이 드러나는 공허한 공간의 이미지로 활용되었음을 알 수 있다. (나)에서 '허공'은 '담쟁이덩굴'이 업혀 이동하는 공간이라 할 수 있다.

'담쟁이덩굴'이 '허공에서 허공으로' 이동하고 있는 움직임을 생각해 보면, 이는 감각적으로 경험하기 힘든 '허공'을 감각적으로 경험할 수 있는 대상으로 묘사한 것이라 할 수 있다.

---

03 정답 ① ─────────────── [시어·시구의 의미 파악하기]

정답 풀이

　'업히다'는 '다른 존재에 매달려 붙어 있게 되다.'라는 의미이므로, 타의에 의해 이루어지는 행위라고 할 수 있다. '담쟁이덩굴'이 가벼운 공기에 업혀 이동하고 있는 것으로 볼 때, '담쟁이덩굴'은 강인한 존재라기보다는 공기의 도움을 받는 수동적 존재로 이해하는 것이 적절하다.

오답 풀이

② 새가 하늘을 자유롭게 날아다닌다는 것은 일반적인 고정관념이다. 화자는 이러한 기존 관념과는 다르게 '새가 푸른 하늘에 눌려 납작하게 날고 있다'라고 표현함으로써 새가 하늘의 무게를 견디며 나는 것으로 표현하고 있다.
③ 자연의 섭리에 의해 꽃잎이 저절로 떨어지는 것으로 보는 것이 일반적인 고정관념이다. 화자는 이러한 관념에서 벗어나 '들찔레가 길 밖에서 하얀 꽃을 버리며'라고 표현함으로써 들찔레가 스스로 꽃을 떨어뜨리는 것으로 표현하고 있다.
④ 하늘과 땅이 멀리 떨어져 있다는 것은 일반적인 고정관념이다. 화자는 '하늘이 내려와 누런 돌멩이 위에 얹힌다'라고 표현하며 하늘을 길 가까이 내려와 돌멩이 위에 닿는 존재로 묘사하고 있다.
⑤ 모래가 바위 밑에 깔려 있다고 보는 것이 일반적인 고정관념이다. 화자는 '모래가 바위를 들어올린다'고 표현함으로써 모래를 자신의 힘으로 거대한 바위를 지탱할 수 있는 존재로 보고 있다.

04강 일제 강점기 민족의 현실을 다룬 시

대/표/작/품 ①

백석, 남신의주 유동 박시봉 방

| 01 ③ | 02 ⑤ | 03 ④ |

---

01 정답 ③ ──────── [표현상의 특징 이해하기]

정답 풀이

화자는 방안에서 주변 사물들에 시선을 옮기며 자신의 외로움을 드러내고, 자신의 어리석었던 과거를 반성한다. 그러다 20행의 '그러나'를 기점으로 화자의 심리는 하강 심리에서 상승 심리로 전환되며 새로운 삶에 대한 의지를 다잡는다. 이러한 심리 변화의 과정에 공간의 이동은 나타나 있지 않다.

오답 풀이

① '삿', '딜옹배기', '북덕불', '나줏손', '바우 섶' 등과 같은 평안북도 방언을 활용하여 작품에 향토성을 부여하고 있다.

② 산문적 진술이지만 화자는 쉼표를 통해 시의 호흡을 의도적으로 조절하며 내재율을 획득하고 있다.

④ 화자는 자신의 외롭고 슬프고 어리석었던 삶을 편지 형식의 고백적이고 산문적인 진술로 풀어 내고 있다.

⑤ 20행의 '그러나'를 기점으로 화자의 태도가 비관적 태도에서 의지적 태도로 전환된다.

---

02 정답 ⑤ ──────── [자료를 통해 감상하기]

정답 풀이

화자의 마음속 '슬픔, 한탄' 등이 앙금이 되어 가라앉는다는 것은, 시상의 흐름으로 볼 때 상실로 인한 절망감과 자괴감이 완전히 사라지지는 않았지만 조금씩 진정되는 과정으로 볼 수 있다.

오답 풀이

① '살던 집도 없어지'는 것은 일제의 수탈로 인해 우리 민족이 고향을 잃은 모습으로 해석할 수 있다.

② '헤매이'는 모습은 일제의 수탈을 피해 고향을 떠나야만 했던 시대 현실과 관련지을 수 있으므로 일제의 탄압으로 유랑민으로 내몰린 민족의 처지로 해석할 수 있다.

③ '뜨거운 것'은 화자의 분노와 슬픔을 의미하고, 이를 시대 현실과 관련지어 생각하면 삶의 터전을 상실한 우리 민족이 겪는 감정에 해당하므로 '뜨거운 것'은 당시 우리 민족의 울분을 형상화한 것으로 해석할 수 있다.

④ 화자는 가족과 고향을 떠나 방황하는 상실의 상황에 놓여 있다. 또한 '가슴이 꽉 메어'오는 것은, 시의 흐름을 고려할 때 벅찬 감동과 같은 긍정적 정서라기보다는 부정적 상황에 대한 답답함을 드러낸 것으로 해석할 수 있다.

---

03 정답 ④ ──────── [작품의 공간적 배경 이해하기]

정답 풀이

화자는 자신이 처한 암울한 현실이 자신의 잘못 때문이라 생각하고 회한과 슬픔, 절망을 느끼지만, 어느 순간 자신의 삶에 불가항력적인 운명이 있음을 깨달으며 겸허하게 운명을 긍정하며 살아갈 것을 다짐한다. 따라서 '더 크고, 높은 것'은 운명으로 볼 수 있으므로, '방'이 운명에 대한 저항의 의지를 다지는 공간이라는 설명은 적절하지 않다.

오답 풀이

① '습내 나는 춥고, 누긋한 방'은 화자가 가족들과 떨어져 객지에서 '쓸쓸한 거리 끝에 헤매이'다가 '바람'과 '추위'를 피하기 위해 세를 든 공간이다. 바람과 추위를 피하기 위해 습내가 나고 눅눅한 곳에 세를 든 것으로 봤을 때 화자는 가난한 처지일 것이고 가족들과 헤어져 쓸쓸하고 외롭게 지냈을 것이다.

② 화자는 '방'에서 '슬픔이며 어리석음'과 같은 회한의 정서를 '소처럼 연하여 쌔김질하'듯 반복적으로 떠올리고 반성하며 부끄러워하고 있다.

③ 화자는 '방'에서 천장(턴정)을 쳐다보며 무기력한 자아와 운명이라는 불가항력적 존재에 대해 인식하고 있으며, 자신의 슬픔과 어리석음에 눌리어 '죽을 수밖에 없'다며 삶에 대한 절망을 느끼고 있다.

⑤ 화자는 '방'에서 운명에 대해 깨달으며 마음의 안정을 되찾고, 고난을 이겨 내는 의지적 삶의 표상인 갈매나무를 생각하며 새로운 삶에 대한 의지를 다지고 있다.

대/표/작/품 ②

이용악, 풀벌레 소리 가득 차 있었다

| 04 ① | 05 ④ | 06 ④ |

---

04 정답 ① ──────── [표현상의 특징 이해하기]

정답 풀이

'노령', '아무울 만', '니코리스크'와 같이 구체적 지명을 사용한 것은 맞지만 이를 통해 향토성을 나타내고자 한 것이 아니라 고향을 벗어나 떠돌 수밖에 없던 유랑민의 처지를 강조하고자 한 것이다.

오답 풀이

② '아버지의 침상 없는 최후 최후의 밤은 / 풀벌레 소리 가득 차 있었다'가 1연과 마지막 연에 반복되며 아버지의 죽음으로 인한 비극성을 강조하고 시적 여운을 남기고 있다.

③ '울음', '풀벌레 소리'와 같은 청각적 이미지와 '눈빛 미명은 고요히 / 낯을 덮었다'와 같은 시각적 이미지를 사용하고 있다. 또한 '꿈의 꽃봉오리'에서 은유법을 사용하고, '얼음장에 누우신 듯'에서는 직유법을 사용하여 아버지의 죽음을 표현하는 등 다양한 수사법으로 시상을 전개하고 있다.

④ 윗글은 줄거리와 짜임이 있는 서사적 구성을 지닌 이야기 시의 형태를 보인다. 이야기 시는 시인이 전하고자 하는 바를 나타내기 위한 전략으로 사용된다.

⑤ 서술어를 과거형으로 표현하면 이미 지나가 버린 사건을 단순히 전달하는 기능을 하여 슬픔을 표현하더라도 결과만 전하기 때문에 남의 슬픔을 전달하는 듯한 느낌을 받는다. 이렇게 윗글은 과거 시제의 서술어를 사용하여 시적인 객관성을 확보하고 있다.

를 '풀벌레 소리'를 통해 표현하고 있다. 가난하기에 죽음조차 비참하게 맞아야 했던 윗글의 아버지는 특정한 개인이 아니라, 일제 치하에서 핍박을 받으며 가난하고 비참하게 살 수밖에 없고, 타국을 떠돌 수밖에 없는 우리 민족의 모습과 그들의 슬픔을 형상화하고 있다고 할 수 있다.
③ '노령', '아무을 만', '니코리스크'는 러시아의 지명으로, 시인의 아버지가 이 지역에서 장사를 하던 체험이 반영된 것으로 볼 수 있다.

05 정답 ④ ──────────────── [시어·시구의 의미 파악하기]

정답 풀이

'이웃 늙은이'는 비슷하게 유랑했던 이웃들이 있었음을 나타내기 위해 가져온 시적 장치로, 당시 유랑을 해야 했던 비슷한 처지의 사람들이 많았고 그들 대부분이 우리 민족임을 드러내기 위한 소재로 사용되었다. 또한 남은 가족과 아버지의 거리를 일정하게 유지하게 함으로써 아버지의 죽음을 객관적 거리에서 바라볼 수 있도록 돕는 역할을 한다. '이웃 늙은이'가 화자의 가족들에게 위안과 위로가 되었다는 구절은 나타나지 않으며, 위안과 위로로 해석할 수 있는 시어도 없다.

오답 풀이

① '한 마디 남겨 두는 말도 없었고', '때 늦은 의원이 아모 말없이'의 '없다'의 의미와 '풀벌레 소리 가득 차 있었다'의 '있었다'가 대조를 이루며 상황의 비극성을 강조하고 있다.
② '파선'이라는 말에 한자어가 제시되지 않은 까닭에 '물결의 선'을 뜻하는 의미와 '파괴된 배'라는 두 가지의 의미가 중의성을 띠기 때문이다. 아버지가 탔던 배가 러시아를 드나들 때 '아무을 만'에 일던 물결을 상상할 수도 있고, 그 물결에 배가 파괴된 상황을 생각할 수도 있다. 따라서 두 해석 모두 결국 아버지가 겪어야 했던 고단한 삶을 의미한다고 할 수 있다.
③ '설룽한'은 설렁거리는 바람의 이미지를 환기시키면서 밤의 서늘함도 연상시킨다. '니코리스크'라는 공간을 드나들면서 서늘한 바람을 맞아야 했던 아버지의 고단한 삶을 암시한다고 할 수 있다.
⑤ '우리는 머리맡에 엎디어 / 있는 대로의 울음을 다아 울었고'는 '우리는 다아 울었고'와 '울음을 다아 울었고'로 해석이 가능하다. '우리는 다아 울었다'로 해석한다면 가족 모두의 슬픔이 컸음을 의미하고, '울음을 다아 울었다'로 해석하게 되면 울음의 깊이를 드러내었다고 할 수 있다.

대/표/작/품 ③

오장환, 고향 앞에서

07 ④   **08** ④   **09** ⑤

07 정답 ④ ──────────────── [표현상의 특징 이해하기]

정답 풀이

'이야기하랴', '보셨나이까' 등의 구절에서 의문형 어미가 드러나기는 하지만 밀접한 관계의 대상이 등장하지 않는다.

오답 풀이

① 현재형 시제를 나타내는 어미인 '-다'를 통해 계절의 변화, 인물의 행동, 고향의 모습 등의 상황을 나타내며 현장감을 자아내고 있다.
② '산짐승의 우는 소릴', '잰나비 우는 산기슭' 등과 같이 자연 현상을 통해 시적 화자가 느끼는 슬픔을 나타내고 있다.
③ '울먹울멍', '잰나비', '내음새'와 같은 방언을 의도적으로 사용하여 향토감을 조성하고 있다.
⑤ '잰나비 우는 산기슭', '누룩을 디디는 소리'와 같은 청각적 이미지, '누룩이 뜨는 내음새'와 같은 후각적 이미지 등의 감각적 표현을 통해 대상이 되는 장소인 고향의 모습을 드러내고 있다.

06 정답 ④ ──────────────── [자료를 통해 감상하기]

정답 풀이

'있는 대로의 울음'은 아버지의 죽음에 대한 자식들의 슬픔을 나타낸 것이지, 아버지를 죽음으로 내몰게 한 일제 강점기라는 현실에 대한 자식들의 반성의 정도를 나타내는 것은 아니다.

오답 풀이

① '우리 집도 아니고', '일가 집도 아닌', '고향은 더욱 아닌'이라는 구절에서 집도 없이 타국을 떠돌아다니는 화자와 식구들의 모습을 엿볼 수 있으며 이를 통해 유랑하던 우리 민족의 모습도 떠올릴 수 있다.
②, ⑤ 침상도 없을 만큼 가난했던 아버지의 모습을 '침상 없는 최후 최후의 밤'을 통해 나타내고 있으며, 아버지의 죽음으로 인한 슬픔의 강도

08 정답 ④ ──────────────── [자료를 통해 감상하기]

정답 풀이

평화로운 과거 고향의 모습을 그린 6연의 '전나무 우거진 마을'과 쓸쓸한 모습의 현재의 고향을 그린 4연의 '잰나비 우는 산기슭'은 각각 ⓐ와 ⓑ의 모습을 잘 나타낸 시어로 볼 수 있다.

오답 풀이

① '강바람'은 계절의 변화를 나타내는 시어이므로 과거의 고향이라 볼 수 없고, '설레는 바람'은 현재의 고향에 대한 그리움을 드러내는 소재이다.
② '산짐승의 우는 소리'는 쓸쓸하고 적막한 분위기를 환기하는 청각적 표현으로 현재의 고향의 모습에 가까우며, '집집마다 누룩을 디디는 소리'는 과거의 고향을 나타낸다.

③ '주인집 늙은이'는 고향 앞에서 주막을 운영하는 사람으로, 현재 시적 화자가 만난 사람이고, '예제로 떠도는 장꾼들' 역시 시적 화자가 현재 고향의 소식을 듣기 위해 부르는 인물이므로 고향의 모습을 드러내는 표현이 아니다.

⑤ '누룩이 뜨는 내음새'는 과거의 고향의 모습을 나타내는 것이 맞지만, '흙이 풀리는 내음새'는 계절의 변화를 나타낼 뿐 현재 고향의 쓸쓸한 모습과 관계가 없다.

09 정답 ⑤ ───────── [다른 작품과 비교하여 감상하기]

정답 풀이

윗글은 평화로웠던 옛 모습을 잃어버린, 쓸쓸한 현재의 고향을 노래하였으므로 시적 화자가 현재의 상황을 긍정적으로 받아들인다고 보기 힘들다. 〈보기〉의 화자 역시 자신의 사랑 및 추억과 이별하는 상황이므로 현재의 상황을 긍정적으로 받아들인다고 볼 수는 없다.

오답 풀이

① 윗글의 화자는 평화로운 과거의 고향이 쓸쓸하게 변했기에 느끼는 상실감을 나타내고 있고, 〈보기〉에서는 '사랑을 잃'어버린 화자의 상실감이 드러나 있다.

② 윗글에서는 '-ㄴ다'를, 〈보기〉에서는 '-들아', '-네'의 반복을 통해 운율감을 형성하고 있다.

③ 윗글에는 화자의 처지와 비슷한 '주인집 늙은이'가 등장하여 화자의 처지에 공감을 느끼고 있지만, 〈보기〉에는 화자의 처지에 공감을 느끼는 인물이 등장하지 않는다.

④ 윗글에는 화자가 직접적으로 드러나지 않지만, 〈보기〉의 화자는 1행의 '나는 쓰네'에서 볼 수 있듯이 직접적으로 드러나 있다.

실/전/기/출/문/제
오장환, 고향 앞에서 + 정희성, 저문 강에 삽을 씻고

01 ①	02 ②	03 ②

01 정답 ① ───────── [작품 간의 공통점·차이점 파악하기]

정답 풀이

(가)는 '산짐승', '잰나비' 등의 자연물을 활용하여 화자의 정서를 부각하고 있으며, (나)는 '강'과 '달' 등의 자연물을 통해 화자의 정서를 부각하고 있다.

오답 풀이

② (가)와 (나) 모두 첫 구절과 마지막 구절이 동일하거나 유사한 내용이 반복되고 있지 않으므로, 수미상관의 표현법이 사용되었다고 할 수 없다.

③ 현재와 과거가 교차하려면 '현재 → 과거 → 현재' 또는 '과거 → 현재 → 과거' 등의 구성으로 시상이 전개되어야 한다. 하지만 (가)와 (나) 모두 이러한 시간의 교차가 드러나지 않는다.

④ (가)는 '장꾼들'을 대상으로 화자가 말을 건네는 방식을 취하고 있다. 그러나 (나)는 이러한 방식이 활용되고 있지 않다.

⑤ (가)는 과거의 정경과 현재의 정경을 대비하여 고향에 대한 그리움을 나타내고 있으므로 시적 공간의 대비를 통해 화자가 지향하는 세계를 드러내고 있는 것으로 볼 수 있다. 그러나 (나)는 주된 공간인 강변에서 시간의 흐름에 따라 시상이 전개되고 있으므로, 시적 공간의 대비가 드러나 있는 것으로 볼 수 없다.

02 정답 ② ───────── [시어·시구의 의미 파악하기]

정답 풀이

[B]는 이른 봄, 강물에 얼음장이 떠내려가는 모습을 나타낸 것이다. 고향을 그리워하는 화자의 심회가 드러나고 있을 뿐, 현실과 대비된 과거의 삶을 회상하는 화자의 태도를 나타낸 것으로 볼 수 없다.

오답 풀이

① [A]는 봄이 찾아와 흙이 녹는 모습을 후각적 심상을 통해 감각적으로 나타낸 것이다. 따라서 [A]는 후각적 심상을 활용하여 봄이라는 계절적 배경을 드러내고 있다고 볼 수 있다.

③ '행인'은 화자에게 고향의 소식을 전해 줄 수 있는 인물이므로, 화자는 이러한 행인의 손을 쥐면 따뜻함을 느낄 것이라고 이야기하고 있다. 따라서 [C]는 촉각적 심상을 활용하여 따뜻한 고향의 정취를 느끼고 싶어 하는 화자의 심리를 표출하고 있는 것으로 볼 수 있다.

④ [D]는 고향에 쓸쓸히 남은 무덤이 있는 곳이다. 이곳에서 간간히 '잰나비'가 우는 것은 고향의 처량하고 쓸쓸한 분위기를 청각적으로 표현하고 있는 것이라 할 수 있다.

⑤ [E]는 '누룩을 디디는 소리', '누룩이 뜨는 내음새'와 같이 청각적 심상과 후각적 심상을 활용하여 화자의 의식에 잠재되어 있는 평화롭고 풍요로운 고향의 모습을 묘사하고 있다.

03 정답 ② ───────── [자료를 통해 감상하기]

정답 풀이

'스스로 깊어 가는 강'은 해가 저물어 깊어 보이는 강의 모습을 표현한 것이다. 화자는 이러한 강의 모습을 바라보며 노동자의 한과 비애를 느끼고 있다. 이것을 산업화 과정에서 소외된 삶을 자책하는 것으로 해석하는 것은 무리가 있다.

오답 풀이

① 하루의 고단한 노동을 마친 화자가 '강변에 나가 삽을 씻으며', '슬픔'을 '퍼다 버리'는 것은 노동자로서 느끼는 삶의 괴로움과 슬픔을 덜어 내려는 것으로 일종의 정화 의식이라고 할 수 있다.

③ 화자는 '스스로 깊어 가는 강'을 보면서 노동자로서의 삶에 대한 한과 비애를 느끼고 있다. 이러한 부정적 현실에 대해 화자는 '쭈그려 앉아 담배나 피우고' 말 뿐이다. 이는 화자가 부정적 현실에 대해 무력감을 드러낸 것이라 할 수 있다.

④ 강물에 삽을 씻으며 삶의 괴로움과 슬픔을 덜어 내는 정화 의식을 치른

화자는 또다시 암울한 일상으로 복귀해야 한다는 현실에 그저 '돌아갈 뿐이다', '돌아가야 한다'라고 말하고 있다. 이는 체념적 태도를 드러낸 것으로 희망 없는 삶이 반복될 수밖에 없다는 화자의 인식이 내재된 것으로 볼 수 있다.

⑤ '샛강바닥 썩은 물'은 도시 문명에 대한 비판을 상징하는 것으로, 산업화로 인해 환경이 파괴된 현실에 대한 화자의 부정적인 인식을 드러낸다고 할 수 있다.

05강 저항시와 자연 친화적인 시

대/표/작/품 ①

이육사, 절정

01 ④   02 ②   03 ④

01 정답 ④ ───────────── [표현상의 특징 이해하기]

정답 풀이

'북방 → 고원 → 서릿발 칼날진 그 위'로의 이동을 통해 극한 상황이 점층적으로 고조되는 것은 알 수 있으나, 강렬하고 단정적인 어조만을 보여 주고 있을 뿐 다양한 어조를 보여 준다고 할 수 없다.

오답 풀이

① 1~4연이 전통적인 한시의 '기(시작)-승(이어받음)-전(부연 또는 전환)-결(끝맺음)'의 구조를 갖춰, 윗글이 선비 정신을 계승하였다는 것을 알 수 있다.
② 일제 강점기의 냉혹한 현실을 의미하는 '매운 계절', '겨울'과 일제의 탄압을 의미하는 '채찍' 등 상징적인 시어를 사용하였다는 것을 확인할 수 있고, '겨울은 강철로 된 무지개'에서 역설적 표현을 사용하였다는 것을 확인할 수 있다.
③ '오다', '서다', '없다'와 같이 현재형 시제를 활용하여 시적 상황의 긴박감을 조성하고 긴장감을 높이는 효과를 얻고 있다.
⑤ 윗글은 일제 강점기의 시련은 고통스럽지만 희망으로 가는 과정이라는 의미를 '겨울은 강철로 된 무지갠가 보다'와 같이 간결한 시행으로 표현하였고, 일제 강점기의 시련을 '겨울'로, 고통을 이겨 내고 희망으로 가는 길을 '강철로 된 무지개'로 표현하며 시적 상황과 화자의 정서를 압축하여 보여 주고 있다.

02 정답 ② ───────────── [자료를 통해 감상하기]

정답 풀이

윗글에서 화자는 매운 계절의 '채찍'에 갈겨 북방으로 휩쓸려 왔기에 '채찍'은 일제의 탄압을 의미한다. 따라서 '채찍'이 이육사가 선택한 저항과 투쟁의 수단을 의미한다고 볼 수 없다. 〈보기〉를 통해 이육사가 일제의 탄압에 저항하기 위한 수단으로 사용한 것은 '총칼'과 '시'임을 알 수 있다.

오답 풀이

① 화자는 일제의 탄압에 굴하지 않고 적극적으로 저항하였던 독립투사였다. 따라서 '매운 계절'은 일제 강점기의 냉혹한 현실을 의미한다.
③ '하늘'은 희망, 가능성을 의미한다. 따라서 '하늘도 그만 지쳐 끝난 고원'은 어떤 희망도 기대할 수 없는 부정적인 상황을 의미한다.
④ '서릿발 칼날진 그 위'는 생존의 극한 상황으로, 일제 강점기의 폭압이 극에 달한 상황을 의미한다.
⑤ '겨울은 강철로 된 무지개'를 통해 고통스러운 현실('겨울')을 이겨 내고

희망('무지개')으로 가겠다는 초극적 의지를 행동으로 보여 주고 있음을 알 수 있다.

⑤ '등불을 밝혀 어둠을 조금 내몰고'에서와 같이 감각적 이미지를 활용하여 '부정적 현실에 대한 극복 의지'라는 추상적인 시적 의미를 구체적이고 선명하게 형상화하고 있다.

03 정답 ④ ——————— [다른 작품과 비교하여 감상하기]

정답 풀이

절대 극한의 상황에서 화자는 비켜설 수도 물러설 수도 없으며 어떤 외부적 힘에 의해 구원받을 수 없음을 인식하고 있다. 따라서 화자는 이 모든 고통과 시련을 자신의 의지로 극복할 수밖에 없다는 것을 깨닫고 그 상황을 아름답고 황홀한 것으로 받아들이며 비극적 현실을 초극하려는 의지를 보이고 있다. 윗글에서는 이를 '겨울은 강철로 된 무지갠가 보다'라는 역설적 표현을 통해 드러낸 것이다. 하지만 〈보기〉에는 반어적 표현이 나타나 있지 않다.

오답 풀이

① 윗글은 '기-승-전-결'의 한시적 구성을 따르고 있고, 〈보기〉는 '기-서-결'의 3단 구성을 보여 주고 있다. 이를 통해 윗글과 〈보기〉 모두 절제되고 간결한 구조로 주제를 압축해 표현하고 있음을 알 수 있다.

② 윗글에서는 '북방', '고원', '서릿발 칼날진 그 위'를 통해, 〈보기〉에서는 '세월에 불타고', '낡은 거미집 휘두르고', '검은 그림자 쓸쓸하면'을 통해 화자가 처한 부정적 상황을 보여 주고 있다.

③ 윗글에서는 '겨울은 강철로 된 무지갠가 보다'를 통해 현실 초극의 의지를 보여 주고 있다. 〈보기〉에서는 '교목'이라는 소재와 '차마 바람도 흔들진 못해라'를 통해 외부의 유혹과 시련에 흔들리지 않겠다는 강한 의지를 보여 주고 있다.

⑤ 윗글은 '오다', '서라, 없다'와 같이 현재형 종결 어미를 사용하여 긴박감을 보여 주고 있다. 〈보기〉는 '말아라, 아니라, 못해라'와 같은 부정 표현을 사용해 화자의 강한 의지를 효과적으로 표현하고 있다.

대/표/작/품 ②

윤동주, 쉽게 씌어진 시

| 04 ④ | 05 ④ | 06 ② |

04 정답 ④ ——————— [표현상의 특징 이해하기]

정답 풀이

윗글은 화자가 자신의 내면세계를 성찰하며 현실 극복 의지를 다지는 과정을 형상화하고 있으므로 공간의 이동에 따라 시상이 전개된다고 할 수 없다.

오답 풀이

① 마지막 행에서 '악수'라는 명사로 시를 끝내며 시적 여운을 남기고 있다.

② '밤비', '어둠'의 어두운 이미지와 '등불', '아침'의 밝은 이미지를 대비하여 어두운 시대 현실을 극복하려는 화자의 의지를 효과적으로 드러내고 있다.

③ 8연은 1연과 동일한 시구를 변형하여 배치하며 암담한 시대 상황을 인식하고 자아 성찰 중인 화자의 상황을 드러내고 있다.

05 정답 ④ ——————— [시어·시구의 의미 파악하기]

정답 풀이

'등불'은 암담한 현실을 헤쳐 나갈 극복 의지와 희망을 뜻하고, '어둠'은 일제 강점기라는 절망적인 시대 상황을 뜻하므로 '등불'과 '어둠'은 대립 관계에 있다고 볼 수 있다.

오답 풀이

① '밤비'는 어둡고 쓸쓸한 시간적 배경으로 화자가 시대 상황을 인식하고 자아를 성찰하는 시간을 뜻하고, '육첩방'은 일본식 생활 공간으로 화자를 구속하는 부정적인 공간을 뜻하므로 '밤비'와 '육첩방'을 대립 관계라고 볼 수 없다.

② '땀내'와 '학비 봉투' 모두 화자를 향한 가족의 정성과 사랑을 뜻하므로 대립 관계라고 볼 수 없다.

③ '대학 노트'는 시대 현실과는 동떨어진 형식적이고 낡은 지식을 적는 물건으로 현실에 순응한 자아를 뜻하고, '침전'은 무기력한 현실적 자아를 뜻하므로 '대학 노트'와 '침전'을 대립 관계라고 볼 수 없다.

⑤ '위안'은 현실적 자아의 고통에 대한 공감과 위로를 뜻하고, '악수'는 내면적 자아와 현실적 자아의 화해를 뜻하므로 '위안'과 '악수'를 대립 관계라고 볼 수 없다.

06 정답 ② ——————— [자료를 통해 감상하기]

정답 풀이

〈보기〉의 내용을 볼 때 '시인이란 슬픈 천명'은 암담한 현실 속에서 시인은 힘을 발휘하지 못한다는 것을 인식하면서도 시를 쓸 수밖에 없는 괴로움과, 독립을 위해 행동할 수 없다는 사실을 안타까워하는 표현으로 볼 수 있다. 따라서 '시인이란 슬픈 천명'은 시인으로서의 자부심과는 관계가 없으며, 독립 투쟁에 직접 참여하지 못하고 시를 쓰며 살아가는 상황에 대한 자조적인 인식이 담겨 있다고 할 수 없다.

오답 풀이

① 〈보기〉의 내용을 통해 윤동주가 일제 강점기에 일본에서 유학한 것을 알 수 있으므로, '육첩방은 남의 나라'는 화자가 처해 있는 부정적인 현실을 의미하므로 윤동주가 유학 생활 중 느꼈던 답답한 현실에 대한 우울함이 배어 있다고 볼 수 있다.

③ 〈보기〉의 내용을 통해 윤동주가 어려움에 처해 있는 조국을 떠나와 자신만 편안하게 공부하는 것을 자책했다는 것을 알 수 있으므로, '홀로 침전하는 것일까?'에는 어려움이 처한 조국을 떠나 있는 자신에 대한 자괴감이 깔려 있다고 볼 수 있다.

④ 〈보기〉의 내용을 통해 윤동주가 독립운동을 하였다는 것을 알 수 있으므로, '시대처럼 올 아침'은 윤동주가 간절하게 염원하는 조국의 광복을 의미한다고 볼 수 있다.

⑤ 〈보기〉에서 어려움에 처해 있는 조국을 떠나와 자신만 편안하게 공부하는 것을 자책하던 윤동주가 결국 독립운동을 하였다는 것을 알 수 있다. 즉, 현실적 자아와 이상적 자아 사이의 갈등이 해소되고 두 자아가 화해를 이루게 된 것이므로 '최초의 악수'는 두 자아가 갈등을 해소하고 새로운 자세로 살겠다는 의지를 형상화하였다고 볼 수 있다.

대/표/작/품③

박목월, 산도화

07 ③   **08** ⑤   **09** ③

07 정답 ③   [표현상의 특징 이해하기]

정답 풀이

시적 화자는 상상의 공간인 구강산의 아름다움을 한 폭의 동양화처럼 바라보며 동양적 이상향을 보여 주고 있기는 하지만, 자연과 인간을 서로 대비하는 모습은 보이지 않는다. 즉 시적 대상을 평화롭고 아름답게 묘사하고는 있으나, 자연과 인간을 대비한다고 보기는 어렵다.

오답 풀이

① 한 행이 1음보인 세 행이 1연으로 구성되어 3음보의 규칙적 배열을 통해 운율을 형성하고 있다.
② '보랏빛 석산', '산도화', '옥 같은 물'에서 시각적 심상이 두드러지고, '구강산'에서 '산도화', '시냇물', '암사슴'으로 이어지는 시선의 이동을 통해 원경에서 근경으로 시상이 전개되고 있다.
④ 서정을 드러내는 시어는 배제되어 있으며 3음보의 율격과 간결한 시행을 통해 구강산의 평화롭고 아름다운 정경이 묘사되어 있다.
⑤ '보랏빛 석산', '산도화 두어 송이', '흐르는 물' 등 인상적인 몇 장면만 시각적으로 묘사하며 수식어가 거의 없는 절제된 언어의 사용으로 여백의 미를 느끼게 하고 있다. 이런 시구들 중 산도화가 흐드러지게 피어 있는 것이 아니라, '두어 송이'만 피어 있는 것에서 여백의 미를 가장 잘 느낄 수 있다.

08 정답 ⑤   [다른 작품과 비교하여 감상하기]

정답 풀이

'청노루', '구강산', '자하산' 등의 시어를 통해 동양적 이상향을 형상화하여 아름답고 평화로운 분위기를 조성하고 있으나 애상적인 분위기를 자아낸다고 보기는 어렵다.

오답 풀이

① 윗글은 '보랏빛 석산', '산도화'에서, 〈보기〉는 '청운사', '자하산', '청노루'에서 색채 이미지가 선명하게 드러나며, 이를 활용하여 대상을 생생하게 표현하고 있다.
② 윗글과 〈보기〉의 시적 화자는 작품 안에 직접적으로 나타나지 않으며, '구강산'과 '자하산'을 바라보며 대상을 한 폭의 그림처럼 묘사하고 있을 뿐이다. 그 속에서 화자는 동양적 이상향에 대한 의미를 찾아 가는 관

조적 태도를 보이고 있다.
③ 윗글의 3연 1행의 '봄눈'이라는 시어와 〈보기〉의 2연 2행의 '봄눈'이라는 시어가 동일하게 쓰여, 봄이라는 계절적 배경과 시간적 배경을 구체적으로 제시하고 있다.
④ 윗글은 '구강산'을, 〈보기〉는 '자하산'을 시적 배경으로 사용하여 여백의 아름다움을 드러내는 동양화 속의 세계를 형상화하고 있다.

09 정답 ③   [시어·시구의 의미 파악하기]

정답 풀이

'옥 같은 물'은 세속을 벗어난 이상적 공간을 의미하므로, 세속적 가치를 보여 준다고 할 수 없다.

오답 풀이

① 보라색은 신비로움을 주는 색채어로, '보랏빛 석산'은 현실에는 존재하지 않는 이상적 공간이라 할 수 있는 '구강산'을 더욱 신비롭고 비현실적인 이미지로 만들어 주는 관념적인 공간이라 할 수 있다.
② '산도화'는 도연명의 「도화원기」에 나오는 동양의 이상향인 무릉도원(武陵桃源)의 복숭아꽃을 연상하게 하는 소재로, 무릉도원의 신비함과 평화로움을 느끼게 하는 소재로 볼 수 있다.
④ '암사슴'은 '보랏빛 석산', '산도화'와 함께 평화롭고 아름다운 자연의 일부로, 속세에서 멀리 떨어져 있는 고결하고 순수한 존재를 의미한다고 볼 수 있다.
⑤ '보랏빛 석산'과 '산도화'에서 보랏빛 석산에 산도화가 피어 있는 정적인 모습을, '옥 같은 물'이 흐르고 '암사슴'이 발을 씻는 행위에서 동적인 모습을 엿볼 수 있다.

실/전/기/출/문/제

윤동주, 쉽게 씌어진 시 + 신경림, 동해바다 – 후포에서

01 ④   **02** ②   **03** ②

01 정답 ④   [작품 간의 공통점·차이점 파악하기]

정답 풀이

(가)에서 '어둠'은 일제 강점기의 시대 상황 또는 개인적 고뇌를, 아침은 해방 또는 개인적 고뇌에서의 탈피를 의미한다. 이때 '아침'은 화자의 희망적 의지와 관련이 있으므로, (가)는 대조를 이루는 시어를 사용하여 주제를 부각한 것이라 할 수 있다. (나)에서는 '돌'과 '동해바다'가 대조를 이루며 관대하고 포용력 있는 삶에 대해 소망하는 화자의 심정이 강조되고 있다. 따라서 (나) 역시 의미상 대조를 이루는 시어를 통해 주제를 부각하고 있다고 할 수 있다.

오답 풀이

① (가)와 (나) 모두 독백의 어조를 담담하게 유지하고 있으므로, (가)와 (나)가 어조의 변화를 통해 시적 긴장을 높인다는 진술은 적절하지 않다.
② (가)에서는 명사로 끝나는 시행을 찾을 수 있지만, (나)에서는 찾을 수 없다.

③ (가)와 (나)에서 반어적 표현이 사용된 부분은 찾을 수 없다.
⑤ (가)에서는 '현실 인식 → 자아 성찰 → 현실 재인식 → 극복 의지'의 순으로 시상이 전개되고 있다. (나)에서는 동해바다를 배경으로 화자의 자기 성찰이 이루어지고 있다. 따라서 (가)와 (나)는 모두 원경에서 근경으로의 시선 이동을 통해 시상을 전개하고 있지는 않다.

02 정답 ② ──────────────[자료를 통해 감상하기]

정답 풀이
화자가 '홀로 침전하는 것'은 내면으로 몰입하여 시를 쓰는 행위를 의미한다. 화자는 시가 쉽게 쓰여지는 것을 부끄러워하고 있으므로, '홀로 침전하는 것'이 일제 강점기의 현실 속에서 고결함을 유지하고자 하는 화자의 의지를 나타낸다는 감상은 적절하지 않다.

오답 풀이
① '육첩방'은 화자가 유학하며 머무는 공간이다. 화자는 이곳을 '남의 나라'라고 표현하고 있다. 당시의 시대적 배경이 일제 강점기라는 것을 감안할 때, 이는 화자가 '육첩방'이라는 부정적이고 억압적인 현실에 갇혀 있음을 의미한다고 볼 수 있다.
③ '등불'은 새 시대를 향한 노력이고, '어둠'은 일제 강점기의 시대 상황을 의미하는 것으로 볼 수 있다. 따라서 화자가 '등불을 밝혀 어둠을 조금 내몰고'자 하는 것은 현실을 극복하려는 의지를 드러내는 것으로 해석할 수 있다.
④ 화자가 '시대처럼 올 아침'을 기다리는 것은 희망적이고 긍정적인 미래에 대한 확신을 가지고 있기 때문이라 할 수 있다.
⑤ 암울한 현실에 안주하고 있는 '나'와 현실 극복 의지를 지닌 '나'가 만나 나누는 '최초의 악수'는 두 자아 사이의 갈등이 해소되고 화해를 이루는 것을 의미한다고 볼 수 있다.

03 정답 ② ──────────────[시어·시구의 의미 파악하기]

정답 풀이
'티끌'은 친구의 사소한 '잘못'을 가리키는 시어이므로 화자가 숨기고 싶은 모습과는 관련이 없다.

오답 풀이
① '날'은 화자가 친구의 잘못에 지나치게 엄격하게 구는, 화자의 부끄러운 모습이 드러나는 때를 의미한다.
③ '돌'은 친구의 잘못에 대해 너그럽게 대하지 못하는, 화자의 소심하고 옹졸한 모습을 비유한 표현이다.
④ 화자는 '동해바다'를 바라보며 바다처럼 너그럽고 포용력 있는 존재가 되기를 희망하고 있다. 따라서 '동해바다'는 화자가 본받고 싶은 대상이라 할 수 있다.
⑤ 화자는 자신이 동경하는 바다가 억센 파도를 다스리는 것과 같이 자신을 모진 매로 '채찍질'할 것을 다짐하고 있다. 따라서 '채찍질'은 스스로를 단련하고자 하는 화자의 엄격한 삶의 태도를 상징하는 것으로 볼 수 있다.

광복 이후~1950년대 II

06강 광복의 기쁨을 노래한 시와 전후의 시

대/표/작/품 ①
신석정, 꽃덤불
01 ⑤　　　02 ②　　　03 ②

01 정답 ⑤ ──────────────[표현상의 특징 이해하기]

정답 풀이
자연물을 살아 있는 대상으로 묘사하는 활유법은 사용하지 않았다.

오답 풀이
① 과거('-하였다', '지나갔다')에서 현재('아직도'), 미래('-리라')로 시간의 흐름을 나타내는 시어나 어미를 사용하여 시상을 전개하고 있다.
② 3연에서 '그러는 동안에~버린 벗도 있다'가 반복되고 있다.
③ 밝음(태양, 꽃덤불)과 어둠(밤, 겨울밤)의 이미지를 대립적으로 사용하여 화자의 심정을 효과적으로 드러내고 있다.
④ '헐어진 성터'(일제 강점기의 황폐한 조국)와 '겨울밤'(광복 후 혼란스러운 정국)은 우울한 정서를 내포하며 비극적 상황이 지속됨을 드러내고 있다.

02 정답 ② ──────────────[시어·시구의 의미 파악하기]

정답 풀이
'겨울밤 달이 아직도 차거니'라는 것은 아직 밝은 미래가 찾아오지 않은 것에 대한 현실 인식일 뿐, 좌절을 의미하지 않는다. 또한 윗글 전체를 지배하는 화자의 태도는 희망적인 의지이기 때문에 '좌절'이라는 해석은 적절하지 않다.

오답 풀이
① '하늘'은 서른여섯 해가 지나고 난 뒤에 다시 우러러보는 대상이다. 따라서 시간 경과 후 화자가 다시 바라보고 있는 세상이라고 해석할 수 있다.
③ '겨울밤' 뒤에 이어진 '차'다는 표현은 '태양'이나 '봄'과는 대립적인 속성을 지니고 있는 시어이다. 또한 '태양'과 '봄'은 화자가 긍정적으로 인식하고 있는 대상이므로, '겨울밤 달이 아직도 차'다는 표현은 시간은 지났지만 여전히 부정적인 상황이 지속되고 있음을 의미한다.
④ '오는 봄' 뒤에 이어진 '태양'은 화자가 바라던 밝은 미래를 상징하므로, '오는 봄'은 그동안의 시련으로부터 벗어나는 시간을 의미한다.
⑤ '오는 봄'은 화자가 그토록 기다리던 '태양'을 안을 수 있는 시간으로 진정한 광복의 상태를 의미한다.

03 정답 ②

〈보기〉에 따르면, '무위'가 현실 도피나 주체성을 포기한 개념이 아님을 알 수 있다. '헐어진 성터'는 화자가 삶의 궁극적 가치를 찾아다니다 겪게 되었던 시련과 고난으로 해석할 수 있으며, 화자는 결국 '꽃덤불'로 화합된 이상향을 노래하고 있다. 따라서 이러한 모습에서 화자의 체념을 발견할 수 없다.

① '태양'은 화자의 이상향(광복)을 상징하므로, 그것을 의논하는 것은 화자의 소망이라 할 수 있다.

③ '가슴을 쥐어뜯으며 이야기'하는 행위는 화자의 이상향인 광복을 향한 화자의 의지를 보여 주는 행위로 볼 수 있기 때문에 이상향에 기울어진 행위라고 할 수 있다.

④ '멀리 떠나버린 벗'은 일제 강점기에 조국을 떠난 사람들을 의미한다. 따라서 일제 강점기라는 현실에서 도피하고 싶어 했던 사람들로 볼 수도 있다.

⑤ '꽃덤불'은 봄이 찾아온 이후에 '태양'과 함께 맞이하는 대상으로 민족의 진정한 화합, 독립을 상징한다. 이것을 〈보기〉에 따라 해석하면 '자연과의 완전한 조화'로 볼 수 있으며, 이는 '안긴다'라는 구체적 행위로 형상화되고 있다.

대/표/작/품 ②

구상, 초토의 시 1

04 ④	05 ③	06 ②

04 정답 ④ ——————————— [표현상의 특징 이해하기]

화자는 폐허가 된 현실을 보고 절망하지만, '잿더미' 속 '개나리'를 발견하고 그에 상응하는 소녀의 '미소'를 통해 희망과 흥겨움을 느낀다. 그러나 이런 정서의 변화가 과거와 현재의 시간적 차이를 두고 일어나는 것은 아니다. '하꼬방'을 바라보다가 골목길로 이동하여 '개나리'를 발견하는 장면의 전환을 통해 화자의 정서가 절망에서 흥겨움으로 바뀐 것이다.

① '걸려 있다', '돌아선다', '없다', '흥그러워진다', '선다' 등에서 현재 시제를 사용하고 있다. '개나리가 망울졌다'는 표현에서도 개나리가 핀 것은 과거이지만 관찰하는 화자의 시선은 현재이다. 이처럼 윗글에서는 현재형 시제를 통해 화자의 시선이나 공간의 이동, 정서의 변화 등에 현장감을 부여하고 있다.

② '그림자'가 울상을 짓고 웃는 것은 화자의 정서 변화에 따라 '그림자'의 모습이 변화됨을 나타내는 표현으로, 윗글에서 '그림자'는 화자의 심리를 간접적으로 제시해 주는 객관적 상관물이다. 따라서 화자의 정서가 '그림자'에 투영되었다고 볼 수 있다.

③ 화자는 폐허 속 아이들의 모습을 온전히 쳐다보지 못한 채 돌아서고 화자의 그림자는 울상이 되어 화자의 뒤를 따른다. 화자가 돌아선 뒤에 그림자가 울상이 되었다는 것은 그 장면을 외면한 화자가 미안함과 불편함을 느낀다는 것으로 화자에게 심적 갈등이 있음을 의미한다. 그러나 이후 화자는 '개나리'와 '소녀'의 존재를 통해 흥겨움을 느끼고 '그림자'는 앞장서게 되는데, 이를 통해 화자가 가지고 있던 내적 갈등이 해소된 것을 알 수 있다.

⑤ 1연의 '해바라기마냥 걸려 있다'는 '아이들'이 천진난만한 모습으로 무언가를 갈구하고 있음을 보여 준다. 하지만 '걸려 있다'라는 표현처럼 1연의 아이들은 주어진 상황에 수동적인 존재로 그려진다. 반면에 5연의 '내려 달리는'은 역동적인 모습을 묘사하는 시어로, '소녀'가 지닌 밝고 활기찬 모습을 효과적으로 전달하고 있다.

05 정답 ③ ——————————— [다른 작품과 비교하여 감상하기]

원작의 '멈춰라'는 개작에서 '멈춘다'로 바뀐다. 원작과 개작에서 멈추는 행위의 주체는 둘 다 '나'이므로 개작이 원작보다 더 능동적인 태도의 화자를 표현하였다고 보기는 어렵다. 다만 원작에서 멈추는 주체가 '나'임을 고려할 때 평서형이 문법적으로 적절하므로 개작에서는 '멈춘다'로 바꾸었을 것으로 추측할 수 있다.

① 일본어 '하꼬방'을 '판자집'으로 바꾼 것은 일본어를 순화하기 위한 노력으로 볼 수 있다. 이렇게 순화된 표현은 현실 상황을 보다 우리 정서에 맞게 표현하기 때문에 독자의 공감을 효과적으로 유도할 수 있다.

② '애새끼들'은 비속어가 주는 어감으로 인해 대상에 대한 화자의 시선을 왜곡시켜 전달할 수 있다. 따라서 이를 '아이들'로 바꾸어 표현함으로써 화자가 가지고 있는 대상에 대한 연민의 시선을 보다 따뜻하게 전달하고자 의도한 것으로 볼 수 있다.

④ 고유 명사인 외국 이름 '체니'는 독자들에게 익숙하지 않기 때문에 이 시의 시적 상황이 화자나 시인이 경험한 개인적 체험으로 비춰질 수 있다. 이를 일반 명사 '소녀'로 바꾸면 어느 독자나 친숙하게 받아들일 수 있으므로 전쟁의 체험과 전후 희망의 발견이 좀 더 보편적으로 느껴질 수 있다.

⑤ 원작의 '울상이 된 그림자 나의 뒤를 따른다.'는 내용 전개상 2연에 위치하는 것이 매끄럽다. '잿더미'와 '개나리'를 발견하는 '어느 접어든 골목에서 걸음을 멈춰라'도 내용 전개상 4연에 위치하는 것이 매끄럽다. 따라서 개작에서는 이러한 개고의 과정을 거쳐 6연의 내용이 5연으로 구성된 것으로 볼 수 있다.

06 정답 ② ———————————[자료를 통해 감상하기]

정답 풀이

아이들은 '불타는 해바라기'처럼 천진난만하게 유리창에 매달려 있다. 전쟁의 참혹함 속에서 해맑은 모습을 잃지 않는 아이들의 모습은 비극적 현실과 대비되어 화자를 더욱 깊은 고뇌에 빠지게 한다. 따라서 '불타는 해바라기'는 현실을 초월하여 구원에 이르고자 하는 화자의 염원을 표상하는 것이 아니라 오히려 전쟁의 비극성을 부각하고 화자를 고뇌에 빠지게 하는 역할을 한다.

오답 풀이

① '유리 딱지에 애새끼들'은 '하꼬방(판잣집)'으로 형상화된 황폐한 현실에서 살아가는 아이들로, 황폐한 조국의 생존 현장을 형상화한 것이다.

③ 화자는 천진난만한 표정으로 유리창에 매달린 아이들을 보고, 아이들을 온전히 지켜 주지 못했다는 죄의식에 고개를 돌린다. 이처럼 '나도 돌아선다.'는 초토화된 현실이 주는 비극과 마주하지 못하는 자아의 고뇌를 드러낸 것으로 볼 수 있다.

④ 3연의 '그림자'는 울상을 짓고 뒤따르는 그림자로, 화자의 비극적 인식을 형상화한 것이다. 이와 달리 6연의 '그림자'는 웃으며 앞장서고 있으므로 화자의 희망적 인식을 형상화한 것이다.

⑤ '잿더미'는 전쟁으로 인한 폐허와 절망감을 상징하는 반면, 잿더미를 뚫고 핀 '개나리'는 전쟁 이후 발견한 희망을 의미한다. 이처럼 회색(잿빛)과 노란색의 대비는 현실에서 느끼는 명암, 즉 절망과 희망의 이미지를 선명하게 전달해 준다.

대/표/작/품 ③

박봉우, 휴전선

| **07** ③ | **08** ⑤ | **09** ⑤ |

07 정답 ③ ———————————[표현상의 특징 이해하기]

정답 풀이

윗글은 어둡고 암울한 분위기를 드러내는 시어들이 활용되고 있을 뿐, 대립적인 계절의 이미지를 활용하여 시상을 전개하고 있지 않다.

오답 풀이

① '꽃'을 통해 분단 상황을 겪고 있는 우리 민족의 비극적인 모습을 나타내고 있으며, '화산', '독사의 혀같이 징그러운 바람', '겨우살이' 등을 통해 전쟁을 나타내는 등 상징적인 시어를 사용하여 시적 의미를 형상화하고 있다.

② 의문형 어미 '-ㄴ가'를 사용하여 독자에게 공감을 유도하고 있다.

④ '저어 서로 응시하는 쌀쌀한 풍경', '나무 하나 안심하고 서 있지 못할 광장' 등과 같은 표현을 통해 정경에 대해 묘사하며 비극적 실상을 보여 주고 있다.

⑤ 윗글은 첫 연과 끝 연에 동일한 표현이 반복되는 수미상관의 방식을 활용하고 있다. 이러한 표현 기법을 통해 분단과 남북 대치 상황에 대한 안타까움을 잘 드러내고 있다.

08 정답 ⑤ ———————————[자료를 통해 감상하기]

정답 풀이

ⓜ은 삭막한 분단 현실 속에서 살아가야 하는 생명들을 빗댄 표현으로 분단 현실에 처한 우리 민족을 상징한다고 볼 수 있다. 윗글이 민족적 차원의 비극을 노래하고 있는 점을 감안하면, ⓜ을 전쟁 당시에 태어난 어린 생명들로 국한하여 해석하는 것은 적절하지 않다.

오답 풀이

① ㉠에서 '산'은 '우리 국토'를 의미하는 상징적 표현이며, '믿음이 없는 얼굴'은 '우리 민족'을 가리키는 표현이다. 산과 산이 마주하고, 믿음 없는 얼굴끼리 마주 보고 있다는 설정은 '휴전선'이라는 공간을 경계로 남과 북이 대치한 삭막한 현실을 묘사한 것으로 볼 수 있다.

② ㉡의 '신라'는 삼국 통일의 역사를 지닌 나라이다. 이러한 나라의 이야기가 없다는 화자의 한탄은 통일에 대한 의지를 찾을 수 없는 현실을 비판하는 것으로 볼 수 있다.

③ ㉢은 별들이 차지한 하늘은 하나인데 반해, 조국은 분단되어 있는 현실을 개탄한 것으로, 별들이 차지한 하늘과 같이 조국이 통일되어야 한다는 당위성을 강조한 것이다.

④ ㉣은 적대적인 대립 상황이 지속되는 가운데 닥칠 수 있는 미래를 예견하는 표현이므로 닥쳐올 전쟁에 대한 공포와 불안을 의미하는 것으로 해석할 수 있다.

09 정답 ⑤ ———————————[다른 작품과 비교하여 감상하기]

정답 풀이

화자는 봄 하늘에 자유롭게 남과 북을 넘나드는 구름을 보며, 동족 간의 전쟁이라는 비극과 분단의 현실에 대한 안타까움을 드러내고 있다.

오답 풀이

① 화자는 자신의 모습을 거울에 비춰 보며 스스로의 삶에 대해 부끄러움을 느끼고 있다.

② 화자는 잊지 못한 사랑의 추억을 떠올리며 대상에 대한 그리움의 정서를 드러내고 있다.

③ 화자는 자신의 인생에 대해 근본적인 회의감을 표현하며 삶에 대한 고뇌를 드러내고 있다.

④ 화자는 실천하지 못하는 자신의 비겁함에 대한 부끄러움을 표현하고 있다.

신석정, 꽃덤불 + 전봉건, 사랑

01 ⑤   **02** ③   **03** ②

---

01 정답 ⑤ ──────────────[작품 간의 공통점·차이점 파악하기]

정답 풀이

(가)의 '헐어진 성터'와 '겨울밤 달', (나)의 '뿌리를 썩힌 흙 속의 해충', '모진 비바람이 삼킨 어둠', '바위 속보다도 어두운 밤' 등은 모두 시련과 고난의 의미를 드러내는 표현들이다. 화자는 이러한 표현을 사용하여 기대가 실현되기 이전의 상황을 형상화하고 있다.

오답 풀이

① (가)의 '태양을 등진 곳'과 '헐어진 성터' 등은 일제 강점하의 어두운 시대 현실과 관련된 표현이다. 반면 '꽃덤불'은 미래상을 상징하는 표현이다. (가)에서 공간의 대조를 통해 광복 이전과 진정한 광복을 이룬 이후의 모습을 대조하고 있기는 하지만, 이러한 장치는 이상과 현실의 괴리를 드러내기 위한 것이 아니다. (나)에서는 과목이 잘 자랄 수 있는 상황과 그렇지 못한 상황이 대조되어 드러나고 있을 뿐, 그밖에 공간의 대조는 나타나 있지 않다.

② (가)와 (나)에서 색채어가 두드러지게 사용된 표현이나 새롭게 나타난 것들이라고 볼 만한 대상들은 찾을 수 없다.

③ (가)와 (나)는 모두 역설적 표현을 활용한 부분은 찾아볼 수 없다.

④ (가)의 '겨울밤 달'과 '오는 봄'의 '꽃덤불'이 대립되면서 화자가 지향하는 세계의 모습이 더욱 강조되어 드러나고 있다. 그러나 화자가 지향하는 세계는 '오는 봄'의 '꽃덤불'의 상징성과 관련이 있으므로 대립된 두 자연물들이 서로 타협한 것으로 볼 수 없다.

02 정답 ③ ──────────────[시어·시구의 의미 파악하기]

정답 풀이

화자는 조국이 광복을 맞이하였음에도 '겨울밤 달이 아직도 차거니'와 같이 표현하고 있다. '겨울밤', '차거니' 등이 부정적 상황을 상징한다는 점을 고려해 볼 때, 조국이 광복을 맞이한 후에도 부정적 상황이 온전히 극복되지 못했음을 알 수 있다. '아직도'는 이러한 상황을 안타까워하는 화자의 심정을 부각하고 있다.

오답 풀이

① '항상'은 조국의 광복을 위해 투쟁하는 동안에 일제 강점하의 어두운 시대 상황이 지속되었음을 부각하는 표현이다.

② '드디어'는 일제 강점기의 서른 여섯 해가 지나고 기다리던 조국의 광복을 맞이했음을 부각하는 표현이다.

④ '아무리'는 어떠한 적대적인 것들이 위협하더라도 화자 자신이 사랑하는 대상을 지키겠다는 굳은 의지를 부각하는 표현이다.

⑤ '마침내'는 사랑이 결실을 맺을 때를 가리키는 것으로, 사랑하는 대상의 성숙한 모습을 기대하는 화자의 심리를 부각하는 표현이다.

03 정답 ② ──────────────[자료를 통해 감상하기]

정답 풀이

(가)의 '몸을 팔아버린 벗'과 '맘을 팔아버린 벗'은 사랑을 이루기 위해 노력을 기울이는 과정에서 위협에 굴복한 사람들로 해석할 수 있다. 따라서 '몸'과 '맘'을 팔아버린 벗들의 삶을 사랑하는 대상을 되찾기 위한 지속적인 노력을 의미하는 것으로 보는 것은 적절하지 않다.

오답 풀이

① '헐어진 성터'는 사랑하는 대상이 훼손된 것을 의미한다. 이러한 상황에서도 '태양'에 대해 계속해서 이야기를 나누는 것은 사랑하는 대상에 대한 관심을 잃지 않았음을 의미하는 것이다.

③ '해충'은 과목에 해를 가하는 존재를 의미한다. 따라서 화자가 '흙 속의 해충'을 제거하는 것은 자신이 사랑하는 '새 묘목'을 위협하는 것들에 맞서려는 노력이라 할 수 있다.

④ 화자는 무슨 일이 일어날지도 모를 '어두운 밤'에 맞서 밤을 새워 사랑하는 대상을 지키려는 의지를 보이고 있다. 따라서 화자가 '밤을 새워서 지키는 일'은 대상에 대한 관심을 지속하면서 그 대상을 지키려는 노력이라고 볼 수 있다.

⑤ '오는 봄'의 '꽃덤불'과 '새 과목'은 모두 화자가 기대하는 긍정적 상황으로, 지극한 노력 끝에 얻게 될 사랑의 결실에 해당한다.

1960년 ~ 1980년대

07강 사회적 관심의 참여시

대/표/작/품 ①

신동엽, 껍데기는 가라

01 ④	02 ④	03 ②

01 정답 ④ ──────── [표현상의 특징 이해하기]

정답 풀이

'껍데기는 가라'는 동일 시구와 '-는 가라', '-남고'라는 유사한 통사 구조를 반복하여 운율감을 형성하고 있다.

오답 풀이

① 윗글에서는 색채어가 아닌 대조적 시어의 대비를 통해 주제 의식을 강조하고 있다.

② 음성 상징어는 음의 높낮이·강약 등에 따라 다른 말과 구분되는 말로, 의성어와 의태어를 지칭하는 표현이다. 윗글에서는 음성 상징어를 사용하지 않고 청각, 후각 등 감각적 이미지를 통해 대상의 속성을 묘사하고 있다.

③ 설의적 표현은 답이 정해져 있는 질문을 함으로써 그 의미를 더욱 강조하는 표현 방식인데, 윗글에서는 의문형 종결 어미가 나타나지 않는다. 윗글에서는 '-라'라는 명령형의 종결 어미를 반복하며 시적 긴장감을 형성하고 있다.

⑤ '말을 건네는 방식'이라는 조건이 성립하려면 청자가 드러나야 하는데, 윗글에서는 특정한 청자를 지칭하지 않은 채 시상이 전개되고 있다. 또한 현실에 대한 부정적 인식을 기반으로 이를 극복하고자 하는 시적 화자의 결연한 의지를 명령형의 종결 어미를 사용하여 드러내고 있으므로 대상과의 친밀감을 드러낸다는 표현도 적절하지 않다.

02 정답 ④ ──────── [시어·시구의 의미 파악하기]

정답 풀이

'한라에서 백두까지'는 '남한의 끝에서 북한의 끝까지'라는 의미로, 표현하고자 하는 대상의 일부나 특징을 들어서 그 자체나 전체를 나타내는 비유법인 대유법을 사용한 표현이다. 이는 남과 북을 대표하는 두 산인 한라산과 백두산을 통해 '한반도'라는 공간을 환기시킬 뿐, 시간적 의미로 연결되지는 않는다.

오답 풀이

① '가라'는 '해라체'의 명령형 종결 어미를 사용하여 화자의 단호한 의지를 강조하는 표현이다.

② '동학년 곰나루'의 '아우성'은 동학 농민 운동 당시 세상을 바꾸기 위해 일어선 농민들의 열정을 청각적으로 형상화한 표현이다.

③ '그리하여,'는 반점(쉼표)을 활용하여 호흡을 조절하는 동시에 '다시'의 의미를 강조하여 화자의 의지를 재차 확인하는 역할을 한다.

⑤ '모오든'은 '모든'의 음절 수를 늘려 나타낸 시적 허용이 사용된 표현으로, '모든'의 범위와 의미를 강조하는 효과를 갖는다.

03 정답 ② ──────── [자료를 통해 감상하기]

정답 풀이

'중립의 초례청'은 '아사달 아사녀'가 순수한 상태로 만나는 공간이다. '중립'이라는 말은 이곳이 이념적인 논쟁에서 벗어난 공간임을 의미하고, '초례청'은 혼인 예식을 치르는 성스러운 공간을 나타내므로 우리 민족이 화해하고 화합할 수 있는 공간으로 이해할 수 있다. 따라서 '중립의 초례청'은 우리 민족이 당면한 모순과 부조리가 담겨 있는 현실의 공간이 아니라, 오히려 이를 해결할 수 있는 화합의 공간인 것이다.

오답 풀이

① '껍데기'는 가야 할 존재, 즉 없어져야 할 존재로 부정적 의미를 함축하는 시어이다. 따라서 부정적인 가치를 지니는 대부분이 이에 포함될 수 있으므로 현실의 문제를 유발하는 외세와 그 추종 세력을 의미하는 것으로 볼 수 있다.

③ '맞절할지니'는 '중립의 초례청'에서 결혼 의식을 치르는 것을 의미한다. 따라서 이는 남과 북이 하나의 공동체로 화합되기를 소망하는 마음이 반영된 것으로 볼 수 있다.

④ '흙 가슴'은 '흙'이 지닌 생명력과 포용력을 동시에 보여 주는 시어로, 우리 민족이 추구해야 할 인간 생명의 원초적 본질을 형상화한 것이라 할 수 있다.

⑤ '쇠붙이'는 '껍데기'와 마찬가지로 가야 할 존재를 나타내는 시어로, 한라에서 백두까지 남과 북을 갈라놓은 부정적인 대상을 뜻하는 것으로 볼 수 있다.

대/표/작/품 ②

김수영, 사령

04 ⑤	05 ①	06 ②

04 정답 ⑤ ──────── [표현상의 특징 이해하기]

정답 풀이

말줄임표를 통해 자유롭게 말하지 못하는 부정적 현실을 보여 주고 있으며, 부정적 현실 속에서 평화로운 세상에 대한 불만을 드러내면서 무기력한 화자 자신의 모습을 반성하고 있다.

① '나의 영은 죽어 있는 것이 아니냐'와 같이 의문형 어미로 시상을 마무리하며 화자의 내면을 고백하고 있다.

② '활자'를 '벗'과 '그대'로 의인화하고 있다.

③ 1연과 5연의 수미상관 구조를 통해 화자의 반성적 모습을 강조하고 있다.

④ '황혼', '잡초', '푸른 페인트 빛', '고요함' 등 일상적인 삶의 모습을 비유적으로 드러낸 어휘를 사용하여 현실에 적극적으로 맞서지 못하고 무기력하게 살아가는 화자의 비겁함을 드러내고 있다.

05 정답 ① ——————[다른 작품과 비교하여 감상하기]

A는 소극적 삶의 태도가 과거와 현재뿐만 아니라 미래에도 변함이 없을 것이라 생각하며 자조하고 있으므로 과거와 현재의 정서가 변화하지 않는다.

② A는 '마음에 들지 않아라'에서, B는 '이젠 망해 버렸어라', '어렵기도 하구나'에서 영탄적 표현을 통해 화자의 정서를 강조하고 있다.

③ A는 자유롭지 못한 현실을 부정적으로 인식하며 '나의 영은 죽어 있는 것이 아니냐'를 통해 반성하고 있으며, B는 '무궁화 온 세상이 이젠 망해 버렸어라'를 통해 현실을 부정적으로 인식하며, '인간 세상에 글 아는 사람 노릇, 어렵기도 하구나'라며 지식인으로서의 자신의 역할에 대해 반성하고 있다.

④ B가 독백조로 시상을 전개하는 것과 달리, A는 '벗'에게 말을 건네며 시상을 전개하고 있다.

⑤ B는 '새와 짐승', '강산'에 화자의 슬픈 감정을 의탁하고 있는 반면, A는 '황혼', '잡초'에 대한 불만을 드러낼 뿐 자신의 감정을 의탁하고 있지 않다.

06 정답 ② ——————[시어·시구의 의미 파악하기]

'그대의 말을 고개 숙이고 듣는 것'은 부정적 현실 속에서도 적극적으로 행동하지 못하는 화자의 모습을 보여 주고 있다.

① 말줄임표는 자유가 없는 현실에 대해 말하지 못하는 화자의 태도를 드러내며, 자유가 활자로만 존재하는 부정적 현실을 보여 주고 있다.

③ '욕된 교외'는 자유를 얻기 위해 적극적으로 행동하지 못하는 소시민적 삶이 이루어지는 곳으로, 이를 통해 소시민으로 전락한 화자의 모습을 보여 주고 있다.

④ 과거(어제도)와 현재(오늘도)의 무기력한 소시민의 모습이 미래(내일도)에도 계속될 것임을 보여 주며 화자가 미래에도 지식인의 책무인 저항의 목소리를 내지 못할 것임을 드러내고 있다.

⑤ '우스워라'를 통해 자신의 모습에 대해 자조하는 화자의 태도를 드러내고 있다.

07 정답 ④ ——————[표현상의 특징 이해하기]

'새'와 '새푸른 하늘'과 같은 시어에 상승적 이미지가 드러나 있다고도 해석할 수 있지만, 이는 자유와 해방의 이미지를 상징하기 위해 사용된 것이지 시적 대상의 변화 과정을 표현하고 있지 않다.

① '-라면(다면)'이라는 가정적 표현 뒤에 '좋겠네'라는 표현을 생략하여 시적 여운을 형성하고 있다.

② '여윈 알몸을 가둔 옷', '네모의 붉은 표지' 등의 구속과 억압을 상징하는 시어와 '새', '물', '바람'과 같은 자유와 해방을 상징하는 시어를 대조적으로 제시하여 주제를 강조하고 있다.

③ '네가 없다면', '좋겠네', '그것이', '끝끝내' 등과 같은 시어를 반복하여 자유를 갈구하는 화자의 간절함을 드러내고 있다.

⑤ 마지막 연에는 특히 화자의 강한 갈망이 드러나 있는데, 이는 구속된 현실 상황에서 벗어나지 못하는 화자의 부정적 처지를 더욱 부각시키는 기능을 한다.

08 정답 ② ——————[자료를 통해 감상하기]

[B]에서 화자는 '여윈 알몸을 가둔 옷'의 '푸른 빛'을 보며 바다를 떠올리고 있다. 여기서 '여윈 알몸을 가둔 옷'은 죄수복을 의미하므로 '푸른 빛'은 희망이 아니라 억압과 압제를 상징하는 부정적 이미지를 지닌다고 해석할 수 있다.

① [A]에서 화자는 '새', '물', '바람'이 되고 싶은 소망을 드러내고 있다. 이 시가 옥중 체험을 바탕으로 쓴 것임을 감안하면, 화자가 '새', '물', '바람'의 이미지를 통해 갈망하는 것은 '자유'라는 것을 짐작할 수 있다.

③ [C]에서 화자는 '네모의 붉은 표지'를 강렬하게 부정하고 있다. 이 시가 옥중 체험을 바탕으로 쓴 것임을 고려할 때, '네모의 붉은 표지'는 죄수의 명찰을 의미하는 것으로 볼 수 있다. 자유의 이미지를 떠올리던 화자는 자신의 죄수 명찰을 보며 다시 스스로 구속된 처지임을 인식하고 있는 것이다.

④ [D]에서 화자는 캄캄한 밤에 새벽이 오길 '기다리던 눈'과 그 눈에 '흘러넘치는 맑은 눈물들'을 생각한다. 화자의 생각이 다른 복수의 대상으로 전이되고 있는 것이다. 이는 화자의 개인적 소망이 민중의 차원으로 확대됨을 의미한다.

⑤ [E]에서 화자는 '-라면'이라는 가정적 표현을 반복적으로 사용하며 자유를 갈구하는 간절한 마음을 표현하고 있다. 유사한 시행이 반복되면서 그 간절함은 점점 고조되는데, 이는 자유와 해방에 대한 갈망이 점층적으로 확대되고 있음을 보여 준다.

김수영, 풀 + 정호승, 맹인 부부 가수

01 ②　　　　**02** ⑤　　　　**03** ⑤

01 정답 ② ——————[작품 간의 공통점·차이점 파악하기]

정답 풀이

(가)는 '풀이 눕는다', '바람보다도'에서 반복이, (나)는 '노랠 부르네', '앞질러 가고', '눈사람이 되었네'에서 반복이 나타나고 있다. 즉 (가)와 (나) 모두 유사한 어구를 반복하여 풀이 눕고 일어나는 시적 상황과 맹인 부부 가수가 추운 겨울날에 노래를 부르는 시적 상황을 각각 부각하고 있다.

오답 풀이

① (나)는 '눈', '함박눈'에서 계절감이 드러나지만, (가)에서는 계절감이 드러나지 않는다.

③ (가)와 (나)는 모두 의성어를 활용하고 있지 않다.

④ (가)와 (나)는 모두 반어적 표현을 사용하고 있지 않다.

⑤ (가)에서는 '일어난다', '눕는다'를 통해 상승과 하강 이미지가 교차되고 있다고 볼 수 있지만, (나)에서는 '눈 내려', '함박눈은 내리는데'에서 하강 이미지만 나타나고 있다.

02 정답 ⑤ ——————[자료를 통해 감상하기]

정답 풀이

3연의 '늦게', '먼저'는 풀이 바람에 대응하는 능동적인 움직임을 나타내는 부사어이다. 억압적인 상황에 의해 풀의 내적 성숙이 지연됨을 부각하는 것이 아닌 풀이 주체적으로 움직이게 된 것을 나타낸다.

오답 풀이

① 1연의 '드디어'는 바람에 나부낀 풀이 결국에는 울게 되었음을 나타내고 있으므로 풀이 억압적인 상황에 대한 감정을 드러내기 시작했다고 볼 수 있다.

② 1연의 '더', '다시'는 날이 흐려 '더' 울고, '다시' 누워야 하는 상황을 보여 주므로 풀에 가해진 시련이 심해졌다는 것을 나타낸다고 할 수 있다.

③ 2연의 바람보다도 더 '빨리', '먼저'는 풀이 바람에 의해서가 아닌 자기 의지를 가지고 움직이기 시작했음을 의미한다고 볼 수 있다. 수동적이 었던 풀이 강인한 생명력을 지닌 능동적 주체로 변화하였기 때문이다.

④ 3연의 '발목까지'와 '발밑까지'는 시어 '눕는다'와 연결되어 풀이 발밑만큼 많이 누웠다는 것을 드러내므로 이를 통해 풀에 대한 억압이 심해지고 있음을 알 수 있다.

03 정답 ⑤ ——————[자료를 통해 감상하기]

정답 풀이

'눈사람'은 희망찬 미래를 꿈꾸는 민중의 모습을 표현한 단어이다. 따라서 '봄이 와도 녹지 않을 눈사람'은 희망이 끝나지 않고 계속 이어지기를 바라는 마음을 담고 있다.

오답 풀이

① 절망을 구원하는 희망의 상징인 '눈사람'이 없는 겨울밤 거리는 희망이 보이지 않는 부정적인 현실 상황을 비유하고 있다.

② '사랑할 수 없는 것을 사랑하기 위하여', '용서받을 수 없는 것을 용서하기 위하여'를 통해 시인은 사랑과 용서를 바라는 희망을 역설적으로 표현하고 있다.

③ '눈', '어둠'은 부정적인 이미지의 시어로 암울한 현실을 의미하고, '눈 맞으며 어둠 속을 떨며 가는 사람들'은 이러한 현실 속에서 힘겨운 삶을 살아가는 민중을 의미한다고 할 수 있다.

④ '아름다움', '즐거움'은 절망적인 현실 속에서 바라는 미래의 희망을 의미하므로 이를 통해 절망 속에서도 희망을 버리지 않는 모습을 확인할 수 있다.

대/표/작/품 ①

신경림, 농무

01 ②	02 ②	03 ③

01 정답 ② — [표현상의 특징 이해하기]

정답 풀이

18행의 '우리는 점점 신명이 난다'는 집단적 한풀이를 통한 분노의 반어적 표현으로 농민들의 울분과 허탈을 강조해서 나타낸 것이다. 이는 빠르고 격렬한 악기의 소리와 춤이 어우러지면서 신명을 돋우기 때문이기도 하지만, 다른 한편으로는 춤을 추는 것이 현실에 대한 울분과 불만을 풀어 버릴 수 있는 유일한 수단이므로 미친 듯이 춤에 몰입해서 자신을 잊어버리려고 하는 의식적인 노력의 결과이기도 하다. 즉 춤을 추는 것은 자기 정화의 기능을 갖는다고도 볼 수 있다.

오답 풀이

① '꽹과리, 장거리, 산구석, 쇠전, 도수장' 등을 통해 향토적 이미지는 느껴지지만, 구체적 지명이 나타나지는 않는다.
③ 막이 내린 후부터 도수장 앞으로 이동하기까지의 시간적 흐름은 확인할 수 있지만, 밤에서 낮으로의 시간 변화는 확인할 수 없다.
④ 농민들은 농무를 추며 신명이 나고 있다. 이는 비료 값도 안 나오는 농사를 짓는 부정적 현실에 대한 분노와 한을 표출하는 역설적 상황을 표현한 것으로, 부정적 현실에 대한 희망적 태도를 드러낸다고 볼 수 없다.
⑤ 마지막 두 행에 표현된 춤 동작은 현실에 대한 농민들의 울분과 한, 저항 의식을 담고 있을 뿐 서정성을 드러낸다고 볼 수는 없다.

02 정답 ② — [시어·시구의 의미 파악하기]

정답 풀이

술을 마시면서 고달픈 삶에 대한 원통함을 직설적으로 표현하고 있는 것으로 볼 때, 술을 마시는 것은 현실에 대한 울분과 답답함을 풀기 위한 적극적인 행위로 볼 수 있다. 따라서 술을 마시는 것이 화자의 나약한 모습을 드러낸다고 볼 수 없다.

오답 풀이

① '막이 내렸다'는 하강 이미지를 통해 산업화의 영향으로 침체되고 쇠퇴한 농촌의 분위기를 드러내고 있다.
③ '꺽정이', '서림이'는 홍명희가 쓴 소설 「임꺽정」의 등장인물을 차용한 것으로, 이 작품이 우리의 문학적 전통을 계승하고 있음을 보여 준다.
④ '비료 값도 안 나오는 농사 따위'는 산업화라는 명분에 희생당한 농촌의 현실과 채산성이 없는 농촌의 구조적 모순을 집약적으로 보여 준다.

⑤ '텅빈 운동장'은 공허함, 쓸쓸함이 느껴지는 공간인 반면, '도수장'은 신명 나는 동작을 통해 농민들의 분노와 한이 최고조로 분출되는 공간이다. 또한 '도수장 앞에 와 돌 때 / 우리는 점점 신명이 난다'라고 하였으므로, '운동장'에서 '도수장'으로 이어지는 공간의 이동에 따라 극적 긴장감이 고조됨을 알 수 있다.

03 정답 ③ — [자료를 통해 감상하기]

정답 풀이

㉠ '징이 울린다 막이 내렸다'는 '끝이 났다'라는 의미를 가지고 있다. 이때 끝이 났다는 것의 주체는 윗글의 흐름을 통하여 파악해야 한다. 윗글의 흐름을 보면 농사를 짓는 것은 아무런 의미가 없는 일이고 계속 손해만 보는 서러운 일임을 알 수 있다. 따라서 ㉠ '징이 울린다 막이 내렸다'의 의미는 1970년대의 급격한 산업화로 인해 와해되던 농촌의 모습을 상징적으로 표현한 것으로 볼 수 있다.

오답 풀이

① '개량'은 나쁜 점을 보완하여 더 좋게 고친다는 의미이다. 윗글에서는 농촌이 개량되었다는 것을 확인할 수 없으며, 농사를 지어서는 먹고살기 힘들다는 것을 확인할 수 있기에 농촌이 개량되고 있다고 볼 수 없다.
② 윗글의 배경은 피폐해진 농촌으로 분단과는 관련이 없다.
④ 윗글의 화자는 농사를 지어서 먹고살기 힘든 농촌의 현실에 암울해하며 무력감을 느끼고 있으므로 새로운 희망의 시대가 열리고 있다고 할 수 없다.
⑤ 윗글에는 농촌의 공업화에 관한 언급이 없으며, 윗글은 복지 사회와도 관련이 없다.

대/표/작/품 ②

김광섭, 성북동 비둘기

04 ④	05 ③	06 ⑤

04 정답 ④ — [표현상의 특징 이해하기]

정답 풀이

ㄴ. 청각, 시각, 촉각적 심상을 활용하여 자연이 파괴되어 삶의 터전을 잃은 비둘기의 처지를 부각하고 있다.
ㄷ. 1, 2연에는 성북동 비둘기가 처한 구체적 상황을 보여 주고, 3연에는 산업화와 도시화로 인해 파괴된 자연과 인간 소외라는 주제를 드러내고 있다.
ㅁ. 우의적 방식은 하고 싶은 말을 직접 하지 않고 비슷한 상황이나 사물에 빗대어 표현하는 방식이다. 윗글에서는 '비둘기'라는 자연물에 빗대어 산업화의 부정적인 면을 드러내고 있다.

ㄱ. 성북동이라는 지명은 나오지만 시골이나 고향의 정취가 담긴 향토적 정감은 나타나지 않았다.

ㄹ. 처음과 끝이 유사한 형식을 취하는 수미상관의 구성은 나타나지 않았다.

05 정답 ③ ──────────[다른 작품과 비교하여 감상하기]

ⓐ는 자연을 파괴하는 수단으로 인간 또는 문명의 폭력성을 상징하고 있다. 〈보기〉에서 '납'은 '새'를 상하게 하는 수단으로 파괴성, 폭력성을 나타낸다고 할 수 있다.

① 새는 '뜻'을 울어서 만들지 않는 순수한 존재이기 때문에 '뜻'만의 의미로 본다면 인위성, 가식성의 의미를 가진다고 할 수 있다.

② '포수'는 '새(자연)'를 파괴하는 주체로서 인간 또는 문명을 상징한다고 볼 수 있다.

④ '피'는 '새'가 입게 되는 상처, 아픔이기 때문에 인간 또는 문명에 의한 폐해를 상징한다고 볼 수 있다.

⑤ '상한 새'는 인간에 의해 파괴된 순수, 또는 자연을 의미한다고 볼 수 있다.

06 정답 ⑤ ──────────[자료를 통해 감상하기]

성북동 하늘을 도는 비둘기의 모습은 인간과 조화를 이루고자 하는 것이지만, 〈보기〉의 내용을 보면 결국 비둘기는 소중한 가치나 인간성이 훼손당한 후 '쫓기는 새'의 처지가 된 것이기 때문에 자연과의 화합 가능성이 아닌 산업화로 인해 자연이 파괴된 현실을 표현했다고 볼 수 있다.

① 새로 생긴 '번지'로 인해 본래 살던 비둘기의 '번지'가 없어졌다는 내용과 〈보기〉에서 문명으로 자연이 파괴되었다는 부분을 연결하면 '번지'는 근대화와 산업화의 모습을 나타낸다고 할 수 있다.

② '비둘기'가 처한 상황은 인간의 이기심으로 만들어진 문명의 결과로, 산업화의 진행에 따라 사람들의 삶이 더욱 황폐해지고 인간성을 상실해 가는 현실을 보여 주고 있다.

③ '돌 깨는 산울림'은 인간이 편리하기 위해 자연을 파괴하는 모습으로 인간의 이기심을 보여 준다고 할 수 있다.

④ '널찍한 마당'은 자연이 파괴되기 이전에는 비둘기가 콩을 먹으면서 삶을 이어 가던 공간이다. 그러나 지금은 그러한 공간도 없어졌으므로 비둘기의 그리움의 대상이라고 할 수 있다.

07 정답 ⑤ ──────────[표현상의 특징 이해하기]

윗글은 '나'가 '그'를 인식하는 과정, '그'가 '나'를 인식하는 과정, '나'와 '너'가 서로를 인식하는 과정으로 점차 확대하며 시상을 전개하고 있다. 이는 존재론적 본질에 대한 화자의 생각을 드러낸 것으로, 시간의 흐름에 따른 화자의 정서 변화 과정을 드러낸다고 볼 수 없다.

① 사물의 존재론적 의미에 대한 추상적 관념을 '꽃'이라는 사물을 통해 구체화하고 있다.

② '내가 그의 이름을 불러 주기 전'과 '내가 그의 이름을 불러 주었을 때'의 상황을 대조하여, 존재의 본질을 인식하고 이름을 부를 때 진정한 관계를 맺게 된다는 점을 부각하고 있다.

③ '그의 꽃이 되고 싶다', '무엇이 되고 싶다', '하나의 눈짓이 되고 싶다'와 같이 '되고 싶다'는 동일한 서술어를 반복하여 화자의 소망과 의지를 표현하고 있다.

④ 대상을 인식하는 주체를 '나'에서 '그'로, '그'에서 '우리'로 바꾸어 가며 대상과의 관계 설정에 대한 시적 의미를 점층적으로 확대하고 있다.

08 정답 ④ ──────────[시어·시구의 의미 파악하기]

윗글에서 화자가 말하고자 하는 것은, '나'와 '너' 그리고 '우리들' 모두가 상호 인식의 과정을 통해 서로에게 '꽃'이라는 의미 있는 존재가 될 수 있다는 것이다. 이러한 소망을 노래하고 있는 시의 전반적인 분위기를 고려할 때, '무엇'은 가치가 정해지지 않은 무한한 가능성을 지닌 상태를 말하는 것이 아니라, 의미 있는 존재를 일컫는 것이라 할 수 있다.

① '이름'을 부르는 것은 정체불명의 대상을 인식하는 행위를 말한다. '하나의 몸짓'에 불과하였던 '그'가 '꽃'이 될 수 있었던 것은 '나'가 '이름'을 부르는 행위를 통해 '그'를 인식한 결과로 볼 수 있다.

② '이름을 불러 주기 전'의 '그'는 '하나의 몸짓에 지나지 않았다'라고 한 것으로 보아 '하나의 몸짓'은 의미가 없는 대상의 막연한 상태를 의미하는 것으로 볼 수 있다.

③ 화자는 자신이 '그'의 이름을 불러 준 것처럼, 누군가가 자신의 '빛깔과 향기에 알맞은' 이름을 불러 주기를 소망하고 있다. 이때의 '빛깔과 향기'는 화자가 누군가에게 의미 있는 존재로서 인식되며 드러날 참모습을 의미하는 것으로 볼 수 있다.

⑤ 다른 누군가를 인식하기 위해서는 상대방을 바라보는 행위가 전제되어야 한다. 이러한 의미에서 볼 때, 화자가 말하는 '하나의 눈짓'이란 서로에게 가치를 부여해 줄 주체적인 존재의 모습을 상징한다고 할 수 있다.

정답 풀이

'꽃'은 상대가 이름을 부르는 행위를 통해 비로소 존재성을 갖게 된 본질로 해석할 수 있다. 〈보기〉는 존재의 본질에 대한 탐구 의지를 노래하고 있는 작품으로, 화자는 존재의 본질을 파헤치려고 하지만 끝내 이를 완전히 파악하는 데는 한계가 있음을 이야기하고 있다. 존재의 본질이란 인식하기 어려운 '얼굴을 가리운 나의 신부'와 같다는 것이다. 이를 볼 때, '나의 신부'는 존재의 본질을 상징하는 '꽃'에 대응한다고 볼 수 있다.

오답 풀이

① '짐승'은 존재의 본질을 깨닫지 못하는 무지한 존재를 의미한다. 어설픈 접근으로 존재의 본질을 흐린다는 점에서 화자는 자신을 '위험한 짐승'이라고 표현하고 있다.
② 존재의 본질은 이름을 부르는 행위를 통해서 인식될 수 있다는 점에서 '무명(無名)의 어둠'은 존재의 본질이 드러나지 않은 세계의 모습을 말한다고 할 수 있다.
③ '한 접시의 불'은 화자가 지닌 모든 지식과 경험치를 일컫는 말이다.
④ '울음'은 존재의 본질을 인식하기 위한 치열한 노력을 의미한다.

실/전/기/출/문/제

유치환, 생명의 서 · 일장 + 신경림, 농무

01 ④	02 ③	03 ③

01 정답 ④ ─────────────────── [작품 간의 공통점 · 차이점 파악하기]

정답 풀이

(나)는 '한 다리를 들고 날나리를 불거나 / 고갯짓을 하고 어깨를 흔들거나'에서 확인할 수 있듯이 '~를 ~고 ~를 ~거나'의 문장 구조를 반복하여 대구의 방식을 이루며 시상을 마무리하고 있다. 또한 (나)는 현실에 대한 농민들의 저항이 농무로 드러나는데, 농무를 추는 상태에서 시가 끝나며 시적 여운이 강화된다고 볼 수 있다. (가)에는 대구의 방식이 나타나 있지 않다.

오답 풀이

① (가)에는 계절을 드러내는 시어가 나타나 있지 않다.
② (나)의 시간적 배경은 '밤'이며 '밤에서 낮으로의 시간 변화'는 나타나 있지 않다. '시간 변화'를 통해 대상의 이면을 보여 주는 부분도 없다.
③ (가)에는 시각적 심상이 주로 드러나고, 청각적 심상이 나타나 있지 않다. (나)에서는 '징이 울린다', '킬킬대는구나', '울부짖고', '해해대지만' 등에서 청각적 심상이 나타나지만 사물의 속성을 표출하기 위한 의도라고 할 수 없다.
⑤ (가)의 '나'는 '알라의 신만이' 있는 '아라비아의 사막'으로 가려 하기 때문에 탈속적 이상향에 대한 '화자의 동경'을 드러낸다고 볼 수 있다. 그러나 (나)에는 현실적 공간만 나타나 있다.

02 정답 ③ ─────────────────── [시어 · 시구의 의미 파악하기]

정답 풀이

'나'는 화자가 고독 속에서 자신을 성찰하면 만날 수 있는 '본원적 자아'로, 화자가 지향하는 긍정적 대상이다. 2연에서 묘사한 '아라비아 사막'은 일체가 사멸하고 알라의 신만이 존재하는 공간이다. 이러한 공간적 상황에서 '열렬한 고독'은 절대적 고독으로 화자에게 스스로를 돌아보게 하는 성찰의 기회를 제공한다. 그리고 3연에서 '그 열렬한 고독 가운데 / 옷자락을 나부끼고 호올로 서면 / 운명처럼 반드시 '나'와 대면케 될지니'라며 그 '열렬한 고독' 가운데에 있어야 '나'와 대면할 수 있다고 하므로 절대적 고독에서 벗어나는 것이 아닌, 마주함으로써 '나'에 도달할 수 있다.

오답 풀이

① '병든 나무'는 '독한 회의'를 해결하지 못하고, '삶의 애증'에 힘들어하는 '나'의 모습이라 할 수 있다. 반면 '나'는 내가 가진 본래의 모습을 뜻하는 것으로 '병든 나무'와 대비되는 표상이다.
② '영겁의 허적'은 어떤 것도 존재하지 못하는 극한 상태인 '아라비아 사막'을 나타내는 말로, 그곳에 '호올로' 서는 것이 '나'와 대면하는 조건이 된다.
④ '그 원시의 본연한 자태'는 생명이 본래 가지고 있는 생명력 있는 모습으로 이해할 수 있다. 여기에서 '그'가 가리키는 것은 앞에 있는 운명처럼 대면하게 되는 '나'이다. 그리고 '나'는 나의 생명과 같은데, 이 '생명'은 '원시의 본연한 자태'에서 다시 배워야 한다고 하였으므로, 본래 원시적 생명력을 지닌 존재임을 알 수 있다.
⑤ '나의 생명'은 '원시의 본연한 자태를 다시 배우지 못하'면 차라리 '어느 사구에'서 죽겠다는 비장한 태도를 드러내고 있다. 따라서 '회한 없는 백골을 쪼이'겠다는 것은 '나'를 통해 생명을 회복하려는 화자의 의지를 담아낸 것이라 할 수 있다.

03 정답 ③ ─────────────────── [자료를 통해 감상하기]

정답 풀이

[C]는 농민들이 현실에 대한 자포자기의 심정으로 농무를 추는 모습을 그리고 있다. 겉으로는 신명이 나 보이지만 속으로는 울분을 참고 있는 역설적 태도를 보이는 것이다. 따라서 농민들에게서 현실의 문제를 극복하고자 하는 의지적 태도는 찾을 수 없다.

오답 풀이

① '막이 내렸다', '텅빈 운동장', '분이 얼룩진 얼굴', '답답하고 고달프게 사는 것이 원통하다'와 같은 구절에서 무력감을 느낄 수 있다.
② 시인은 농무를 통해 현실의 암울함을 드러낸다고 하였고, 시에서도 농무를 추는 데 관심을 두는 사람들은 '쪼무래기', '처녀애들'뿐이다. 그리고 농무를 추는 사람들도 울부짖거나 해해대는 모습으로 나타난다. 이를 통해 화자는 농무를 흥겨운 축제로 대하지 못하고 있음을 알 수 있다.
④ ⓐ, ⓑ는 농촌에서의 삶에 미래가 없다는 화자의 자조적인 인식을 보여 주고 있다. 따라서 〈보기〉와 연관 지으면 농민들이 도시로 떠나는 사정을 알 수 있다.
⑤ ⓒ는 춤사위를 고민하는 모습이다. 〈보기〉를 참고하면 피폐해진 농촌에서 어떻게 살아야 할지를 몰라 하는 농민의 모습과 연결 지을 수 있다. 따라서 농촌의 앞날에 대한 농민들의 자조적 물음이라 볼 수 있다.

09강 현실 비판의 저항시

01 정답 ② ——————— [표현상의 특징 이해하기]

정답 풀이

윗글에서 감각의 전이와 같은 공감각적 심상을 찾을 수 없으므로 감각의 전이를 활용하여 시적 여운을 획득한다고 볼 수 없다. 윗글에서는 명사를 통한 시상 종결로 시적 여운을 획득하고 있다.

오답 풀이

① '백색의 계엄령'이라는 시구의 반복을 통해 폭력적인 현실 상황을 부각하고 있다.

③ '다투어 몰려오는 힘찬'과 같이 눈을 살아 있는 대상처럼 표현하는 활유법을 사용하여 시적 대상인 눈에 생동감을 부여하고 있다.

④ '눈'과 같은 계절적 배경을 드러내는 시어를 활용하여 눈보라가 몰아치는 시적 상황을 표현하고 있다.

⑤ 1연에서 '해일처럼'과 같이 직유법을 활용하여 현실에 대한 화자의 부정적인 인식을 표현하고 있다.

02 정답 ④ ——————— [시어·시구의 의미 파악하기]

정답 풀이

'뒷간' 즉 화장실은 냄새 나고 지저분한 공간으로, 시적 대상인 '굴뚝새'의 이상향이 아니라 어쩔 수 없이 선택한 도피의 공간으로 이해하는 것이 적절하다.

오답 풀이

① 작으면서 연약한 '굴뚝새'와 강한 '눈보라'의 대비로 '눈보라'의 폭력성이라는 부정적 속성을 강조하고 있다.

② '군단'이라는 시어는 군대를 연상하게 한다. 이를 통해 시적 화자는 '눈보라'를 군대와 같은 폭력성이나 억압성이 내재되어 있는 집단으로 인식함을 알 수 있다.

③ '백색의 계엄령'은 '눈보라'를 비유적으로 표현한 소재이다. '눈보라'의 거칠고 차가운 속성이 연약한 존재들을 억압과 구속에 처하게 하는 것을 '계엄령'의 억압적인 속성에 빗댄 것으로 볼 수 있다.

⑤ '솔개'는 '굴뚝새'를 잡아먹으려는 존재로, '굴뚝새'를 위협하는 여러 원인 중 하나라고 볼 수 있다.

03 정답 ④ ——————— [자료를 통해 감상하기]

정답 풀이

'다투어 몰려오는 힘찬'은 '눈보라의 군단'의 속성을 구체화하는 표현이다. 〈보기〉를 참고할 때, '눈보라의 군단'은 1980년대 군사 정권을 의미한다고 볼 수 있으므로 군사 정권이 가지는 폭력과 억압의 정도를 드러낸다고 볼 수 있다.

오답 풀이

① '제설차 한 대 올 리 없는'은 '골짜기'의 상황을 구체화하며 군사 정권으로 인한 극한의 부정적 상황이 쉽게 해결되기 힘든 상황임을 보여 주고 있다. 따라서 이 구절이 해결 주체가 민중이어야 한다는 확신을 표현한다고 볼 수 없다.

② '깊은 백색의 골짜기를 메우며'는 군사 독재로 인한 부정적 상황이 심화되고 있음을 의미한다. 하지만 부정적 상황에 대한 민중들의 인식이 무뎌지고 있는 것으로 확대하여 해석할 만한 근거는 찾을 수 없다.

③ '눈보라' 속을 날아가는 '굴뚝새'는 군사 정권의 폭력 속에서 상처받는 '민중'을 의미한다. 따라서 문제 해결은 개인적 차원(자아 성찰)이 아니라 구조적 차원(군부 독재의 해소)에서 이루어져야 한다는 것을 알 수 있다. '굴뚝새가 눈보라 속으로 날아간다.'는 부정적 상황을 제시하는 표현일 뿐, 자기 성찰이 문제 해결의 실마리임을 제시하고 있지 않다.

⑤ '길 잃고 굶주리는 산짐승들'은 군사 정권에 억압당하는 민중을 의미하며, 환경 파괴와는 관련이 없다.

04 정답 ④ ——————— [표현상의 특징 이해하기]

정답 풀이

하강 이미지는 마지막 행인 '주저앉는다'라는 표현에서 나타나는데, 이 표현은 현실에 맞서지 못하고 순응하고 좌절하는 화자의 모습을 보여 주고 있다.

오답 풀이

① '자기들끼리', '낄낄대면서', '이 세상 밖 어디론가' 등을 반복하여 사용하는 반복법을 통해 운율을 형성하고 있다.

② '-ㄴ다'라는 현재형 종결 어미를 사용하여 시적 상황에 생동감을 부여하고 있다.

③ 자유롭게 날아다니는 시적 대상('흰 새떼')과 자유를 박탈당한 화자의 처지를 대조하여 억압된 현실에 대한 비판 의식을 드러내고 있다.

⑤ 애국가의 가사인 '삼천리 화려 강산'을 인용하여 현실에 대한 화자의 부정적인 인식을 반어적으로 드러내고 있다.

05 정답 ④ ——————————————[다른 작품과 비교하여 감상하기]

정답 풀이

윗글은 '주저앉는다'로 마무리되는 반면, 〈보기〉는 '마침내 나는 너에게 간다'에서 시상의 전환이 드러난다. 윗글의 화자는 부정적 현실에 저항하지 못하고 좌절하지만, 〈보기〉의 화자는 자신이 원하는 대상을 향해 적극적으로 움직이는 모습을 보여 주고 있기 때문에 화자의 의지가 드러난다고 볼 수 있다.

오답 풀이

① 윗글은 '낄낄대면서', '앉는다' 등을 반복하여 운율을 형성하고 있고, 〈보기〉는 '너였다가 / 너였다가, 너일 것이었다가', '너를 기다리는 동안' 등의 반복과 변주로 운율을 형성하고 있다.
② 〈보기〉에는 '사랑하는 이'인 '너'를 청자로 하여 청자를 기다리는 화자의 그리움, 간절함의 정서가 드러나 있지만, 윗글에는 청자가 나타나 있지 않다.
③ 윗글에는 '낄낄', '끼룩'과 같은 음성 상징어가 사용되었으나, 〈보기〉에는 음성 상징어가 사용되지 않았다. 또한 윗글과 〈보기〉는 모두 '-ㄴ다'와 같은 현재형 어미를 사용하여 생동감을 주고 있다.
⑤ 윗글에는 '애국가를 경청한다', '삼천리 화려 강산' 등에서 반어적 어조가 드러나지만, 〈보기〉에는 반어적 어조가 드러나지 않는다.

06 정답 ④ ——————————————[시어·시구의 의미 파악하기]

정답 풀이

'일렬 이열 삼렬 횡대'는 획일적인 군사 문화를 상징한다. 화자는 새들이 열을 맞춰 날아간다고 말함으로써 군사 정권을 우회적으로 비판하고 있다.

오답 풀이

① '애국가'는 억압적 현실에 대한 화자의 비판적 인식을 드러내는 소재이므로, 우리나라에 대한 예찬적 태도를 드러낸다고 볼 수 없다.
② '을숙도'는 '흰 새떼'가 날아다니는 공간적 배경이다. 화자가 추구하는 것은 '흰 새떼'의 자유로움이지 '을숙도'라는 공간적 배경 자체는 아니다. 따라서 '을숙도'가 화자의 이상향으로 중의적인 의미를 지닌다고 볼 수 없다.
③ '흰 새떼'는 화자의 처지와 상반된 자유로운 존재로 화자가 지향하는 존재로 볼 수 있으나, 화자가 부러워하는 대상이기 때문에 화자가 동일시하는 존재로 볼 수 없다.
⑤ '자기 자리'는 부정적 현실을 극복하지 못하고 좌절하는 화자가 '주저앉는' 장소이므로, 운명에 저항하는 화자의 태도를 상징한다고 할 수 없다.

07 정답 ① ——————————————[표현상의 특징 이해하기]

정답 풀이

윗글에서 화자는 서술어 '싶다'를 반복 사용하여 가치 회복을 위한 바람을 일관되게 표현하고 있으며, 어조의 변화는 나타나지 않는다.

오답 풀이

② '플라스틱 물건처럼 느껴질 때', '똥덩이처럼 느껴질 때' 부정적 현실 세계를 구체화하면서 소중한 가치를 잊고 사는 현대 사회의 모습을 드러내고 있다.
③ '플라스틱 물건처럼', '똥덩이처럼'과 같은 직유법을 사용하여 화자 자신의 현재 모습을 반성하며 정서를 고조시키고 있다.
④ 화자가 부정적으로 생각하는 공간인 '현대 아파트'와 긍정적으로 생각하는 공간인 '털보네 대장간'을 대립적으로 제시하여 주제 의식을 강조하고 있다.
⑤ '~처럼 느껴질 때 ~고 싶다'의 통사 구조를 반복하여 화자의 소망을 강조하고 있다.

08 정답 ③ ——————————————[시어·시구의 의미 파악하기]

정답 풀이

[A]는 무기력한 삶을 가치 있게 단련하는 과정을 비유적으로 보여 주고 있다. ⓒ도 모래밖에 없는 고독하고 적막한 극한 상황의 마지막에서 밤마다 고민하고 방황하며 고난을 이겨 내고 있는 모습을 보여 주고 있으므로 [A]의 함축적 의미와 유사하다고 할 수 있다.

오답 풀이

① ⓐ'나의 지식'에 회의감이 들 때를 말하며 이로 인한 고민과 괴로움이 생긴 상황이다.
② ⓑ'병든 나무'는 괴로움에 힘들어하는 현실적 자아를 말하며 화자가 심리적으로 힘든 상황이라는 것을 의미한다.
④, ⑤ ⓐ'나'는 극한의 공간인 사막에서 화자가 찾고자 하는 본질적 자아이며 ⓑ'본연한 자태'는 그러한 자아가 추구하고자 하는 모습이다.

09 정답 ④ ——————————————[자료를 통해 감상하기]

정답 풀이

감정 이입은 대상에 화자의 정서를 투영한 것이다. '꼬부랑 호미'는 화자가 궁극적으로 지향하는 가치 있는 삶을 비유하는 소재일 뿐, 여기에 화자의 정서가 투영되지는 않았다.

오답 풀이

① '플라스틱 물건'은 가치 없는 삶을 살아가는 자신의 모습을 비유한 소재로 화자가 자신의 모습을 반성하고 깨달음을 느끼는 소재이다.

② '현대 아파트'는 아파트의 획일적인 속성을 통해 소중한 가치를 잊고 사는 현대 사회의 부정적 모습을 드러내는 소재이다.

③ '털보네 대장간'은 무가치한 존재인 화자를 변화시킬 수 있는 공간으로, 화자는 이곳을 잃어버린 진정한 가치를 되찾는 공간으로 설정하고 있다.

⑤ 화자는 자신의 무가치한 모습을 '똥덩이'로 표현하고 이를 배출할 수 있는 공간을 '직지사 해우소'로 표현하고 있다.

실·전·기·출·문·제

김영랑, 거문고 + 최승호, 대설주의보

01 ⑤	02 ④	03 ⑤

01 정답 ⑤ ─────────── [작품 간의 공통점·차이점 파악하기]

정답 풀이

(가)에는 '이 밤도 내 기린은 맘 놓고 울들 못한다'에 마음껏 울 수 없는 상황이 나타나 있다. (나)에는 '쪼그마한 숯덩이만 한 게 짧은 날개를 파닥이며…… / 날아온다 꺼칠한 굴뚝새가 / 서둘러 뒷간에 몸을 감춘다'와 '눈더미의 무게로 소나무 가지들이 부러질 듯 / 다투어 몰려오는 힘찬 눈보라의 군단'에 눈보라로 인해 연약한 존재들이 느끼는 공포심과 위협감이 나타나 있다.

오답 풀이

① (나)에는 '눈보라가 내리는 백색의 계엄령' 등 동일한 시행이 반복되고 있지만, (가)에는 동일한 시행이 반복되고 있지 않다.

② (가)는 '울지를 못한다', '없어지다'와 같이 동사로 시행을 끝맺고 있으나, (나)는 '군단', '계엄령'과 같이 명사로 끝맺는 시행을 반복하여 시적인 여운을 준다.

③ (가)는 거문고를 상상 속 동물인 기린에 비유하고 '울지를 못한다'와 같이 사람처럼 표현하여 친근감을 느끼게 한다. (나)는 '눈보라'를 군대로 표현하였으나 독자에게 친근감이 아닌 두려움을 느끼게 한다.

④ (가)와 (나)에는 어순의 도치가 나타나지 않는다.

02 정답 ④ ─────────── [자료를 통해 감상하기]

정답 풀이

(가)의 '기린'은 거문고를 가리키는데, '노인'은 과거 '거문고'를 연주했던 사람이다. 따라서 '노인'이 없어서 '기린'이 외로운 상태이므로 '기린'은 '노인'에게 외면당하였다고 할 수 있다. 그러나 (나)의 '굴뚝새'는 세상 사람들과 비슷한 처지에 있는 존재로, '눈보라'에 의해 시련을 겪는 존재이다.

오답 풀이

① 〈보기〉에서 (가)는 모국어로 시를 쓰는 것이 어려웠던 시기에 이런 현실을 비판한 시라고 하였고, (나)는 강압 통치를 했던 시대와 관련이 깊다고 하였다.

② (가)의 '이 밤도 내 기린은 맘 놓고 울들 못한다'에서 '기린'은 마음껏 울지 못하는 상황에 있다는 것을 알 수 있고, (나)의 '눈보라가 내리는 백색의 계엄령'에서 눈보라가 내리는 부정적인 상황임을 알 수 있다. (가)와 (나) 모두에서 이러한 부정적인 현실 상황은 지속되고 있으며, 고난 극복 의지와 미래에 대한 전망은 나타나 있지 않다.

③ 중의적으로 해석한다는 것은 하나의 단어나 문장을 두 가지 이상의 의미로 해석함을 말한다. (가)의 '울지를 못한다'는 표면적으로는 '기린'이 울지 못하는 것을 나타내지만, 〈보기〉를 참고하면 시인이 시를 쓸 수 없다는 것으로 해석할 수 있다. (다)의 '내리는'은 표면적으로는 하늘에서 눈이 내린다는 뜻이지만, 〈보기〉를 바탕으로 새로운 권력 집단이 강압 통치하는 상황으로 해석할 수 있다.

⑤ (가)의 '바깥은 거친 들 이리떼만 몰려다니고 / 사람인 양 꾸민 잔나비 떼들 쏘다니어 / 내 기린은 맘둘 곳 몸둘 곳 없어지다'에서 '기린'은 '이리떼'와 '잔나비떼'에게 억압당하고 있다는 것을 알 수 있다. (나)에서도 '날아온다 꺼칠한 굴뚝새 / 서둘러 뒷간에 몸을 감춘다. / 그 어디에 부리부리한 솔개라도 도사리고 있다는 것일까'에서 '굴뚝새'가 '솔개'에게 억압당하고 있다는 것을 알 수 있다. 따라서 '이리떼'와 '잔나비떼'는 '기린'을, '솔개'는 '굴뚝새'를 억압하는 부당한 권력을 암시한다고 볼 수 있다.

03 정답 ⑤ ─────────── [시어·시구의 의미 파악하기]

정답 풀이

[A]에는 화자가 문을 굳게 닫고 부정적인 세상과 단절되어 은거하려는 모습이 드러난다. [B]에는 '굴뚝새'의 생명을 위협하는 '눈보라'가 쏟아지는 백색의 산과 골짜기가 나타나 있다.

오답 풀이

① [A]에서 문을 닫아 생기는 공간은 외부 세계를 차단하고 자아를 성찰하기 위한 내면의 공간이라고 할 수 있다. 그러나 [B]에서 외딴집 '뒷간'은 현실이 위협받는 상황에서 선택한 도피처로 자아 성찰을 하는 공간이라 볼 수 없다.

② [A]에는 '기린'이 맘 놓고 울지 못하는 상황이 지속되고 있으며, [B]에도 거센 '눈보라'가 내리는 상황이 지속되고 있다. 화자의 심리적 갈등이 해소되는 계기는 찾아볼 수 없다.

③ [A]에는 화자인 '나'가 표면에 드러나 있지만 대상인 '기린'을 관찰하여 묘사하지는 않는다. [B]에는 화자가 표면에 나타나 있지 않으나 대상인 '눈보라'가 내리는 상황을 관찰하여 묘사하고 있다.

④ [A]에서 화자인 '나'는 대상인 '기린'에 자신의 감정을 집어넣어 자신이 '맘 놓고 울들 못'하는 상황을 표현하고 있다. 따라서 화자와 '기린' 사이에 일체감이 나타난다. 반면 [B]에서 화자는 대상인 '눈보라'를 부정적으로 바라보며 거리감을 나타내고 있다.

10강 인간 소외를 다룬 시

정호승, 슬픔이 기쁨에게

01 ⑤   **02** ③   **03** ①

01 정답 ⑤ —————————————— [표현상의 특징 이해하기]

정답 풀이

윗글은 '슬픔'과 '기쁨'을 의인화하여, '슬픔'이 '기쁨'에게 하는 이야기의 내용을 담고 있다. 여기서 '슬픔'은 남의 아픔을 보듬고 소외된 사람을 사랑하는 마음을, '기쁨'은 이와 대조적으로 이기적인 마음을 의미한다. 화자는 이를 통해 자신의 행복과 안일에 빠져 남의 아픔에 무심하거나 그것을 볼 줄 모르는 이기적인 세태를 비판하며 슬픔의 평등한 힘을 깨우쳐 주는 것이다. 즉, 일반적인 의미가 아닌 '슬픔'과 '기쁨'에 대한 새로운 의미를 역설적으로 표현함으로써 화자는 자신이 가치 있게 여기는 삶의 모습을 드러내고 있다.

오답 풀이

① 첫 행과 끝 행이 내용이나 형식 면에서 대응되는 점을 찾을 수 없다.

② '눈'이라는 시어가 흰색을 나타내기는 하지만, 이와 대비되는 다른 색이 나오지 않으므로 색채 대비를 이루고 있다고 볼 수 없다.

③ 화자는 소외된 이웃들을 외면하는 부정적인 현실에 처해 있지만, 이에 대해 애상적 정서, 즉 슬픔을 나타내기보다는 '–겠다'라는 단호한 어조를 사용하며 '너'의 긍정적인 변화를 바라고 있다.

④ 과거와 현재의 시간적 흐름이나 대비가 나타나지 않는다. 화자는 '너'에게 소외된 이웃에게 관심과 애정을 기울일 것을 일관되게 바라고 있으므로, 화자의 정서가 변화된다고 볼 수 없다.

02 정답 ③ —————————————— [시어·시구의 의미 파악하기]

정답 풀이

'너의 사랑'은 '동사자'에게 가마니 한 장조차 덮어 주지 않을 만큼 무관심하고 이기적인 '너(기쁨)'의 태도를 의미한다. '나'는 '너'의 무관심한 사랑이 변회되기를 바라고 있으므로 '너'가 '동사자'에게 지금의 '너의 사랑'이 아닌 소외된 이들을 진심으로 위하는 사랑을 주기를 바라고 있다.

오답 풀이

① '너'는 할머니가 추위 속에서 귤을 파는 모습을 보면서 할머니의 고단한 삶을 이해하기보다는 자신의 이익을 추구하고 있다. '나'가 그런 '너'에게 '슬픔'을 주겠다고 말하는 것을 볼 때, '나'는 '너'와 달리 할머니의 삶에 '슬픔'을 느꼈음을 짐작할 수 있다.

② '슬픔의 평등한 얼굴'은 '슬픔(소외된 이웃들에 대한 관심과 애정)'이 모든 이에게 평등하게 적용되어야 한다는 뜻으로, 소외된 이웃들도 우리와 같이 평등한 존재로 바라보아야 한다는 '나'의 인식을 보여 준다. 따라서 '슬픔의 평등한 얼굴'은 '할머니'에 대한 '나'의 사랑으로 이해할 수 있다.

④ '가마니 한 장'은 소외된 이웃에 대한 관심과 사랑을 의미한다. '나'가 '너'에게 주고 싶은 '슬픔' 또한 소외된 이웃에 대한 사랑을 뜻하므로, 유사한 의미로 볼 수 있다.

⑤ '눈 그친 눈길'은 '추워 떠는 사람들', 즉 소외된 이웃들의 고통을 다른 사람들이 이해하고 공감해 주는 세상을 뜻한다. 즉 윗글은 '나'가 바라는 따뜻한 세상을 '눈 그친 눈길'이라는 공간으로 표현하고 있다.

03 정답 ① —————————————— [다른 작품과 비교하여 감상하기]

정답 풀이

윗글에서 '나'가 '너'에게 주고자 하는 '기다림'은 소외된 이웃의 고통을 공감할 수 있는 시간을 의미한다. 따라서 이 '기다림'은 소외된 이웃을 진정으로 사랑하기 위해 필요한 것이라고 볼 수 있다. 〈보기〉의 '오늘도 그대를 사랑하는 일보다 / 기다리는 일이 더 행복하였습니다.'라는 구절을 통해 볼 때 화자는 그대를 진정으로 사랑하기 때문에 기다리는 일도 행복하게 느낀다고 할 수 있다. 따라서 〈보기〉의 '기다림' 역시 진정한 사랑을 이루기 위한 과정이라고 볼 수 있다.

오답 풀이

② 〈보기〉에는 '지는 저녁 해', 보이지 않는 '별', 빈 길에 뜬 '새벽달'로 이어지는 시간의 흐름이 드러나 있다. 그러나 윗글에서는 '겨울밤'이라는 시간적 배경을 확인할 수 있을 뿐이다.

③ 윗글의 '세상에 내리던 함박눈'은 가진 자들만의 행복, 가난하고 소외된 자의 고통이라는 부정적 의미를 지닌다. 〈보기〉의 '저무는 섬' 또한 화자가 사랑하는 '그대'를 홀로 기다리고 있는 쓸쓸한 상황을 의미하므로 긍정적 상황과 거리가 있다.

④ 〈보기〉와 윗글 모두 문답의 형식이 드러나지 않는다.

⑤ 〈보기〉에서 '울음'은 '저무는 섬 하나 떠올리며 울었습니다.'에 드러나 있는데, 여기서 '저무는 섬'은 화자의 쓸쓸함을 드러내는 객관적 상관물로 볼 수 있다. 따라서 〈보기〉의 '울음'은 긍정적인 측면보다는 화자의 슬픔과 연관된 부정적 측면이 부각되어 있다. 반면, 윗글의 '눈물'은 타인에 대한 사랑과 관심을 의미하므로 긍정적 의미라 할 수 있다.

대/표/작/품 ②
곽재구, 사평역에서

04 ①   **05** ②   **06** ③

04 정답 ①   [표현상의 특징 이해하기]

정답 풀이

윗글은 '눈 시린 유리창'과 '톱밥난로', '청색의 손바닥'과 '불빛' 등이 가진 대조적 심상(이미지)을 사용하여 삶에 지친 서민들의 모습과 애환을 그리고 있다.

오답 풀이

② 의문문의 형식을 사용하여 의미를 강조하는 설의적 표현은 찾아볼 수 없다.

③ 오르거나 솟구치는 모습에서 발견되는 상승의 이미지는 확인할 수 없고, 눈이 내리는 모습을 통해 하강의 이미지는 확인할 수 있다.

④ 화자는 다른 대상은 물론, 스스로에게도 질문을 던지고 있지 않으므로 적절하지 않다.

⑤ 고단한 몸으로 막차를 기다리는 사람들의 모습이 정적인 분위기로 일관되게 그려지고 있을 뿐, 역동적인 분위기나 분위기의 변화는 나타나지 않는다.

05 정답 ②   [자료를 통해 감상하기]

정답 풀이

사람들은 '청색의 손바닥'을 '불빛 속에 적셔' 온기를 얻고 있다. '청색의 손바닥'은 사람들이 원래 가진 온기를 상징하는 것이 아닌 추위로 얼어붙은 손을 의미한다.

오답 풀이

① '톱밥난로'는 시린 유리창으로 둘러싸인 대합실에 지펴진 것으로 온기를 주어 사람들이 추위를 견디게 한다.

③ 사람들은 모두 각자 살아온 내력에 대해 할 말이 많지만 침묵해야 한다는 것을 삶을 통해 깨닫고 있다. 이러한 침묵은 사람들이 힘겨운 삶을 감내하는 태도라 할 수 있다.

④ '귀를 적신다'는 표현을 통해 대합실 밖에 '싸륵싸륵' 쌓이는 '눈꽃의 화음'에 사람들이 위로받음을 알 수 있다.

⑤ '나'는 대합실의 사람들을 연민의 시선으로 관찰하고, 그들을 위해 '한 줌의 톱밥'을 던져 주었다. 그리고 어디로 흘러갈지 모를 밤 열차를 탄 사람들을 위해 '한 줌의 눈물을 불빛 속에 던져' 주는데, 이는 사람들에 대한 연민의 태도를 보여 준다.

06 정답 ③   [시어·시구의 의미 파악하기]

정답 풀이

ⓒ은 청각적(기침소리), 미각적(쓴 약), 시각적(담배 연기) 등 다양한 감각적 이미지를 사용하여 대합실 사람들의 소박한 꿈이 아니라 그들이 겪고 있는 고단함을 표현한 것으로 이해할 수 있다.

오답 풀이

① ⓐ은 추운 겨울밤 대합실 사람들이 기다리는 막차가 좀처럼 오지 않는 시적 상황을 드러낸다. '막차'에서 느껴지는 쓸쓸한 분위기와 함께, 대합실 사람들이 원하는 것이 쉽게 이루어지지 않는 상황은 그들의 삶이 가진 고단함을 드러낸다고 할 수 있다.

② ⓑ은 눈이 내리는 바깥 풍경과 연결되어 차가운 이미지를 연상시키므로, 대합실 사람들이 느끼는 추위 또는 고통과 시련으로 볼 수 있다.

④ ⓓ은 '낯설음'과 '뼈아픔'으로 표현된 현재의 시련과 고통도 시간이 지나고 나면 모두 과거가 되어 눈 속에 덮이듯이 누그러질 것임을 나타내는 표현으로 이해할 수 있다.

⑤ ⓔ은 인생의 흐름을 열차에 비유한 표현으로, 밤 열차가 어디로 흘러가는지 알 수 없듯이 대합실에 모인 사람들에게 앞으로 다가올 미래의 삶도 불안스럽고 막막할 것임을 나타낸다고 할 수 있다.

대/표/작/품 ③
고정희, 우리 동네 구자명 씨

07 ②   **08** ④   **09** ②

07 정답 ②   [표현상의 특징 이해하기]

정답 풀이

특정 인물인 구자명 씨가 버스에서 졸고 있는 모습을 관찰하는 것에서 시작하여, 구자명 씨가 보낸 지난밤을 추측하며 가사와 직장 생활을 모두 해내며 헌신을 강요받는 현대 여성들의 삶을 비판적으로 드러내고 있다.

오답 풀이

① 현실을 비판하고 있으나, 표현의 효과를 높이기 위해 실제와 반대되는 표현(반어)을 사용하고 있지는 않다.

③ 화자의 시선은 버스 안 구자명 씨에게 고정된 채, 그녀가 조는 행위를 통해 그녀의 고단한 삶을 추측하고 있다. 이것을 원경 혹은 근경이라고 말할 수는 없다. 다만 시상이 구자명 씨 개인의 삶으로부터 여성 전체의 삶으로 확대될 뿐이다.

④ '아침 햇살', '간밤', '고단한 하루의 시작과 끝'이라는 말에서 시간의 개념이 드러나고 있으나, 버스 안 구자명 씨의 모습은 시간상 아침, 가족을 위해 시간을 보낸 구자명 씨의 모습은 지난밤에 해당하므로 역순행적 방식에 가깝다. 또한 지난밤의 일은 화자가 추측한 것이므로 시간의 흐름에 따라 시상이 전개된다는 설명은 적절하지 않다.

⑤ 윗글은 미래의 상황을 가정하고 있지 않으며, 긍정적인 삶의 모습을 구체화하기보다는 현실의 부정적인 모습만을 구체적으로 드러내고 있다.

08 정답 ④ ——————————— [시어·시구의 의미 파악하기]

정답 풀이

[D]의 '시간'들은 '간밤 아기에게 젖 물린 시간', '간밤 시어머니 약시중 든 시간', '새벽녘 만취해서 돌아온 남편을 위하여 버린 시간'이다. 그런데 이 시간은 추측을 나타내는 '-일 거야'라는 표현과 연결되어 있으므로 화자가 직접 관찰한 시간이라고 볼 수 없다. 또한 [E]의 '팬지꽃', '안개꽃'은 각각 '아픔'과 '멍에'에 연결되어 있는데, 이는 구자명 씨가 고달픈 삶에서 느낀 감정이나 여성들의 강요된 희생과 관련된다고 볼 수 있을 뿐, 삶의 고통을 버티어 참고 이겨 내려는 구자명 씨의 의지로 볼 수는 없다.

오답 풀이

① [A]의 '맞벌이'는 구자명 씨가 직장 생활과 가사를 함께 하는 것을 의미하며, '일곱 달 된 아기'는 어린아이를 양육해야 하는 쉽지 않은 처지에 놓여 있음을 의미한다. 이를 통해 구자명 씨의 고된 삶을 구체적으로 짐작해 볼 수 있다.

② [B]의 '옆으로 앞으로 꾸벅꾸벅 존다.'는 심하게 조는 모습을 묘사한 것으로, 구자명 씨의 삶이 매우 고단함을 나타낸다. [C]의 '진달래'와 '밤꽃'은 구자명 씨의 고단한 삶과 상반되는 창밖의 아름다운 경치를 나타낸다.

③ [C]의 '부처님'은 희생을 감내하는 구자명 씨를 빗댄 표현인데, 이를 통해 구자명 씨의 삶이 고달픔을 알 수 있다. [D]의 '그래 그래'는 구자명 씨가 졸 수밖에 없음을 이해하는 화자의 인식이 담겨 있다.

⑤ [E]의 '식탁'은 가족을 위해 희생하는 구자명 씨의 공간이며, 가사를 해야만 하는 구자명 씨의 매여 있는 삶을 의미한다. [F]의 '안식'은 구자명 씨의 희생으로 유지되는 가족의 안식을 넘어서, 여성의 희생을 강요하는 사회 현실을 비판적으로 인식하도록 한다.

09 정답 ② ——————————— [다른 작품과 비교하여 감상하기]

정답 풀이

윗글은 고단한 삶을 살아가는 구자명 씨의 이야기를 통해서 여성의 희생을 강요하는 사회를 비판하고 있다. 그러나 화자가 구자명 씨와 자신을 동일하게 인식하고 있지는 않다. 물론 여성 시인의 시라는 관점에서 자신과 동일하게 보고 있다고 주장할 수 있지만, 이에 대한 구체적인 근거는 찾아볼 수 없다. 또한 윗글의 화자는 관찰자의 입장에서 구자명 씨를 향한 연민을 나타낼 뿐, 자신의 의지를 드러내고 있지는 않다. 〈보기〉는 떨어진 꽃잎(낙화)에 떠나가는 임을 빗대어 표현한 작품이다. 떨어지는 꽃잎보다 더 빨리 떨어지겠다는 것은, '그대'를 마지막 순간까지 지켜보기 위함이다. '그대'보다 먼저 바닥에 닿아 온몸으로 '나'를 받겠다는 것은, 실은 온몸으로 '그대'를 받겠다는 말로 이해해야 한다. 이렇게 볼 때, 화자는 대상과 자신을 동일하게 인식함으로써 자신을 사랑하는 행위를 통해 '그대'를 진정으로 사랑하겠다는 의지를 드러낸다고 할 수 있다.

오답 풀이

① 〈보기〉는 '먼저 바닥에 닿겠'다고 말하며 자기희생에 대한 긍정적인 인식을 드러내고 있으나, 윗글은 구자명 씨의 일방적인 희생을 현대 사회의 구조적 모순에서 기인한 것으로 보며 부정적으로 인식하고 있다.

③ 윗글의 1행에서 20행의 '그러나' 이전까지는 구자명 씨에 대한 연민이 묻어나는 어조가 나타나지만, '그러나' 이후부터는 현실에 대한 비판적 어조가 나타난다. 그러나 구자명 씨에 대한 화자의 인식이 달라지고 있는 것은 아니다. 화자는 구자명 씨의 고단한 삶이 여성에게만 희생을 강요하는 사회 현실 때문이라는 일관된 인식을 보이고 있다. 〈보기〉는 '~겠습니다.'를 반복하여 의지적 어조를 일정하게 유지하고 있으며, 인식의 전환도 보이지 않는다.

④ 윗글은 졸고 있는 구자명 씨의 구체적 행동을 '부처님'에 비유하고 있으며, 〈보기〉는 '나(=그대)'를 받는 구체적 행위를 '강보에 아기를 받는 것'으로 비유하고 있다. 따라서 윗글과 〈보기〉 모두 화자나 대상의 구체적 행동을 비유적으로 표현하고 있다고 보는 것이 적절하다.

⑤ 윗글에서 화자가 주목하는 삶은 구자명 씨의 삶이지, 화자 자신의 삶이 아니다. 따라서 화자의 지난 삶이 어떠했는지, 어떤 것을 뉘우치고 있는지는 알 수 없다. 〈보기〉는 화자가 자신의 포용적인 사랑을 형상화하고 있을 뿐, 화자의 지난 삶과 그에 대한 정서를 파악할 수 있는 단서를 제시하고 있지 않다.

실/전/기/출/문/제

조지훈, 파초우 + 곽재구, 사평역에서

01 ④	02 ⑤	03 ③

01 정답 ④ ——————————— [작품 간의 공통점·차이점 파악하기]

정답 풀이

(가)에서 '창 열고 푸른 산과 / 마주 앉아라. // 들어도 싫지 않은 물소리기에 / 날마다 바라도 그리운 산아'를 통해 화자는 창을 열고 푸른 산과 마주하고 있으며, 마주하고 있는 대상인 산을 날마다 바라보면서도 그리워하고 있음을 알 수 있다. (나)에서는 '그리웠던 순간들을 생각하며 나는'을 통해 화자가 과거의 순간들을 그리워하고 있다는 것을 알 수 있다.

오답 풀이

① '비유'는 어떤 현상이나 사물을 직접 설명하지 않고 다른 비슷한 현상이나 사물에 빗대어서 설명하는 것으로, 비유를 사용하면 사물에 대한 새로운 인식이 드러난다. (가)에는 '구름'에게 '어디메서 쉬리라던고'라고 말하며 구름을 감정이 있는 사람처럼 표현한 의인법을 사용하였고, (나)에서는 '그믐처럼', '쓴 약 같은', '단풍잎 같은' 등 비슷한 성질이나 모양을 가진 두 사물을 '같이, 처럼' 등으로 연결하여 비유하는 직유법을 사용하였다.

② '역동적인 분위기'는 힘차고 활발하게 움직이는 것을 말한다. (가)와 (나) 모두 차분하고 잔잔한 분위기로, 정적인 분위기만 나타나고 있다.

③ (가)에서는 '성긴 빗방울 / 파초 잎에 후두기는 저녁 어스름'에서 빗방울이 떨어지는 모습을 통해 하강의 이미지가 나타나고 있다. 하지만 이러한 이미지는 빗소리를 표현하고 있을 뿐, 화자의 현실적 관점을 나타내는 것은 아니다. (나)에서는 상승의 이미지가 나타나지 않는다.

⑤ (가)에서는 '이 밤을 어디메서 쉬리라던고'라며 스스로에게 묻는 질문을 반복하고 있다. 하지만 반복된 질문으로 독백적 어조가 변하지는 않는다. (나)에서는 '밤 열차는 또 어디로 흘러가는지'라는 질문이 나타나지만 질문을 반복하지 않으며 어조의 변화도 나타나지 않는다.

02 정답 ⑤ ──────────────── [시어·시구의 의미 파악하기]

정답 풀이

〈보기〉를 참고하면 (가)에서 화자는 자연과 교감하면서 자신을 성찰하고 있다. 여기서는 물아일체의 자세도 드러나지만, 이는 자연에 은둔하려는 자세이기도 하다. (가)의 '외로이 흘러간 한 송이 구름 / 이 밤을 어디메서 쉬리라던고.'에서 구름이 어디에서 쉴지 모른다는 것은 쉴 곳이 정해져 있지 않다는 뜻이다. 그래서 '어디메'는 화자가 벗어나고자 하는 현실 공간이 아니라 현실에서 벗어나 자연에 은둔하려는 화자의 방향성을 보여 주는 표현이다.

오답 풀이

① 〈보기〉에 따르면, 화자는 자연을 떠돌며 자연과 교감하는 사람이다. 따라서 '외로이 흘러간 한 송이 구름 / 이 밤을 어디메서 쉬리라던고.'에서 '한 송이 구름'은 어디에서 쉴지 정해져 있지 않다는 점에서 방황하는 화자의 처지와 비슷한, 화자의 심정이 투영된 대상으로 볼 수 있다.

② 〈보기〉에 따르면 화자는 저녁에도 소리를 매개로 자연과 교감하면서 자신을 성찰한다고 했다. 따라서 '성긴 빗방울이 저녁 어스름에 파초 잎에 후두기는 소리'는 화자의 성찰이 이루어지는 배경으로 제시된 것이다.

③ 화자는 '푸른 산'을 향해 창을 열고 바라도 그립다고 하므로, 자연 세계를 지향하고 있음을 알 수 있다.

④ 〈보기〉에서 화자는 '저녁에도 소리를 매개로 자연과 교감하면서 자신을 성찰한다'고 하였으므로, '들어도 싫지 않은 물소리'를 통해 자연과의 교감이 지속되고 있음을 알 수 있다.

03 정답 ③ ──────────────── [자료를 통해 감상하기]

정답 풀이

'눈꽃의 화음'은 대합실의 사람들을 위로하는 소재로 열악한 상황과는 관련이 없다. 또한 '한 줌의 눈물을 불빛 속에 던져 주었다'는 〈보기〉에 따르면 화자의 공감 어린 시선으로, 화자의 진심 어린 하나의 선물이라고 볼 수 있다. 따라서 '한 줌의 눈물'은 그러한 상황을 극복해 내려는 화자의 의지로 볼 수 없다.

오답 풀이

① [A]에서 사람들은 대합실의 톱밥난로 옆에 모여 막차를 기다리고 있다. '나'가 '톱밥'을 던져 주는 것처럼 '한 줌의 눈물'을 불빛 속에 던져 주는 것은 힘든 상황을 견디는 사람들을 위한 위로의 뜻이 담겨 있다.

② [B]에서 '내면 깊숙이 할 말들은 가득해도', '모두들 아무 말도 하지 않았다', '침묵해야 한다는 것을 모두들 알고 있었다'를 통해 화자가 사람들의 마음을 잘 이해하고 있으며, 그 사람들의 마음에 공감한다는 것을

알 수 있다.

④ [C]에서 화자는 '그리웠던 순간들을 호명하며 한 줌의 눈물을 불빛 속에 던져 주었다'라고 하였다. 고단한 현재를 살아가는 사람들이 과거의 '그리웠던 순간들'을 떠올리면 잠시나마 힘든 '현재'를 잊을 수 있다. 따라서 화자가 흘리는 '한 줌의 눈물'은 '고단한 현재를 견디어 내게 해 주는 힘이 과거의 추억처럼 소박한 데 있음을 암시'한다고 볼 수 있다.

⑤ [A]에서 화자는 졸고 감기에 쿨럭이는 이들을 위해 '한 줌의 톱밥'을, [C]에서는 삶에서 '낯설음'과 '뼈 아픔'을 겪는 사람들을 위해 '한 줌의 눈물'을 던진다. 따라서 '한 줌의 눈물'은 삶의 고단함을 견디어 내는 데 힘을 보태고자 하는 화자의 진심이 담겼다고 볼 수 있다.

1990년대 이후

11강 여성 중심의 시

대/표/작/품 ①

문정희, 작은 부엌 노래

01 ⑤　　　　**02** ④　　　　**03** ④

01 정답 ⑤ ──────[표현상의 특징 이해하기]

정답 풀이

　우리 설화에 등장하는 '마고할멈'의 형상은 세상을 만든 창조적 존재로 알려져 있다. 화자는 가정을 위해 희생을 강요받는 여성의 운명을 '천형'이라고 표현하고, 그 '덜미를 푸는 소름 끼치는 마고할멈의 도마 소리'가 들려온다고 말하고 있다. 이처럼 화자는 '마고할멈'이라는 설화적 요소를 빌려와 새로운 여성적 이미지의 탄생에 대한 염원을 노래하고 있는 것이다. 따라서 설화적 요소를 차용하였다고 볼 수 있지만, 이것이 부족한 화자의 현실 인식을 드러내는 요소로 작용한다고 할 수 없다.

오답 풀이

① 윗글의 마지막 부분에서 화자는 '부엌'이 억압의 공간이라는 이미지를 벗고 새로운 공간으로 탈바꿈하였음을 알리고 있다. 여기에 말줄임표가 사용됨으로써 시적 여운을 남기고 있다.

② '한 사람은 큰방에서 큰소리치고'에서의 '한 사람'은 남편을, '한 사람은 종신 동침 계약자, 외눈박이 하녀로'에서의 '한 사람'은 아내를 의미한다. 이러한 표현은 남성과 여성의 불평등한 관계를 대조적으로 드러내어 사회적 문제점을 부각하기 위한 것으로 볼 수 있다.

③ '-나요', '모르겠어요', '들려요', '들려와요' 등의 종결 표현이 여성적이고 부드러운 분위기를 형성하고 있으며 불평등한 결혼 제도에 희생당하는 여성의 정서를 효과적으로 드러내고 있다.

④ '술 괴는 냄새', '젊음이 삭아 가는 냄새', '빙초산 냄새' 등의 후각적 이미지, '타는 소리', '발등에 붓는 소리' 등의 청각적 이미지, '뜨거운 촛농'에서의 촉각적 이미지를 활용하여 '부엌'이라는 시적 대상의 의미를 구체화하고 있다.

02 정답 ④ ──────[시어·시구의 의미 파악하기]

정답 풀이

　'수줍은 새악시'는 억압적 속박에서 벗어나 주체적 여성으로 거듭나는 여성을 의미한다. 따라서 '수줍은 새악시'의 존재는 화자를 구해 줄 구원자가 아니라, 인식이 변화한 화자를 가리키는 것이라 할 수 있다.

오답 풀이

① '부엌'은 가정을 위해 희생하는 여성의 고통과 시련이 지속되는 공간으로 여성의 정체성이 상실된 억압의 공간을 의미한다고 할 수 있다.

② '술 괴는 냄새'와 '젊음이 삭아 가는 냄새'는 남편의 술을 만들다 늙어 버린 여자의 일생을 후각적 이미지를 통해 나타낸 표현으로, 불평등한 결혼 제도하에서 고통스러워하며 젊음과 생기를 잃어 가는 여성의 모습을 나타낸다 할 수 있다.

③ 전반부에서 수동적 존재로서 희생당하는 여성의 고달픈 삶을 한탄하던 화자는 후반부에 이르러 주체적 여성으로서의 변화를 꿈꾸고 있다. '그런데' 이후 화자의 인식이 변화하며 시상이 전환된다는 점에서 '그런데'는 화자의 수동적 삶이 주체적 삶으로 변화할 것임을 예고한다고 할 수 있다.

⑤ 화자의 인식이 변화한 이후에 여성의 희생적 공간인 '부엌'은 더 이상 이전에 여성이 억압받던 공간으로 볼 수 없다. 부엌은 자기 정체성을 찾은 여성의 주체적 공간으로 존재한다. 화자는 이 공간을 '우리 부엌'이라고 표현하며 그 의미를 확대한 것으로 해석할 수 있다.

03 정답 ④ ──────[다른 작품과 비교하여 감상하기]

정답 풀이

　윗글의 화자는 가부장적 사회에서 결혼 제도로 인해 희생당하며 살아가고 있으며, 〈보기〉의 화자는 가부장적 사회에서 남편의 사랑을 받지 못하고 홀로 지내며 외로이 늙어 가고 있다.

오답 풀이

① 〈보기〉에는 남편이 집을 나가 홀로 외로이 살아가는 화자의 모습이 드러나지만, 윗글에는 남편의 사랑을 잃은 화자의 모습이 나타나 있지 않다.

② 윗글과 〈보기〉 모두 과거를 반성하면서 결혼을 후회하는 모습이 드러나 있지 않다.

③ 윗글과 〈보기〉 모두 시집살이가 나타나 있지 않으며, 부모님을 그리워하지도 않는다.

⑤ 윗글과 〈보기〉 모두 남편에 대한 변함없는 애정이 나타나 있지 않다.

대/표/작/품 ②

나희덕, 그 복숭아나무 곁으로

04 ②　　　　**05** ⑤

04 정답 ② ──────[표현상의 특징 이해하기]

정답 풀이

　특정한 무언가를 가리키는 지시어 '그'를 반복하여, 화자가 주목하고 있는 나무가 다른 복숭아나무가 아니라 '그 복숭아나무'라는 점을 부각하고 있으며, 이를 통해 시적 대상으로 초점을 모으고 있다.

① '-습니다'라는 경어체를 사용하여 자기 고백적인 분위기와 담담한 어조를 형성한다. 이 작품은 화자가 '그 나무'에 대해서 새롭게 인식하는 과정을 그려 낸 것으로, 웅장한 분위기는 나타나 있지 않다.

③ '가만히 들었습니다 저녁이 오는 소리를'은 '저녁이 오는 소리를 가만히 들었습니다'의 형태로 써야 문법적으로 올바른 표현이므로 도치된 문장이라는 설명은 적절하다. 그러나 이는 '그 나무'와 진정한 교감을 이룰 수 있는 내면적 상태에 어울리는 분위기를 드러내고 있을 뿐, 상황의 긴박성을 강조하는 역할을 하고 있지 않다.

④ 화자는 시적 대상을 '마음'을 지닌 존재, 즉 사람처럼 표현하고 있다. 그러나 이를 통해 현실을 비판하고 있지는 않다. '그 나무'와 거리를 두었던 자신의 모습을 돌아보고, '그 나무'와 참된 교감을 나누려 하고 있다.

⑤ '흰꽃'과 '분홍꽃'에 색채어를 활용하고 있으나, 신화적 세계에 대한 동경을 드러내고 있지는 않다.

05 정답 ⑤ —————————— [다른 작품과 비교하여 감상하기]

정답 풀이

윗글의 ㉠은 화자가 거리감을 느꼈던 그 복숭아나무에 대해서 새롭게 인식한 후에 친밀감을 느끼며 다가간 그 복숭아나무 그늘이다. 〈보기〉의 ⓐ는 필자가 글쓰기를 하며 사색하였던 공간이자, 현재는 그리움의 대상이 된 밤나무 그늘이다. 따라서 ㉠은 화자의 친밀감을 강화하고, ⓐ는 필자의 그리움을 강화하는 공간이다.

오답 풀이

① 윗글의 화자가 ㉠으로 다가갈 때 기대감을 가지고 갔는지 알 수 없으나 참된 교감에 대한 기대를 품고 갔다고 이해해 본다면, 화자의 기대에 어긋난다고 볼 수는 없다. 〈보기〉의 ⓐ에서 필자는 글쓰기의 어려움을 느낄 때 휴식을 취하고 있으므로 ⓐ는 휴식의 공간으로 보아야 한다.

② 윗글의 화자가 ㉠에서 그 복숭아나무의 본질을 깨닫고 있는 것은 맞지만 그 복숭아나무의 영향을 받았는지는 알 수 없다. 그 복숭아나무의 본질을 깨닫게 된 것은 오히려 오랜 시간 동안 그 복숭아나무를 바라본 결과일 수 있다. 〈보기〉의 필자는 ⓐ에서 글쓰기와 사색을 할 때 영향을 받았다.

③ 윗글의 화자는 ㉠에서 '저녁이 오는 소리를' '가만히 들'으며 사색했다고 볼 수 있다. 〈보기〉의 필자는 밤나무를 철학자에 비유하며, '이 철학자를 두고 짜여진 것은 아직 한 편도 없다'고 썼으므로, 밤나무에 대해서 글을 쓰지 않았음을 알 수 있다.

④ 윗글에서 그 복숭아나무가 인식한 스스로의 문제나 그 문제를 해결하는 과정 등은 전혀 알 수 없다. ㉠은 그 복숭아나무를 멀리했던 화자가 '그 나무'의 가치를 인식해 가며 '그 나무'와의 참된 교감을 하는 장소이다. 〈보기〉의 필자는 글쓰기의 어려움에 대해서 이야기하고 있으며, 그럴 때마다 ⓐ가 위로의 공간이 되어 주었다고 한다. 그러나 〈보기〉의 필자가 밤나무에 대해서 고민했는지 알 수 있는 단서는 나와 있지 않다.

정끝별, 가지가 담을 넘을 때

06 ③	07 ②	08 ④

06 정답 ③ —————————— [표현상의 특징 이해하기]

정답 풀이

윗글은 '- 을 것이다'의 반복적 사용을 통해 수양 가지의 심리를 추측하며 시상을 전개하고 있다. 따라서 현재형 시제를 사용하여 상황을 현장감 있게 표현하였다고 볼 수 없다.

오답 풀이

① '뿌리', '꽃과 잎', '비', '폭설', '금단의 담' 등 상징적인 시어를 사용하여 시적 의미를 강조하고 있다.

② '수양 가지'와 유사한 속성을 가진 '목련 가지', '감나무 가지', '줄장미 줄기', '담쟁이 줄기' 등을 나열하여 '수양 가지'가 담을 넘는 행위를 일반화하여 확대하고 있다.

④ '~아니었으면', '~을 것이다' 등의 동일한 종결 어미의 반복적 사용으로 운율을 형성하고 의미를 강조하고 있다.

⑤ '얼굴 한 번 못 마주친 애먼 뿌리', '고집 센 비' 등에서 수양 가지와 수양 가지의 성장을 돕는 다른 대상들을 의인화하여 대상에 대한 친근함을 나타내고 있다.

07 정답 ② —————————— [시어·시구의 의미 파악하기]

정답 풀이

'애먼 뿌리', '꽃과 잎'은 수양 가지가 담을 넘도록 도와주고 믿어 주는 존재로, 수양 가지를 방해하는 부정적 존재라고 볼 수 없다.

오답 풀이

① '수양 가지'는 장애물이자 시련인 '금단의 담'을 넘어서고 목표인 자유를 얻으려는 의지적인 존재라고 할 수 있다.

③ '비', '폭설'은 수양 가지에게는 고난과 시련을 가져오는 외적 장애물이지만, 수양 가지의 성장을 도와주고 신명 나게 하는 긍정적 영향을 끼치는 존재라고 할 수 있다.

④ '담'은 수양 가지가 담 밖의 세상을 볼 수 없게 가로막는 장애물인 동시에 수양 가지를 자극하여 능동적이고 의지적인 주체로 만드는 존재이다. 따라서 '담' 너머 세상은 수양 가지가 아직 경험하지 못한 세계로 도전할 대상이며 꿈과 목표를 가지게 하는 존재라고 할 수 있다.

⑤ '목련 가지', '감나무 가지', '줄장미 줄기', '담쟁이 줄기'는 수양 가지처럼 담을 넘어 자라는 식물들로 수양 가지와 유사한 존재들이라고 할 수 있다.

정답 풀이

윗글의 화자는 '수양 가지'가 담을 넘는 과정을 상상하는 사람이므로 수양 가지가 화자라고 볼 수 없으며, 수양 가지를 화자로 설정하여 의지적이고 능동적인 주체로 표현하며 시적 상황을 효과적으로 표현하고 있다고도 볼 수 없다.

오답 풀이

① '가지가 담을 넘는 상황'은 우리가 주변에서 쉽게 볼 수 있는 일상적인 소재라고 할 수 있다.
② 윗글에서는 '담'이 장애물, 시련을 주는 대상이자 꿈과 목표를 가지게 하는 도전의 대상이다. 따라서 담은 '도전과 목표'라는 의미를 연상한다고 볼 수 있다.
③ 윗글은 '수양 가지가 담을 넘을 때' 협력하는 존재들을 상상하며 시상을 전개하고 있다고 볼 수 있다.
⑤ '~ 아니었으면 ~ 아니었을 것이다'의 이중 부정 표현을 사용하여 다른 대상의 협력이 없었으면 '수양 가지'는 결코 담을 넘지 못하였을 것을 강조하여 주제를 형상화하고 있다고 볼 수 있다.

실/전/기/출/문/제

한용운, 수의 비밀 + 문정희, 찔레

01 ④	02 ③	03 ⑤

정답 풀이

(가)에서는 '나의 마음은 수놓는 금실을 따라서 바늘구멍으로 들어가고'에서 추상적인 관념인 '마음'을 구체적인 이미지인 '바늘구멍으로 들어가는 금실'로 형상화하고 있다. (나)에서는 '이슬을 털 듯 추억을 털며'에서 추상적인 관념인 '추억'을 구체적인 이미지인 '이슬'로 형상화하고 있다.

오답 풀이

① 명암의 대비는 밝음과 어둠의 대비를 뜻한다. (가), (나) 모두 명암의 대비가 나타나 있지 않다.
② 수미상관의 방식이란 시의 첫 연을 끝 연에 다시 반복하는 구성 방식이다. (나)에는 1연과 7연이 유사한 구조로 반복되고 있으므로 변형된 수미상관의 방식이 나타난다고 볼 수 있다. 그러나 (가)는 수미상관의 방식이 나타나 있지 않다.
③ (가)와 (나) 모두 자연물에 인격을 부여하고 있지 않다.
⑤ 근경에서 원경으로 시선을 이동한다는 것은 가까운 경치에서 먼 경치로 화자의 시선이 움직인다는 것이다. (가), (나) 모두 근경에서 원경으로 시선을 이동하고 있지 않다.

정답 풀이

〈보기〉를 참고하면 화자가 임의 부재라는 자신의 현실을 인식하면서도 그 현실을 부인(否認)한다고 하였다. '나의 마음이 아프고 쓰린'은 화자가 임의 부재라는 자신의 현실을 인식한 것으로 주체적 선택과 극복 의지가 드러나 있지 않다.

오답 풀이

① '나의 손때가 많이 묻었습니다'는 수를 놓는 행위를 오랫동안 지속했다는 것을 보여 주는 구절로 〈보기〉의 '화자가 일상적 행위를 반복하면서도 그것을 종결짓지 않는 것'에 해당한다.
② '짓다가 놓아두고 짓다가 놓아두고'는 〈보기〉의 '임의 부재가 환기되는 상황을 지연시키'고 '그 현실을 부인'하는 행위에 해당한다.
④ '맑은 노래가 나와서 나의 마음이 됩니다'는 화자가 '아프고 쓰린 때'에 수를 놓는 행위를 통해 '맑은 노래'가 된다고 했으므로 〈보기〉의 '행위의 과정에서 자기 정화가 동반'되는 것에 해당한다.
⑤ '짓고 싶어서 다 짓지 않는 것입니다'는 주머니를 지을 수 있지만 다 짓지 않으면서 임의 부재가 환기되는 상황을 지연시키려는 화자의 태도가 드러난 것으로, 〈보기〉의 '임의 부재가 환기되는 상황을 지연시키'려는 것에 해당한다.

정답 풀이

[C]의 '말을 잃어갔다'는 과거의 아픔을 형상화한 표현이고, [D]의 '무성한 사랑'은 과거의 아픔을 포용하고 승화한 성숙한 사랑으로 볼 수 있다. 따라서 '말을 잃어갔다'는 것이 '무성한 사랑'으로 인해 슬퍼하는 화자의 모습을 나타낸다고 볼 수 없다.

오답 풀이

① [A]의 '서 있고 싶다'가 [B]와 [D]에 반복되면서 화자의 이루지 못한 사랑은 계절이 바뀔 때마다 거듭 떠오르는 것으로 꿈결처럼 흘러가는 동안에나마 이루고 싶은 것이라는 간절함을 부각하고 있다.
② [A]의 '그리운 가슴'은 과거의 정서를 의미하고, [D]의 '꿈결'은 어렴풋하게 지나간 과거를 '꿈결'과 같이 여기는 현재 상황에 대한 화자의 느낌을 구체화하고 있다.
③ [B]에서 '조금만 더 다가서면 / 서로 꽃이 되었을'을 통해 그 사람과의 사랑이 이루어지지 못한 화자의 아쉬움을 알 수 있고, [D]에서 '예쁘고 뾰족한 가시로 / 꽃 속에 매달고', '서 있고 싶다'를 통해 과거 이루지 못한 사랑의 아픔을 딛고 성숙한 꽃이 되고자 하는 화자의 소망을 알 수 있다.
④ [C]의 '내겐 우는 날이 많았었다'는 과거 '그대 사랑하는 동안'에 일어난 일로 [B]의 '추억' 속의 화자의 모습에 해당한다.

12강 다양한 삶의 모습을 담은 시

01 정답 ⑤ ──────────── [표현상의 특징 이해하기]

정답 풀이

윗글은 국숫집에 모인 사람들을 묘사하며 시상을 전개하고 있다. 대화적 구성은 사용되지 않았다.

오답 풀이

① 마지막 행의 '모처럼 평상에 마주 앉아서'에서 서술어를 생략하여 여운을 남기고 있다.

② 국수의 면발을 찬물에 헹굴 때 나는 소리이기도 하고 상대의 힘든 이야기를 듣고 위로의 마음을 보낼 때 내는 소리이기도 한 '쯧쯧쯧쯧 쯧쯧 쯧쯧'이라는 음성 상징어를 활용하여 국숫집에 모여 앉아 국수를 기다리며 서로의 상황에 위로해 주는 시적 상황을 나타내고 있다.

③ '쯧쯧쯧쯧'과 같은 의성어를 사용하여 청각적 심상을 부각하면서 연민과 공감이라는 시적 의미를 구체화하고 있다.

④ '손이 손을 잡는 말', '눈이 눈을 쓸어 주는 말', '세상에 이런 짧은 말이 있어서', '세상에 이런 깊은 말이 있어서'와 같이 유사한 통사 구조를 반복하여 주제를 강조하고 운율을 형성하고 있다.

02 정답 ⑤ ──────────── [시어·시구의 의미 파악하기]

정답 풀이

'사람들'에서 '우리'로 호칭이 변화된 것은 화자가 국숫집에 모인 사람들과 정서적 일체감을 느끼고 있음을 나타낸다. 이기적인 태도는 윗글에서 확인할 수 없다.

오답 풀이

① '평상'은 누구나 눈을 마주치며 인정을 나누는 수평적인 공간이다.

② 국숫집에 모인 사람들을 친근하고 편안한 '친정 오빠'에 비유한 것으로 보아 사람들이 서로 우호적 관계라 볼 수 있다.

③ '눈이 눈이 쓸어 주는 말'은 '손이 손을 잡는 말'과 호응하여 서로의 힘든 처지에 공감하며 위로하는 말을 의미한다.

④ 사람들은 큰 '푸조나무' 아래 평상에 모여 있다. 따라서 '푸조나무'는 국숫집에 모인 사람들에게 푸근한 그늘을 제공하는 존재로 볼 수 있다.

03 정답 ② ──────────── [다른 작품과의 비교하며 감상하기]

정답 풀이

윗글은 큰 그늘을 만드는 '푸조나무' 아래의 평상에 모여 앉아 국수를 먹는 사람들의 모습을 통해 사람들 간의 공감과 이해를 형상화하고 있다. 〈보기〉의 2연에는 모닥불 앞의 사람들과 동물들이 열거되어 있는데 신분, 나이, 크기 등의 구별 없이 모두 함께 모닥불을 쬐고 있다. 이를 통해 함께 어우러져 살아가는 공동체의 모습을 확인할 수 있다.

오답 풀이

① 〈보기〉는 '새끼 오리'와 같은 평안도 방언을 사용하여 사실성과 향토성을 높이고 있지만, 윗글에는 방언이 사용되고 있지 않다.

③ 〈보기〉는 열거의 방식으로 대상을 제시하고 있으나, 윗글에는 열거의 방식이 사용되지 않았다.

④ 윗글과 〈보기〉는 모두 공간의 대비가 드러나지 않는다.

⑤ 〈보기〉의 '어미아비 없는'은 할아버지가 겪은 시련이라 볼 수 있지만 윗글의 '찬물에 헹궈져'는 국수는 씻는 과정일 뿐이다.

04 정답 ④ ──────────── [표현상의 특징 이해하기]

정답 풀이

1연과 3연에서 어순을 도치하여 의미를 강조하고 있는 것은 느티나무의 '푸르른 울음소리'와 '가지 팽팽히 후리던 소리'이다. 이 소리들은 느티나무가 시련 속에서도 희망을 갖고 면면함을 지키는 소리로 농촌 사람들에게 밝은 미래가 올 것이라는 것을 강조한 표현이다. 따라서 절망적 상황을 강조하고 있다는 내용은 적절하지 않다.

오답 풀이

① '너'라는 대상에게 말을 하는 형식으로 시상을 전개하여 친밀감을 주고 있다.

② '너 들어 보았니'나 '푸르른 울음소리' 등과 같은 시구와 '소리'와 같은 시어가 반복되어 나타난다. 또 '-리'나 '-니'와 같은 소리를 반복하여 운율감을 형성하고 시적 의미를 강화하고 있다.

③ 화자는 겨울을 이겨 낸 '느티나무'라는 상징적 시어와 사람들을 연결하여 사람들에게도 시련을 이긴 후 좋은 시절이 올 것임을 암시하고 있다.

⑤ '푸르른 울음소리'는 청각의 시각화로, 화자가 인식한 청각 이미지가 시각 이미지로 전이되었다. 이는 시련 속에서도 희망을 잃지 않는 느티나무의 모습을 형상화하여, 느티나무의 시련은 단순한 시련이 아니라 봄의 부활을 준비하는 과정이라는 의미로 시어가 지닌 의미의 폭을 확장하고 있다.

05 정답 ⑤ ─────────────[시어·시구의 의미 파악하기]

윗글에는 느티나무의 '푸르른 울음소리'가 이파리에 전이되고, 이것이 생생한 '초록의 광휘'로 솟아나며 '북소리'까지 우렁차게 울려 나오는 전환의 과정이 드러나 있다. '북소리'는 농민들에게 희망과 용기를 주는 소리이며 '둥둥둥둥'은 절망을 희망으로 바꾸는 '북소리'로 볼 수 있으므로, 이를 통해 농촌 공동체의 시련이 고조되는 것을 보여 준다는 설명은 옳지 않다.

① 겨울에 북쪽에서 불어오는 '삭풍'은 느티나무에게 큰 고통을 주는 존재인 한편, 느티나무가 삭풍이 주는 시련과 고통을 이겨 내며 '푸르른 울음소리'를 뽑아낸다는 점에서 느티나무를 단련시켜 더 강인한 생명력을 불어넣는 존재라고 볼 수 있다.
② '가지 팽팽히 후리던 소리'는 지난 겨울 '삭풍'에 이리저리 휘둘리며 고통받던 느티나무가 '지킬 것은 지'키기 위해 즉, 면면함을 지키기 위해 고통을 인내하고 다음 봄을 준비하는 회복의 몸짓을 청각적으로 형상화한 것으로 볼 수 있다.
③ '푸르른 울음'은 청각을 시각화한 공감각적 표현이다. 또 4연의 '초록의 광휘'와 연결되어 시련을 극복한 느티나무의 생명력을 보여 주고 있으므로 희망을 갖고 고통을 인내하는 나무의 모습을 드러낸다고 볼 수 있다.
④ '초록의 광휘'는 시련을 이겨 내고 새잎을 낸 느티나무의 생명력을 색채어를 통해 선명한 시각적 이미지로 형상화한 표현이다.

06 정답 ⑤ ─────────────[자료를 통해 감상하기]

문학을 감상하는 방법 중 하나인 반영론적 관점을 제시하고 있다. 반영론적 관점은 작품에 나타난 현실과 실제의 현실이 맺고 있는 관련성에 주목해 작품을 해석하는 방법인데, '송이'는 산업화라는 시대 현실과 관련하여 작품을 감상하고 있으므로 반영론적 관점을 취하고 있다.

① 효용론적 관점은 작품을 향유하는 독자에게 작품이 미치는 영향을 중심으로 작품을 해석하는 방법이다. '연재'는 독자가 얻은 의미나 감동을 중심으로 작품을 이해하고 있으므로 효용론적 관점을 취하고 있다.
② 내재적 관점은 작품에 나타난 내용이나 형식, 표현만으로 작품을 이해하고 감상하는 방법이다. 화자는 작품을 구성하고 있는 내적 요소이므로 '민서'는 내재적 관점을 취하고 있다.
③ '민아'는 시의 내용과 표현을 바탕으로 작품을 이해하고 있으므로 내재적 관점을 취하고 있다.
④ 표현론적 관점은 작품을 작가의 체험, 사상, 감정 등을 중심으로 감상해야 한다는 관점이다. '이슬'은 작가의 체험을 바탕으로 작품을 이해하고 있으므로 표현론적 관점을 취하고 있다.

대/표/작/품 ③
하종오, 동승

07 ②　　　　**08** ③　　　　**09** ③

07 정답 ② ─────────────[표현상의 특징 이해하기]

21행의 '저이들도'에서 보조사 '도'를 통해 시적 대상인 '아시안 젊은 남녀'와의 동질감을 드러내고 있다.

① '늦은 봄날'이라는 계절적 배경은 제시되었으나 이를 통해 대상의 특성을 부각하고 있지는 않으며, 계절의 흐름 또한 나타나지 않는다.
③ '깃털 색깔이 다른 새'에서 색채 이미지가 나타나나 이는 서로 다른 존재들이 함께 어울림을 나타내는 것이지 대상의 영속성을 드러내고 있지는 않는다.
④ '나는 아시안 젊은 남녀와 천연하게 / 동승하지 못하고 있어 낯짝 부끄러웠다'에서 반성적 시선은 나타나나 과거 회상이 드러나지는 않는다.
⑤ 화자는 '아시안 젊은 남녀'에 대한 자신의 호기심이 천박한 것임을 깨닫고 15행에서 '차창 밖'으로 시선을 이동한다. 따라서 시선은 고정되지 않고 이동하고 있다.

08 정답 ③ ─────────────[시어·시구의 의미 파악하기]

화자가 '잔무'하러 사무실에 가는 길에 국철을 탔다는 점에서 ㉢은 화자가 국철을 타는 계기로 볼 수 있다. 그러나 마지막 행에서 화자는 아시안 젊은 남녀 역시 '일자리로 돌아가는 중'일 수 있다는 생각을 하며 동질감을 느끼고 있으므로, 화자와 '아시안 젊은 남녀'가 공감대를 형성할 수 없었던 이유로는 볼 수 없다.

① 화자는 국철에서 자신의 차별적 시선에 대한 부끄러움을 느끼고 '저이들'과 '나'가 다르지 않다는 깨달음을 얻고 있으므로 '국철'은 시상이 전개되는 공간이며, 화자가 깨달음을 얻는 공간이라 할 수 있다.
② 화자가 '알아들을 수 없는 말'을 듣고 아시안 젊은 남녀를 바라보게 된다는 점에서 화자가 아시안 젊은 남녀에게 관심을 갖게 된 계기로 볼 수 있다.
④ 화자는 '천박한'이라는 직접적인 표현으로 자신이 지닌 호기심이 적절하지 못했음을 드러내고 있다.
⑤ 화자는 형식적으로는 아시안 젊은 남녀와 같은 이동 수단을 타고 있지만 내면적으로는 그들을 차별하였고, 이러한 자신의 모습을 부끄러워한다. 윗글에서 화자가 추구하는 가치는 이질적 존재들도 조화롭게 살아가는 공동체이므로 '동승'은 이러한 가치를 상징적으로 드러내는 시어로 볼 수 있다.

09 정답 ③ ——————————— [다른 작품과 비교하여 감상하기]

정답 풀이

윗글 역시 17행에서 '깃털 색깔이 다른 새 여러 마리가 물결을 타'는 모습을 국철 안에서 '아시안 젊은 남녀와 천연하게 / 동승하지 못'하는 '나' 즉, 자연과 인간의 대비가 나타난다. 그러므로 윗글과 〈보기〉 모두 인간과 자연을 대비하고 있다.

오답 풀이

① 〈보기〉에는 '제가끔 서 있더군', '숲이었어'라는 표현에서 대화체가 드러나나, 윗글에는 대화체가 드러나지 않는다.
② 윗글은 '알아들을 수 없는 말', '아시안 젊은 남녀'에서 민족이나 인종에 대한 언급이 나타나나, 〈보기〉에는 그러한 언급이 없다.
④ 윗글의 '동승하지 못하고 있어'와 〈보기〉의 '그대와 나는 왜 / 숲이 아닌가'에서 화자가 '동승'과 '숲'을 실현하지 못했음을 알 수 있다.
⑤ 윗글은 정주민인 '나'가 이주민인 '아시안 젊은 남녀'를 차별적 시선으로 바라본 것을 반성하며 공동체적 삶의 태도를 환기하고 있고, 〈보기〉에서는 '그대와 나는 왜 / 숲이 아닌가'에서 공동체를 이루지 못하는 것에 대한 안타까움이 드러난다.

실/전/기/출/문/제

백석, 팔원 – 서행시초 3 + 하종오, 동승

| 01 ① | 02 ④ | 03 ③ |

---

01 정답 ① ——————————— [작품 간의 공통점·차이점 파악하기]

정답 풀이

시상을 전개한다는 것은 시인의 생각을 펼친다는 것이다. (가)는 '나이 어린 계집아이 하나가 오른다 / 옛말속같이 진진초록 새 저고리를 입고 / 손잔등이 밭고랑처럼 몹시도 터졌다'와 같이 화자가 버스에 탄 계집아이를 관찰하고 서술하면서 시상을 전개하고 있다. (나)에서도 '아시안 젊은 남녀가 건너편에 앉아 있었다', '서로 마주 보며 떠들다가 웃다가 귓속말할 뿐', '번갈아 머리에 써 보고' 등에서 화자가 '아시안 젊은 남녀'를 관찰하며 시상을 전개하고 있다.

오답 풀이

② (나)에서 '나'는 '깃털 색깔이 다른 새 여러 마리가 물결을 타'는 모습을 보면서 '아시안 젊은 남녀'를 자연스럽게 받아들이지 못한 것을 반성한다. 따라서 자연(새)과 인간('나')을 대비하여 주제 의식을 부각한다고 볼 수 있다. 그러나 (가)에는 인간과 자연을 대비하고 있는 내용이 나타나 있지 않다.
③ (나)에서 '나'는 '아시안 젊은 남녀'와 동승하지 못한 것을 낯짝 부끄러워하고 있다. 하지만 이는 일상 속에서 겪은 일에 대한 반성으로, 일상적 삶에 대한 반성은 아니며 이를 역설적으로 드러내고 있지도 않다. (가)에도 일상적 삶에 대한 반성과 역설적 표현이 나타나 있지 않다.
④ (가)의 '이렇게 추운 아침에도 손이 꽁꽁 얼어서 / 찬물에 걸레를 쳤을 것이다'에서 '겨울'이라는 계절적 배경이 계집아이의 일을 더욱 힘들게 만들었을 것이라고 예상할 수 있으며, 이를 통해 애상적 분위기를 환기

하고 있다. 그러나 (나)에는 '늦은 봄날'이라는 계절적 배경이 드러나지만, 이를 통해 애상적 분위기를 불러일으키고 있지 않다.
⑤ (가)에는 계집아이가 '내지인 주재소장 집에서' 고된 일을 하는 부정적 현실이 나타나 있고, (나)에는 '나'가 '아시안 젊은 남녀'와 동승하지 못하고 있는 부정적 현실이 나타나 있다. 그러나 (가), (나) 모두에서 부정적 현실을 포용하려는 여유로운 태도는 나타나지 않는다.

---

02 정답 ④ ——————————— [시어·시구의 의미 파악하기]

정답 풀이

'육친'은 부모, 형제 등과 같이 혈연관계에 있는 사람을 뜻한다. (가)의 '새하얗게 얼은 자동차 유리창 밖에 / 내지인 주재소장 같은 어른과 어린아이 둘이 내임을 낸다', '계집아이는 몇 해고 내지인 주재소장 집에서', '이렇게 추운 아침에도 손이 꽁꽁 얼어서 / 찬물에 걸레를 쳤을 것이다'를 통해 화자는 '계집아이'가 내지인 주재소장 집에서 식모 일을 했을 것으로 추측한다. 따라서 ㉣의 '유리창 밖'에 있는 '내지인 주재소장 같은 어른과 어린아이 둘'은 유리창 안의 '계집아이'와 '육친'이 아니며, 유리창 안과 밖이 대비되지도 않는다.

오답 풀이

① 텅 빈 승합자동차에 나이 '어린' 계집아이 '하나'가 보호자도 없이 '묘향산행 승합자동차'를 탔기 때문에 화자는 '계집아이'에게 주목하게 된 것이다.
② 화자는 '계집아이'가 '몇 해고 내지인 주재소장 집에서' 일을 했기 때문에 '손잔등'이 '밭고랑'처럼 터졌다고 생각하므로, '손잔등'은 계집아이의 고달픈 삶을 드러낸다고 볼 수 있다.
③ '삼백오십 리'와 '백오십 리'는 매우 먼 거리이며 '계집아이'가 가려는 삼촌 집은 '묘향산 어디메'로 어디 있는지도 확실하지 않다. 따라서 이를 통해 앞으로 '계집아이'의 여정이 고단할 것임을 알 수 있다.
⑤ 어느 한 사람이 '눈을 씻는' 행위는 우는 '계집아이'를 보면서 자신도 따라 우는 모습을 나타낸다. 이는 어린 '계집아이'의 고달픈 삶에 대한 연민을 드러낸다.

---

03 정답 ③ ——————————— [자료를 통해 감상하기]

정답 풀이

〈보기〉에서 '시선은 관심을 표하는 것이기도 하지만, ~ 시선을 보내지 않는 것은 긍정적인 무관심으로 이해된다'고 하였다. (나)의 '저이들'은 아시안 젊은 남녀를 가리키는 말로, 이들은 서로 마주 보고 떠들기도 하고 웃기도 하는 친밀한 관계이므로 '서로'에게 무관심하다고 볼 수 없다.

오답 풀이

① 〈보기〉의 '시선은 관심을 표하는 것이기도 하지만, 가치 평가의 의미를 띨 경우 상대방에게 부담감을 줄 수 있다.'를 통해 '아시안 젊은 남녀가' 서로 마주보는 것은 '관심'이고, '나'가 '천박한 호기심'으로 그들을 바라보는 것은 '가치 평가'라는 것을 알 수 있다. 따라서 이러한 시선들이 나타나는 '국철'은 서로 다른 성격의 시선들이 드러나는 공간이라 할 수 있다.

② 〈보기〉의 '시선은 관심을 표하는 것이기도 하지만, 가치 평가의 의미를 띨 경우 상대방에게 부담을 줄 수도 있다.'에서 '나'가 천박한 호기심이 발동해서 바라보는 것은 '아시안 젊은 남녀'가 자신과 다르다는 '가치 평가'의 의미를 지님을 알 수 있다. 따라서 '나'의 행위는 '아시안 젊은 남녀'에게 부담감을 줄 수 있다.

④ 〈보기〉의 '조화로운 공동체를 만들기 위해서는 때로 가치 평가적 시선을 거두는 지혜가 필요하다'를 통해 '나'가 황급히 '고개 돌렸'던 행위는 '아시안 젊은 남녀'를 향한 가치 평가적 시선을 거두기 위한 것임을 알 수 있다.

⑤ 윗글에서 '동승'은 같은 국철을 탄 것만을 의미하는 것이 아니라 같은 국철을 탄 '아시안 젊은 남녀'를 자신과 대등하게 생각하는 것도 의미한다. 따라서 〈보기〉의 '조화로운 공동체를 만들기 위해서는 때로 가치 평가적 시선을 거두는 지혜가 필요하다'로 볼 때, '나'가 아시안 젊은 남녀와 '동승'하지 못한 것을 부끄럽게 여겨 가치 평가적 시선을 거두는 것은 '동승'에 '조화로운 공동체'를 만들자는 뜻이 담겨 있음을 드러낸다.

이 책을 집필하신 선생님

김영주 김정욱 김지연 문성국 박상준 백승재 변세이 봉정훈 서준혁 석주형 손석표 송예림 신영은 이경화 이기연 이동규 정민지 정선화
정재홍 최동수 김무겸 유형욱 이현익 최홍준

이 책을 검토해 주신 선생님

서울

강상훈	대양학원
고진희	라온논술
권로사	입시전문코벤트트
권민서	한수위국어
김금진	이강학원
김기주	김기주국어논술
김민경	레인메이커학원
김민정	올바른국어학원
김성규	종로학원본원
김지민	중앙중학교
문민호	진리창조국어
박강록	명륜재소수정예학원
박은영	사과나무학원(강서관)
백현미	아로새김학원
서준혁	앤트스터디스파르타관학원
손석표	(대치)대찬학원
신영수	엠스트학원
신진욱	강호국어학원
안광규	말과글국어전문
양현영	프리랜서
오설란	파란국어
오도현	강북메가스터디학원
오현경	도전학원
유명관	대치예섬학원
윤지영	성북메가스터디학원
이동근	동국대학교사범대학부속고등학교
이동훈	대치박현국어학원
이동희	에듀타임학원
이범구	중랑구세계학원
이서현	꿈의 씨앗 국어전문학원
이세람	산김영준국어논술학원
이영완	한터학원
이영준	열매국어학원
이재근	이상국어논술학원
이진영	강남리더스학원
이진호	(봉천)한샘학원
이충환	대치CUM100
장정미	네오스터디학원
장지연	하이필학원
전도현	역삼중학교
정민지	김영준국어학원
정선화	선덕고등학교
정승훈	피큐브아카데미
정혜원	강북세일학원
정혜채	지혜의숲국어논술
제갈민	해법독서논술교습소
최병두	아비투스
최성철	미래탐구학원
하 랑	에듀서강
한기연	해라시아국어
한동희	한동희국어학원
한상덕	대구루

부산

김명호	김샘국어전문학원
김철환	수어재학원
김혜정	아름국어
남현진	국어전문학원
박두일	배정고등학교
박상준	필(必)통(通)국어
박은지	이투스247(해운대점)
신정근	바른국어
유상현	한창학원
전정배	불잉걸국어전문학원
최동수	정음국어학원
홍성훈	석영학원

인천

김윤정	뿌리깊은국어학원
안석환	인천포스코고등학교
이상명	바심고등국어
장미영	밀턴학원
황재준	고대국어논술학원

울산

김병수	프라우드영어국어학원
남한나	임종빈 국어학원
성부경	국어여행학원
이유림	SUN단과전문학원
조민철	생각의창국어논술전문학원

대구

강정복	강선생국어교실
김현우	명륜국어논술학원
박노덕	건민재(박노덕국어·논술)
서동민	계피맛국어학원
석주형	대구고대학원
이정희	이정희국어
장가은	능인고등학교
정대호	프리랜서
지상훈	혜화여고
허나겸	에듀플렉스(시지점)
허정동	달서중학교
황윤철	정인국어

광주

김광철	희망학원
박윤선	규장각국어학원
정찬흠	일취월장국어학원
최성진	생각의빛국어논술학원

대전

강영기	강영기바른교육학원
강주희	이룸올학원
김원석	하늘꿈교육
김지연	일품인재학원
이경주	국어의 정원
조상미	탑앤성진학원
조승연	대전압구정국어학원

경기

강영애	강영애국어
강현우	국어의샘(용인)
곽기범	곽기범국어전문학원
곽래호	나음학원
김경태	국풀국어전문학원 수원천천원
김광진	이매고등학교
김명희	연세나로국어
김부경	이언국어논술학원
김상훈	오산G1231학원
김예원	이든학원
김정욱	김정욱국어논술학원
김정일	비전국어
김주선	국어의샘
김지선	중원고등학교
김 흠	(분당)김흠국어전문학원
문선희	쌤이콕학원
문성국	청평한샘기숙학원
민상용	수문재국어전문학원
박경선	(평촌)케이에스피국어전문학원
박두현	명진학원
박선욱	조동기국어논술학원
백수미	EQ학원
변세이	명인학원
봉정훈	뉴클래스학원
서대영	G1230&TheFirst학원
손영욱	한꿈학원
송예림	남양중학교
신병선	국신신병선학원
신상욱	명품아카데미
신영은	돼감신쌤국어
이미라	국풀최용훈국어학원
이미연	가온누리국어
이성우	연세학원
이성훈	양주프라임학원
이송훈	강원희국어학원
이순형	상상펙토리그리고일만시간의법칙학원
이승우	강남학원(KNC)
이영지	영지퍼펙트국어논술학원
이정우	이정우국어학원
이종승	우공국어논술학원
이진영	YB입시학원
이필영	부천북고등학교
장영욱	해냄국어논술전문학원
장종호	죽전고등학교
정기후	타노스학원
정우철	포엠에듀국어학원
정재홍	엔터스카이학원
조성오	과천사막여우국어논술
조항준	일산청솔네오
진영환	부천청솔학원
차성만	차오름국어학원
천세진	더노피곰국어
최 후	매쓰메카학원
최고운	분당베리타스나의빛, 동탄지혜의숲
최원용	더국어논술학원
최현주	CNB학원

경남

황인선	풍무대성N학원
김현수	영광의아침국어수학학원
박수진	마산깊은국어
박용범	앎삶(YB)국어생각발전소
박태진	박태진수능전문국어교습소
백승재	우리모두의학원
여경미	창원성민여자고등학교
윤수현	국단기국어논술학원
윤예미	Yunn국어교습소
이경화	공감국어수학학원
정수진	석적고등학교
정인수	원탑학원
차민기	비상한국어논술전문학원
하영아	하영아국어
한지담	지담국어학원

경북

김형주	오르는비결국어학원
조동윤	GOS학원
조인규	아우름국어학원
황병식	하양여자고등학교

전남

박세연	박세연국어학원
박종섭	백제고등학교
이도실	일등급국어논술학원
이동규	완도고등학교

전북

안민정	군산김현학원
양성정	세종국어논술학원
이동익	든든한국어
이윤진	포인트정석속독학원
조은별	이투스247학원익산점점
주현숙	양현국어논술학원

강원

박경원	성균관국어논술학원
이기연	THEY국어논술학원
이현준	최용훈국어학원
전광표	대성고등학교

충남

| 정인탁 | 북일고등학교 |

충북

김동훈	케네디(KENNEDY)학원
김영미	속글국어
한상훈	파란한맥단과전문학원

제주

김윤슬	봄날의곰국어학원
오지희	1등급知국어논술
현정대	대기고등학교

531 효과 빠른 약점 처방전
PROJECT

현대시 감상S

가르치기 쉽고 빠르게 배울 수 있는 www.etoosbook.com

이런 학생에게 추천한다!

CASE ❶ 현대시를 **단기간에 완벽하게 정리**하고 싶은 학생

CASE ❷ 현대시의 **시대적 배경 및 시대별 특성을 학습**하고 싶은 학생

CASE ❸ 다양한 유형의 **문제 풀이를 통해 현대시 실전 대비**를 원하는 학생

53700
정가 10,000원
ISBN 979-11-6442-889-2
가르치기 쉽고 빠르게 배울 수 있는 www.etoosbook.com